W0364482

Knaur

Die Jury des Allegra-Literaturwettbewerbs 2001:
Harald Braun, stellvertretender Chefredakteur *Allegra*. Jan Jepsen, Romanautor, Journalist und Fotoreporter. Clemens Rupp, Buchhändler. Timothy Sonderhüsken, Lektor. Sylvia Szymanski, Autorin.

Informationen zu den Autoren finden Sie am Ende dieses Buchs!

Die Herausgeber:

Harald Braun, geboren 1960, ist offensiver Schönwetterspieler beim *TUS Appen*, der *Ü33 Hamburg* und dem *FC Freischütz München*, Dauerkartenbesitzer des *FC St. Pauli*, Autor von *Kleine Philosophie der Passionen: Fußball* (München: dtv, 1998) und *Jordy – Ansichten eines Schwachbegabten* (München: Knaur, 2001), arbeitet in der wenigen verbleibenden Zeit als stellvertretender Chefredakteur bei *Allegra*.

Timothy Sonderhüsken, geboren 1970, lebt in München. Als Lektor widmet er sich unerschrocken der breiten Unterhaltung. Gemeinsam mit Susanne Frank ist er Herausgeber der etwas anderen Lesebücher *Draußen nur Kännchen – Was wir schon immer über Deutschland sagen wollten* (München: Schneekluth, 2001), *Herz & Schmerz – Geschichten für Regentage* (München: Knaur, 2000), *Hot'n'Holy – Der erotische Adventskalender* (München: Knaur, 1999). Gemeinsam mit Andrea Bußemeier widmete er sich dem Thema *Samtnächte – Geschichte von Liebe und Kerzenschein* (München: Knaur, 2000).

Harald Braun &
Timothy Sonderhüsken (Hrsg.)

Realitätsverluste

Aufgezeichnet von
Sibylle Berg, Simone Buchholz, Nina George, Gernot Gricksch, Jan Jepsen,
Eckhart Nickel, Markus Seidel, Jens Teutsch-Majowski

und den neuen Talenten des

Allegra

Literaturwettbewerbs 2001

Knaur

Thema und Termine des *Allegra-Literaturwettbewerbs 2002* finden Sie ab Januar 2002 unter www.allegra.de.

Besuchen Sie uns im Internet:
www.knaur.de
www.knaur-lemon.de
www.allegra.de

Originalausgabe 2001
Copyright © 2001 bei Droemersche Verlagsanstalt Th. Knaur Nachf., München
Alle Rechte vorbehalten. Das Werk darf – auch teilweise – nur mit Genehmigung des Verlags wiedergegeben werden.
Umschlaggestaltung: Claudia Trosse/Allegra
Umschlagabbildung: (von oben links nach unten rechts)
Olaf Unverzagt, Olaf Wipperfürth/Picture Press,
Markus Heumann, Tony Stone
Umbruch: Ventura Publisher im Verlag
Druck und Bindung: Nørhaven A/S
Printed in Denmark
ISBN 3-426-62081-2

2 4 5 3 1

INHALT

Die Gewinner des Allegra-Literaturwettbewerbs 2001

Bekannte Autoren am Rande der Realität

**14 große
Neuentdeckungen des
Allegra-Literaturwettbewerbs
2001**

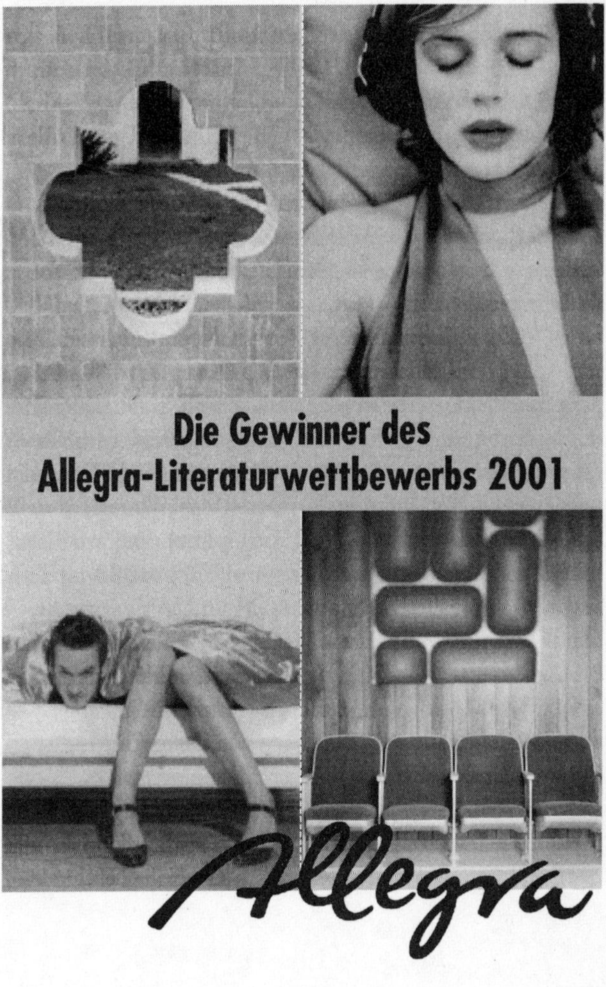
Die Gewinner des
Allegra-Literaturwettbewerbs 2001
Allegra

Florian Werner

Ab achtzehn

»Wir waren im siebten Himmel«, sage ich und stöhne. Ein paar Leute fangen an zu kichern. Das kommt zwar zu früh, aber ich kann mich nicht beherrschen: »Oh mein Gott!«, keuche ich. »Mach, dass das niemals aufhört!«

Das Lachen wird lauter, jemand schreit: »Ausziehen!« Ich lasse den Blick über das Publikum schweifen, atme tief durch und werde sehr ernst.

»Und siehe«, verkündige ich mit Prophetenstimme, »die Nacht ging zu Ende, der Morgen kam, und es hörte nicht auf. Die Kollegen fragten sich, warum ich nicht zur Arbeit erschien. Deine Mutter rief an, doch wir hörten das Telefon nur von ferne. Die Nachbarn begannen, sich über das Knarzen des Lattenrostes zu wundern.«

Ich nehme das Mikrofon aus seiner Halterung, beuge mich runter zum Publikum. Hinten an der Wand sehe ich eine ältere Frau, die sich einen Fotoapparat vors Gesicht hält.

»Die Nacht kam, wie sie gegangen war, doch wir machten unbeirrt weiter. Wir bemerkten nicht, wie der Mond aufging, wie der Himmel sich drehte und die Sonne an den Horizont heranschlich. Wir merkten nur, dass es wunderschön war, wenn auch, auf Dauer, verdammt anstrengend.«

Ich lasse die Schultern sinken und streiche mir mit dem Handrücken eine Strähne aus den Augen. Dann erzähle ich von atemlosen Tagen ohne Frühstück, Mittag- oder Abendessen, vom ständigen Läuten des Telefons, vom Klingeln und Klopfen an der Türe, von den pikierten Nachbarn, die immer lauter mit dem Besenstiel gegen die Decke wummerten, sowie von den Pilzen, die schließlich aus der körpersaftnassen Matratze wucherten und unsere ausgemergelten Körper umschlangen. Irgendwo blitzt eine Kamera.

»Liebling«, japse ich, »lange mache ich das nicht mehr mit.« Weil ich weiß, dass schlüpfrige Texte besonders gut ankommen, wenn sie mit pubertärer Todessehnsucht versetzt sind, füge ich noch hinzu: »Und in der Tat: Am dritten Morgen starben wir.«

Inzwischen lachen die meisten meiner Zuhörer, und ich reiße das Finish der Geschichte kurz und trocken herunter, um sie mitzunehmen, bevor sie über den Höhepunkt hinaus sind.

»Und als wir an das Himmelstor klopften, und Petrus heraustrat und sagte: ›Den Weg hier rauf hättet ihr Ferkel euch wirklich sparen können‹ – da trieben wir es immer noch: immer-, immer-, zuzu, und von Ewigkeit zu Ewigkeit, Amen.«

Ich nicke zum Zeichen, dass mein Beitrag zu Ende ist, und die Kneipe fängt an zu johlen. Die Jury, die der *Master of Ceremonies* zu Beginn der Veranstaltung aus dem Publikum ausgewählt hat, hebt brav ihre Papptäfelchen.

»Eine neun, eine acht, noch eine neun, eine zehn, eine neun und noch eine zehn.«, fünfundfünfzig von sechzig möglichen Punkten. Ich fühle mich wie eine Eisprinzessin. Ich mache einen Knicks und hauche:

»Danke.« Bevor ich mit einem großen Schritt von der Bühne gehe, sage ich noch: »Ihr wart ein geiles Publikum!«, aber so, dass jeder merkt, dass das ironisch gemeint ist. Was ich nicht sage, ist, dass die Geschichte gar nicht von mir stammt, sondern von Frau Erdbeer.

»Das war bei diesem Wettbewerb in der Alten Fleischerei. Eine wirklich nette Kneipe übrigens. Da hat Daniel den ersten Platz gewonnen.«

Sie streicht mir über die Haare. Ich drehe unwirsch den Kopf zur Seite, klemme mir einen Nerv ein und sage: »Scheiße.«

Ich schaue Karsten und Ingrid an und hebe entschuldigend die Hände. Die beiden sind alte Studienfreunde meiner Eltern und sind es daher gewohnt, dass Mama nach dem Abendessen die neuesten Familienfotos präsentiert. Sie sind es ebenfalls gewohnt, dass ich dann immer anfange zu fluchen, besonders wenn ich schon etwas getrunken habe.

Papa schaut betreten auf den Tisch, denn er muss bei jedem Besuch die Fotos mit anschauen, traut sich aber nie, etwas zu sagen. Manchmal schaut er stumm zu mir rüber und ich sehe, dass er leidet, nicht schlimm, nur so ein Alltagsleiden, und Mama sieht das auch, übergeht es aber geflissentlich und holt das nächste Album. »Sie ist ein ziemliches Weib«, wie Esther es ausgedrückt hatte, und so, wie sie das Wort aussprach, war klar, dass sie hoffte, vielleicht auch mal eine Mutter zu werden oder eine Heilige oder eine Hure, alles mögliche, nur unter gar keinen Umständen ein Weib.

»Und das ist Daniels neue Freundin«, sagt Mama. Esther und ich stehen uns gegenüber, ich schaue sie mit offenem Mund an, Esthers rechte Hand hängt eingefroren in der Luft, sie blickt genau in die Kamera.

»Das ist nicht meine Freundin«, sage ich. »Das ist nur so eine Bekannte von mir. Wir haben uns nach dem Slam unterhalten.«

»Die ist aber hübsch«, findet Ingrid, und meine Mutter schaut stolz zu mir rüber.

»Da war nix«, sage ich, doch Widerstand ist zwecklos, die Großen haben sich längst darauf geeinigt, dass Esther meine Freundin ist, obwohl das leider nicht stimmt. Womit sie recht haben, ist, dass sie wirklich sehr hübsch ist, trotz der roten Augen, die von dem Blitzlicht kommen und die sie etwas dämonisch aussehen lassen.

»Und hier ist noch mal ein Bild von der Kneipe, wo das Ganze stattgefunden hat.«

Zwei Fotos sind aneinander geklebt, man hat einen Hundertachtzig-Grad-Blick auf einige Dutzend Hinterköpfe, einen Tresen, hinter dem ein junger Mann mit Wollmütze bedient, und eine kleine Bühne im Hintergrund. Dort steht ein Neunzehnjähriger mit einem Mikrofon in der Hand. Er trägt eine schwarze Bundeswehrhose, Doc Martens und ein T-Shirt, auf dem *Tagedieb* steht. Das bin ich.

»Dein Text hat mir gut gefallen«, sagte Esther, als ich an ihr vorbei zum Tresen drängelte.

»Danke.« Ich war von meinem Sieg noch voller Adrenalin und Größenwahn und erwartete sowieso nichts anderes als überschwängliches Lob.

»Zumindest hast du ihn ganz gut vorgetragen; ich weiß jetzt nicht, ob ich sowas lesen würde.«

»Naja.« Ich zuckte mit den Schultern. Esther pochte mir mit dem Zeigefingerknöchel auf das Brustbein.

»Du stehst gut auf der Bühne. Sehr souverän. Nur das mit dem T-Shirt würde ich mir noch mal überlegen. Das ist ziemlich albern; du siehst nämlich gar nicht wie ein Tagedieb aus.«

»Ach nein? Bin ich aber.«

»Ach ja?«

»Allerdings. Und ein Nächtedieb erst. Ich klaue alles: Dämmerung, Mitternacht, Morgengrauen.«

»Dann bist du ja ein ganz schlimmer Finger«, sagte sie spöttisch. »Und was machst du, wenn du gerade keine krummen Dinger drehst?«

»Ähm … Zivildienst. Und du?«

»Rate mal.«

»Hmmm … Lass sehen. Darf ich?«

Ich nahm ihr rechtes Handgelenk, drehte die Handfläche nach oben und fuhr mit meinem Zeigefinger die Falten entlang, die sich wie Radspuren im Schnee durch ihre weiße Haut zogen. Esthers Haut war weich und glatt und ein wenig fettig, ganz anders als die karstigen Flächen, die ich sonst jeden Tag berührte. Meine Fingerspitze geriet ins Schlingern, rutschte in die Furche, die sich als Halbkreis um den Daumen zieht, und am Ballen vorbei auf das Handgelenk. In der kleinen Mulde, wo der Puls schlägt, blieb sie liegen.

»Genau kann ich es nicht sagen, deine Karriere-Linie ist noch nicht ausgeprägt genug. Aber ich prophezeie dir eine große Zukunft als Model für Hautcreme.«

Esther lachte, entzog mir ihre Hand und schlug ein zweites Mal auf meinen Brustkorb, diesmal etwas fester.

Ich sah, wie sich rechts von uns etwas bewegte. Esther schaute hin, und Mama machte das Bild.

Natürlich hatte ich gelogen: Morgens um halb sieben ist zum Beispiel eine Zeit, die ich niemandem freiwillig wegnehmen würde. Draußen ist es noch dunkel, wir sitzen um den mit einem Wachstischtuch bedeckten Tisch im Aufenthaltsraum, trinken Kaffee und rauchen.

»Nuttenfrühstück«, sagt Schwester Jeannine und lacht, dass die Bronchien krachen. Dann steckt sie sich eine weitere Zigarette an. Markus nimmt ein Schokoladen-Osterei aus dem Körbchen, in dem wir die Sachen deponieren, die uns von den Bewohnern und ihren Angehörigen zugesteckt werden. Auch die Tischdecke ist so ein Geschenk. Mit ihren unruhigen Runen auf hellgrünem Grund sieht sie aus wie ein besudelter S-Bahn-Sitz.

Schwester Magdalena schaut von ihrer Zeitung auf. »Bei mir zu Hause haben wir sowas immer mit Eisbeutel und Fön behandelt.« Sie meint die Liegegeschwüre von Frau Friedrich auf der Zwei. Eben war die Nachtwache da und hat gesagt, dass sie über Nacht wieder größer geworden sind. Außerdem hat Frau Friedrich sie inzwischen nicht mehr nur am Hintern, sondern auch an Fersen und Schultern.

»Erst bläst du eine Minute lang heiße Luft auf die Wunde, und sie dehnt sich aus. Dann musst du einen Eisbeutel drauflegen, damit sie sich wieder zusammenzieht. Dann kommt wieder der Fön. Dann wieder der Beutel, und so weiter. Als ich noch Stationsleiterin in Bukarest war, haben wir das immer so gemacht. So ein Wechselbad kräftigt das Gewebe. Ist wie im Winter in der Sauna.«

Wegen ihrer Behandlungsmethoden nennen wir Magdalena auch Schwester Ceaucescu.

»Jetzt hör aber auf«, sagt Markus mit vollem Mund. »Es ist mir egal, was du früher gemacht hast. Solange ich Stationsleiter bin, werden hier keine Bewohner gequält.«

»Ach was, gequält. Die gute Frau ist doch selber schuld«, quengelt Magdalena weiter. »Wenn sie sich mal ein bisschen bewegen würde und nicht die ganze Nacht faul auf dem Rücken liegen, hätte sie auch keinen Dekubitus, oder? Das ist doch wirklich nur eine Frage des guten Willens.«

Markus schaut auf seine Uhr, dann wirft er das zusammengeknubbelte Silberpapier zurück in den Korb, schlägt einen aufmunternden Trommelwirbel auf den Tisch und springt auf. Er gehört zu jenen Menschen, die auch schon morgens um halb sieben Energie und gute Laune verbreiten können; außerdem ist er Schlagzeuger in einer christlichen Rockband.

»Nu mach doch nicht so'ne Hektik«, sagt Jeannine und hustet. »Mutter wird ja wohl noch in Ruhe zu Ende frühstücken dürfen.«

»Ich geh schon mal los und schau nach unserer Frau Friedrich«, sagt Markus. »Magdalena, du kümmerst dich um den ersten Stock; Daniel, du bist im Erdgeschoss. Und Jeannine, wenn du fertig bist, trag bitte die Medikamente aus.«

»Jawoll, Herr General«, sagt Jeannine. Ich trinke meine Tasse leer, schlucke die kalte Schliere aus Kaffeesatz und Zucker, die sich am Boden gebildet hat. »Apropos General«, sagt Jeannine zu mir. »Schöne Grüße an den Leutnant.«

Klopfen, die Klinke drücken und den Lichtschalter links der Türe nach unten legen sind eins. Der Leutnant liegt in Frau Erdbeers dicken Armen und schläft noch. Frau Erdbeer liegt mit nichts als einem Kruzifix bekleidet auf dem Rücken, schnarcht mit offenem Mund, die Bettdecke hat sie im Schlaf zur Seite geschoben. Ihr nasses Nachthemd liegt zusammengeknüllt auf dem Boden, direkt neben der Windel.

Ich stelle den blauen Plastikeimer ab, gehe zum Fenster und ziehe den Vorhang auf. Dann fische ich ein Paar Einmalhandschuhe aus der Tasche und ziehe sie an, nehme die Windel und das Nachthemd vom Boden auf. Die Windel ist nass und schwer und macht ein dumpfes, plumpsendes Geräusch, als ich sie in den Eimer werfe. Frau Erdbeer öffnet träge die Augen.

»Was willst du denn hier?«

»Erst mal guten Morgen«, sage ich.

»Erst mal: Verpiss dich.«

Die Augen schließen sich wieder. Ich gehe zum Waschbecken, drehe den Warmwasserhahn auf und werfe einen Waschlappen hinein. Dann fahre ich den Klostuhl neben das Fußende des Bettes und blockiere die Räder. Ich stelle das laufende Wasser ab, gehe wieder zu Frau Erdbeer und berühre sie leicht an der Schulter. Diesmal reißt sie die Augen schlagartig auf.

»Leutnant!« schreit sie. »Schaff mir den Idioten vom Hals.«

Der Leutnant rührt sich nicht, vermutlich ist er privat hier. Auch ihre Hunde, Katzen und Giraffen kommen Frau Erdbeer nicht zur Hilfe.

»Scheiße«, sagt sie und setzt sich ruckartig auf. Das Kruzifix baumelt zwischen ihren schlaffen Brüsten. Sie sitzt schläfrig mit halboffenem Mund, wiegt den Kopf hin und her und starrt auf meine Hose.

»Allerdings«, bestätige ich.

»Was denn?« Frau Erdbeer schmatzt nachdenklich mit den Lippen.

»Na, die Bescherung in Ihrem Bett.«

»Ach so.«

Sie schaut auf das verkrustete Laken neben sich und rümpft die Nase. »Das war der Leutnant«, sagt sie und pfeffert das Püppchen in die Ecke. »Mal was ganz anderes«, sie deutet auf den Reißverschluss meiner Hose, »Was ist denn da drin?«

»Das geht Sie nichts an.«

»Und ob mich das was angeht.« Seitdem der Leutnant mit dem Gesicht nach unten im Dreck liegt, hat Frau Erdbeer hier das Sagen. Ihr Schmatzen wird schneller, wie ein Tischtennisball, der in kleiner werdenden Abständen auf eine Platte fällt. »Zieh dich aus.«

»Aber Frau Erdbeer«, wende ich ein, »das geht nicht.«

»Nu hab dich nicht so, da ist doch nichts dabei. Ich könnte ja deine Mutter sein.«

»Eben«, sage ich. »Sogar meine Großmutter. Aber abgesehen davon soll ich Ihnen doch beim Waschen und Anziehen helfen; und nicht Sie mir beim Ausziehen.«

Frau Erdbeer wackelt weiter mit dem Kopf, schiebt den Unterkiefer nach vorne, bleckt die Zähne und beißt sich auf die Lippen. Ihre Hände öffnen und schließen sich, verkrallen sich schließlich im Gummiüberzug, der unter ihrem Laken hervorlugt.

»Außerdem hab ich eine Freundin.«

»Ach ja?« Frau Erdbeers Hände entkrampfen sich, sie

hört auf, mit dem Kopf zu wackeln, und sieht mich scharf an. Die Tierbilder an den Wänden halten den Atem an. Nach einer halben Minute grinst Frau Erdbeer zufrieden. »Nee nee nee nee nee«, sagt sie und schüttelt den Kopf. »Das lügst du.«

»Tu ich nicht«, sage ich, und obwohl ich einer sechsundachtzig Jahre alten Paranoikerin keine Erklärung dafür schuldig bin, warum ich mich nicht vor ihr ausziehe, erzähle ich ihr von dem Poetry Slam und davon, dass mich dort ein Mädchen angesprochen hat und wie wir uns den ganzen Abend lang unterhalten haben, und als Frau Erdbeer fragt, wie meine neue Freundin denn heißt, sage ich: »Esther.«

Das ist in meinem Zimmer; zum Glück saßen wir da gerade ganz unschuldig nebeneinander auf dem Bett. Das hier ist zwei Stunden später, im Wohnzimmer beim Abendessen. Papa lächelt, weil er weiß, dass das Foto sonst wiederholt werden muss, und auch ich schaue so freundlich wie möglich; nur Esther sieht komisch aus, weil sie den Mund voll hatte und nicht mehr rechtzeitig schlucken konnte. »Jetzt mach ich noch eins, für alle Fälle«, hat Mama gesagt, und weil ich auf diesem Foto die Augen genervt nach oben verdrehe, gibt es noch dieses vierte Bild von Esthers letztem Abend bei mir, das Bild, auf dem wir alle lächeln.

In den zwei Stunden zwischen dem ersten und dem zweiten Foto ist nichts passiert. Ich habe zwar versucht, Esther zu überzeugen, dass meine Mutter nur ein einziges Foto machen wollte und deshalb bestimmt nicht mehr in mein Zimmer kommen würde, aber da hatte sie sich schon auf den Schreibtischstuhl gegenüber vom Bett gesetzt, und dort war sie nicht mehr weg zu kriegen, bis Mama uns um sieben Uhr zum Abendessen holte.

Beim Essen habe ich ziemlich viel geredet. Ich habe erzählt, wie ein Liegegeschwür entsteht, wie es mit Salbe und steriler Tamponade behandelt wird und dass es trotzdem nur sehr schwer wieder verheilt, dass sich das Fleisch bis auf den Knochen runter entzünden kann, was zu schrecklichen Schmerzen, Knochennekrose oder sogar Blutvergiftung führt, und dass Frau Friedrich deshalb wahrscheinlich nicht mehr lange zu leben hat.

»Guten Appetit«, sagte Mama.

»Entschuldigung, aber ich sehe sowas ja jeden Morgen, da beschäftigt mich das eben.« Ich hatte am Tag zuvor Markus bei der Wundbehandlung geholfen, und als ich am Morgen aufgewacht war, hatte ich nicht von Esther geträumt wie die Nächte zuvor, sondern von einem riesigen Dekubitus, pulsierend wie eine Seeanemone.

»Esther, mögen Sie noch von dem Fisch?«, fragte Mama, bevor sie aufstand und ihre Kamera holte.

»Gerne.«

Ich machte eine weitere Flasche Weißwein auf und schenkte mir nach. »Weißt du was?«, fragte ich Mama, als sie den Fotoapparat wieder vom Gesicht genommen hatte. »Du bist auch irgendwie ein Fisch. Ein dicker Raubfisch.«

»Was soll denn das heißen?« fragte Papa, aber freundlich, es war ja Besuch da.

»Naja, irgendwann frisst Mama uns noch mal alle auf mit ihrer Kamera. Wir schwimmen friedlich durch die Welt, machen hin und wieder mal einen Schnappschuss, aber immer nur Kleinkram, Plankton, ein Polaroid unter Freunden. Jedenfalls stehen wir ganz unten in der Nahrungspyramide. Plötzlich, *Happs!*, kommt der große Mamafisch und schluckt uns mit seinem 180er Tele, ob wir wollen oder nicht. Und das Schlimmste«, ergänzte ich, bevor Papa mir den Wein wegnahm, »ist, dass wir danach nicht vergessen und vorbei sind, sondern dass es immer so weiter geht: knippsi knippsi knippsi.« Ich schmatzte mit den Lippen. »Wir wachsen nach jedem Foto nach, und unsere liebe Raubfisch-Mama ist immer wieder hungrig. Du hast schon Recht«, sagte ich zu Esther, »sie ist ein ziemliches Weib.«

»Versuch es mal mit Kaffeesatz«, antwortete Esther, als ich ihr vor der Haustüre einen Gute-Nacht-Wunsch aus der Hand lesen wollte. Am nächsten Morgen verschlief ich und kam zu spät zur Arbeit, und deshalb reichte es beim morgendlichen Stationsfrühstück nur für ein Aspirin und eine halbe Zigarette.

»Störe ich?«

»Nee, komm ruhig rein.« Frau Erdbeer lässt den Kopf auf das Kissen zurückfallen. Der Leutnant liegt schlaff auf ihrem Geschlechtsteil; wie sich herausstellt, ist er über Nacht befördert worden.

»Der Herr Jesus ist da«, sagt Frau Erdbeer, deutet zwischen ihre Beine und schmatzt.

»Ah ja. Das ist schön.«

»Aaaaaaallerdings.«

Frau Erdbeer rollt mit den Augen und öffnet einige Male den Mund, als schnappe sie nach den richtigen Worten. Der Besuch unseres Heilands scheint ihr gut zu bekommen: Als ich sie darum bitte, legt sie ihn ohne Widerrede beiseite, steht auf, stellt sich ans Waschbecken und lässt sich von mir sauber machen. Ich beeile mich, damit ich ihr eine frische Windel anziehen kann, bevor die gute Laune verfliegt.

»Wie meinen Sie das denn: Allerdings?«, frage ich, während ich zum Schrank gehe und eine Pampers heraushole.

»Naja …« Frau Erdbeer hält sich mit beiden Händen am Waschbeckenrand fest und beobachtet mich im Spiegel. Sie öffnet und schließt weiter ihren Mund. Schließlich sagt sie: »Er hat einen ganz schönen Prügel.«

»Machen Sie bitte mal die Beine auseinander. Einen Prügel?«

Ich schiebe die Windel von hinten zwischen Frau Erdbeers Beinen hindurch, falte das Vorderteil auseinander und ziehe es links und rechts um ihre Hüften. Weil ich dazu beide Hände brauche, muss ich das hintere Ende mit dem Oberschenkel gegen Frau Erdbeers Hintern pressen, damit es nicht verrutscht. Frau Erdbeer drückt dagegen und fängt an, mit den Hüften zu kreisen.

»Na, einen Schwanz, du Blödmann.«

»Hören Sie auf«, sage ich.

»Womit?«

Es gelingt mir, trotz Frau Erdbeers Hula-Hula-Bewegungen eine Seite der Windel notdürftig mit dem Klebeverschluss zu befestigen.

»Ach so.« Sie begreift. »Du willst das nicht hören vom Herrn Jesus und seinem Prügel. Bist eifersüchtig, was?«

Sie lässt das Waschbecken los und versucht, mir zwischen die Beine zu greifen. Ich gehe einen Schritt nach hinten und lasse die Windel los. Halb offen rutscht sie an Frau Erdbeers linkem Schenkel entlang auf den Boden. In diesem Moment fängt Frau Erdbeer an zu pinkeln.

Frau Erdbeer schaut auf den Boden und beobachtet in aller Ruhe den Teich, der sich langsam unter ihr ausbreitet. Dann geht sie schnaufend zurück zum Bett und setzt sich, ihre Füße bleiben als dunkle Abdrücke auf der Strecke zwischen Tümpel und Matratze. Ich ziehe ein Paar Einweghandschuhe an, hole einen Stapel Zellstofftücher aus dem Schrank und schmeiße sie auf die Lache. Frau Erdbeer schaut mir mitleidig dabei zu.

»Weißt du was?«, fragt sie schließlich. »Ich glaube, die Arbeit hier ist nichts für dich.«

»Ach nein?« Mit spitzen Fingern nehme ich die vollgesogenen Tücher und die Windel und versenke sie im blauen Eimer. »Das ist ja rührend, dass Sie sich so um mich kümmern.«

Ich nehme den Putzlappen, der am Knie unter dem Waschbecken hängt, drehe das Wasser auf und halte ihn darunter.

»Ja ja, ich hab mir Gedanken über deine Zukunft gemacht.« Frau Erdbeer hört gar nicht mehr auf zu nicken. »Ich denke, anstatt hier ständig den Boden zu putzen, solltest du lieber was Vernünftiges machen. Du könntest zum Beispiel Dolmetscherin werden. Es gibt ja soooooo viele schöne Sprachen: Englisch … Französisch … Griechenland. Oder Bademeisterin. Oder Hebamme.«

»Ich bin ein Mann«, wende ich ein. Ich beginne zu schwitzen, meine Haare fallen mir ins Gesicht und bleiben dort kleben, ich lege den Kopf zur Seite und wische sie mir mit der hochgezogenen Schulter aus den Augen.

»Solange du dich nicht ausziehst, glaub ich dir kein Wort. Aber abgesehen davon: Männliche Hebammen sind schwer im Kommen.«

»Na toll.«

Eine ganze Wochenschicht lang jeden Morgen Frau Erdbeers Gequatsche und Avancen ertragen zu müssen, geht mir langsam auf die Nerven. Ich werde Markus fragen, ob wir nicht schon morgen die Stockwerke tauschen können; lieber fünf eitrige Liegegeschwüre als wieder dieses Theater.

»Soll ich Ihnen was sagen?« frage ich. »Vielen Dank für Ihre mütterlichen Ratschläge. Aber ich weiß schon, was ich mache. Ich will ein kleines Apartment im Elfenbeinturm und mit dem ganzen Scheiß hier nichts mehr zu tun haben. Ich möchte Schriftsteller werden; am liebsten will ich den ganzen Tag alleine vor dem Computer sitzen und Geschichten erfinden. In vier Monaten bin ich hier fertig, und dann werde ich keinen Putzlumpen und keine Windel mehr anrühren, sondern nur noch Tasten und Papier.«

»Ein Dichter!« Frau Erdbeer ist beeindruckt. Sie will wissen, wo ich die Ideen für meine Texte hernehme. Dann erklärt sie mir, dass man nur über Sachen schreiben darf, die man selber erlebt hat, über Dinge, die es wirklich gibt. »Die Realität«, sagt sie, »du musst immer über die Realität schreiben.« Als ich zwei Stunden später wieder nach ihr schaue, ist sie damit beschäftigt, die Reste ihres Frühstücks an die Katzenfotos zu verfüttern.

»Was macht die Kunst?« Das ist Magdalenas Lieblingsfrage. Sie bedeutet, dass wir müde im Aufenthaltsraum sitzen und sie mangels eigener Gedanken die Stille nicht mehr aushält; oder, dass sie mich demütigen will, da wir beide wissen, dass ›Kunst‹ etwas mehr bedeutet, als abends vor betrunkenen Kneipengängern zotige Geschichten zu erzählen.

Jeannines Lieblingsfrage lautet ähnlich, bezieht sich aber auf Sex, und wenn Jeannine sie stellt, schickt sie ihr ein heiseres Lachen hinterher, das nach wenigen Sekundenbruchteilen in einen Hustenanfall übergeht. Diesen nutze ich meistens dazu, ein anderes Thema anzuschneiden. Heute ist es anders; heute habe ich wieder von Esther geträumt.

»Hör mir auf mit dem Sex«, sage ich. »Ich werde noch irgendwann wahnsinnig. Den ganzen Tag lang muss ich mir diese antiquarischen Geschlechtsteile angucken, stundenlang, beim Waschen, beim Windeln, beim Ausziehen, immer nur graue Haare und Runzeln; ich hab inzwischen völlig vergessen, wie ein nacktes Mädchen aussieht. Geschweige denn sich anfühlt.«

Das ist vorne und hinten gelogen. Ich kann mir sehr gut vorstellen, wie Esther nackt aussieht, und ich habe deswegen nicht vergessen, wie sich ein nacktes Mädchen anfühlt, weil ich es bisher noch nicht weiß.

Jeannine nickt, lacht und hustet. Magdalena versteckt sich hinter ihrer Zeitung. Markus unterbricht das Schlagzeugintro von *Honky Tonk Women*, das er zwischen dem dreckigen Frühstücksgeschirr auf einem freien Fleckchen Tisch geübt hat, und sagt: »Wir werden alle nicht schöner.« Dann erzählt er von Frau Friedrich.

Frau Friedrich wird immer weniger. Frau Friedrich mag nichts mehr essen und trinken, gestern hat sie ihre zwanzig Tropfen Schmerzmittel genommen und danach gesagt, jetzt habe sie keinen Durst mehr. Heute war sie nicht mehr ansprechbar. Morgen werde ich das zweite Stockwerk übernehmen, und da Frau Friedrich keine Kinder hat und ihr Mann seit Jahren tot ist, werden Markus, Jeannine und ich abwechselnd bei ihr Wache halten.

Vom Abendessen an diesem Tag gibt es nur ein einziges Bild. Man kann das nicht sehen, aber ich denke darauf über den menschlichen Körper nach, darüber, was wo wann in ihn reingeht und was dabei herauskommt, und nach dem Essen schließe ich mich in meinem Zimmer ein und gieße mir mehrere Flaschen Bier in den Mund.

Als ich damit fertig bin, rufe ich Esther an. Ich erzähle ihr von Infusionen mit Natriumchloridlösung, von Ultraschall-Zerstäubern und lebensverlängernden Maßnahmen, vom geflügelten Wagen der Zeit, der schon mit heulendem Motor an der Ampel steht und nur darauf wartet, uns mit seinen breiten Reifen zu überrollen, davon, dass die Rotphase des Lebens nicht ewig dauere, dass ihre Farbe im Moment aber noch unerhört intensiv sei, wie zuckendes Fleisch oder die Tentakel einer Seeanemone, und dann erzähle ich ihr von ergrauenden Schamhaaren und von Falten und runzliger werdenden Gliedern, und dass wir doch lieber jetzt, solange wir noch jung seien, mit anderen Worten, ob ich nicht sofort zu ihr rüber kommen und mit ihr schlafen könne.

Als es schließlich passierte, war ich enttäuscht. Ich hatte mir das Ganze irgendwie dramatischer vorgestellt, hatte gedacht, man müsse etwas sehen können, ein Blitzen in den Augen vielleicht oder ein Aufreißen des Mundes. Aber als es dann soweit war, habe ich es nicht einmal gemerkt.

Sie lag mit halb geöffneten Lippen auf dem Rücken und atmete schnell. Ich hielt ihre Hand, drückte sie, und sie grub ihre Nägel in den Ballen unterhalb meines Daumens. Ich redete leise auf sie ein, ich weiß nicht was. Was man in solchen Situationen eben sagt, eigentlich nur, um zu beweisen, dass ich da war. Mein Arm wurde müde, und ich löste meine rechte Hand behutsam aus ihrer Umklammerung und nahm ihre Hand in die Linke.

Nach einer Weile wurden ihre Atemzüge langsamer, unregelmäßiger, schließlich verstummten sie ganz. Sie schnappte nur noch alle dreißig oder vierzig Sekunden kurz nach Luft, eine Ertrinkende, die mit letzter Kraft an die Wasseroberfläche stößt, um sofort wieder zu versinken. Irgendwann blieb sie unten.

Ich fühlte ihren Puls, ängstlich, gespannt, wie ein Schatzsucher, der eine Grabkammer betritt und erwartet, seine erste Mumie zu finden. Ich hoffte fast, ihr Herz hätte aufgehört zu schlagen, aber nein: da war es noch, ein dumpfes, kaum spürbares Klopfen, das leise Pochen der Seele, die aus dem Körper will. Dann sah ich ihre Augen, die sich an dem letzten bisschen Welt festzuklammern schienen, und ihre Brauen runzelten sich wie über einen dummen, aber verzeihlichen Streich.

Ich hielt weiter ihre Hand und fing an, ihr von Esther zu erzählen, von meiner Mutter, meinen beruflichen Plänen. Nach einer Weile klopfte es an der Türe und ich verstummte. Markus kam rein. Er ging an die andere Seite des Bettes, setzte sich hin und suchte Frau Friedrichs Puls. Dann kam er zu mir rüber, legte mir die Hand auf die Schulter und sagte: »Wir können sie jetzt alleine lassen.«

»Zigarette danach?« Jeannine hält mir ihre Schachtel hin, aber ich lehne ab. Als meine Tasse leer ist, knalle ich sie kopfüber auf den Untersetzer, drehe sie wieder um, aber weil der Kaffee gut gefiltert ist, kann ich nichts entziffern.

Nach einer halben Stunde gehen Markus und ich wieder zu Frau Friedrich, ich klopfe, drücke die Klinke herunter, das Licht ist noch an.

Wir ziehen sie aus, waschen sie, wechseln ihre Windeln. »Morgen früh müssen wir das noch mal machen«, sagt Markus, der Verdauungsapparat braucht eine Weile, bis er merkt, dass es nichts mehr zu tun gibt. Wir legen Frau Friedrich auf eine Bahre neben dem Bett, dann ziehen wir Laken, Bettdecke und Kopfkissen ab und stopfen sie zusammen mit dem Nachthemd in einen blauen Plastiksack, auf den wir mit Leukoplast ein Kreuz kleben.

Wir legen Frau Friedrich zurück auf die frischbezogene Matratze, ziehen ihr ein Flügelhemd an. Da ihre Augenlider partout nicht geschlossen bleiben wollen, legen wir zwei feuchte Stofftaschentücher darauf, um sie bis zum Eintreten der Leichenstarre zu beschweren. Auch der Mund öffnet sich immer wieder, wir schlingen eine Mullbinde mehrere Male um Kopf und Unterkiefer, um ihn daran zu hindern. Nun sieht Frau Friedrich tatsächlich wie eine Mumie aus. Damit im Himmel keine Missverständnisse aufkommen, falten wir ihr die Hände über der Brust.

»Auch wenn sie am Schluss nicht mehr ansprechbar war, ist es trotzdem gut, dass sie jemand begleitet hat«, sagt Markus leise. »Sie hat dich vielleicht nicht mehr sehen können, aber der Tast- und der Geruchssinn sind noch ziemlich lange intakt. Das ist schon komisch«, sagt er, »wenn wir geboren werden, tasten und riechen wir uns durch die Welt, und wenn wir dann im Sterben liegen, ist das wieder alles, was uns bleibt. Die ganzen Blicke und Bilder und Worte, die sind eher so ein Luxus, den wir uns in der Zeit dazwischen leisten.«

Das Letzte, was Frau Friedrich aus dieser Welt mitgenommen hat, denke ich, ist der Geruch von Zigaretten und dem Schweiß eines ungewaschenen Zivis. Dazu das Gebrabbel über meine Mutter, die mich noch in den Wahnsinn treibt, und über den Poetry Slam am kommenden Freitag, für den ich noch immer keinen Text geschrieben habe.

»Dein Hemd sieht aber schick aus. Wer hat dir das denn gekauft?«

Blöde Frage. »Na, du.«

Ich muss aufs Klo, wie immer vor einem Auftritt, traue mich aber nicht zu gehen, weil jeden Augenblick mein Name aufgerufen werden könnte. Der *Master of Ceremonies* hat sich zu Beginn des Abends das hübscheste Mädchen aus dem Publikum ausgesucht, ihre Aufgabe besteht darin, die Urne zu halten, aus welcher er die Zettel mit den Namen der Vorlesenden zieht. Seine Hand kreist über dem Gefäß wie ein Raubvogel über dem Mauseloch; sie stößt herab, und während der *MC* in den Zettelchen wühlt, fixiert er seine Assistentin wie der König der Lüfte persönlich. Als diese dann mit piepsiger Stimme meinen Namen vorliest, denke ich, heute passt alles zusammen.

Ich drängele zum Bühnenrand und schwinge mich hoch. »Der Tagedieb«, ruft ein Mädchen in der ersten Reihe, die sich an mich zu erinnern scheint, aber dann sieht sie das *Christian Death*-T-Shirt, das mir meine Mutter vorige Woche gekauft hat. Ich löse die Halterung des Mikrofonständers und stelle das Mikro auf meine Kopfhöhe ein; also heute ziemlich hoch.

»Achtzehn, zwanzig, weg«, teste ich die Lautstärke. Ich stelle mich breitbeinig hin. »Was jetzt kommt, ist nichts für sensible Gemüter«, warne ich. »Sind hier irgendwelche Minderjährigen anwesend? Die sollten lieber nach Hause zu Mama.«

»Geh doch selber heim zu Mama«, ruft jemand von unten.

»Das habe ich gar nicht nötig«, schnauze ich zurück. Ich starre den Rufer böse an, dann schweift mein Blick ins Halbdunkel hinter ihm, auf die Stelle neben dem Tresen. »Dieses Gedicht ist für dich«, sage ich.

Es ist kein schöner Text, den ich dann vortrage. Er handelt von Fotoapparaten, die in die unteren Gemächer einer Frau eingeführt werden, davon, was dort mit ihnen passiert, von den beschissenen Bildern, die sie dort machen – ich sage wirklich *beschissen*, aber entweder kapiert niemand die Pointe oder sie ist nicht witzig –, schließlich von den schrecklichen Schäden, die optisches Gerät im Zeugungstrakt anzurichten vermag, von Eiterherden, inneren Blutungen, Schmerzen im Sitzen, Stehen und Liegen. Gegen Ende werde ich zunehmend infantil und fange an zu reimen.

»Du Heilige, Mutter, Jungfrau, Hetäre«, trällere ich,
»weißt du, was mir das Liebste wäre?
Das stinkende Loch,
aus dem ich einst kroch,
blühte auf wie eine von Schwester Ceaucescu behandelte Schwäre.«

Das »Dankeschön«, das ich dem Text hinterher schicke, verhallt einsam in den dunklen Winkeln des Raums. Keiner klatscht, mit Ausnahme einer älteren Dame.

Die Mitglieder der Jury besinnen sich endlich auf ihre Pflicht und heben zögernd die Täfelchen: zwei Punkte, ein Punkt, ein Punkt, drei Punkte, zwei Punkte. Die letzte

Jurorin vergibt zunächst gar keine Wertung, als sie vom *Master of Ceremonies* dazu ermahnt wird, formt sie mit Daumen und Zeigefingern beider Hände eine Doppel-Null. Es ist Esther.

Ich verbeuge mich und gehe nach vorn von der Bühne. Ich blicke in ein aufbrandendes Meer von schwarzen Mäulern, aus denen Buh-Rufe kommen, und in das Auge eines Teleobjektivs. Eine Handbreit darüber sitzt ein winziges Birnchen, das blitzt.

Verena Carl

J. L.

Elf Jahre alt zu sein ist eine Strafe. Beim Bäcker schenkt mir keiner mehr Kekse. Wenn ich zu oft an den Wohnzimmerschrank gehe, legt Mama keine mehr nach. Und wenn ich selbst welche kaufe, habe ich kein Taschengeld mehr für Comics übrig.

Es ist Mittwoch Nachmittag, ich liege auf meinem Bett und flechte Zöpfe aus den Fransen meiner karierten Wolldecke. Seit ein paar Monaten wachsen unter meinen Brustwarzen winzige Knoten, die ich immer wieder mit zwei Fingern von den Rippen abhebe. Es tut weh, aber ich kann nicht damit aufhören. Ich wüsste gerne, ob sich das bei anderen Mädchen auch so anfühlt. Aber wen sollte ich fragen? Freundinnen habe ich keine.

Mein Mund schmeckt nach Zahnarzt, nach einer grünen Paste mit Pfefferminzaroma und einer Spur Blut von einem Kieferabdruck. Der Geschmack verschwindet nicht, dabei esse ich seit einer halben Stunde Kekse mit Nougatfüllung aus Goldpapier und mache braune Fingerabdrücke auf den Seiten meines *Lucky Luke*-Heftes. In vier Wochen soll ich eine feste Zahnspange bekommen.

Um sieben Uhr kommt Mama nach Hause. Schon in der Wohnungstür küsst sie mich und drückt mir etwas in die Hand. »Erinnerst du dich an den Sänger, der neulich Abend im *Musikladen* aufgetreten ist? Schau mal, was ich dir mitgebracht habe.« Ich ziehe eine Platte aus der knisternden Tüte vom Musikhaus Jensen. Auf der Hülle ist das Foto eines dunkelhaarigen Mannes im Karohemd abgedruckt. Er hat die Hand lose auf die Rundung seiner Gitarre gelegt. Ich mag seine Augen. In der Fernsehshow saß er auf einem Barhocker auf der Bühne, nur mit seinem Instrument im Arm. Das hat mir gefallen, besser als die anderen in ihren bunten Anzügen und mit ihren Vogelnestfrisuren. Richtig freuen kann ich mich aber nicht, denn irgendetwas hat Mama zu verbergen. Sonst würde sie mir ganz sicher nicht so etwas Teures schenken, ohne Anlass.

Ich lasse die Tüte auf der Anrichte im Flur liegen und bringe die Platte in mein Zimmer. Dann gehe ich nachsehen, was Mama macht. Sie steht vor dem Hängeschränkchen im Bad und klemmt sich ein Kleenex zwischen die dunkelrot angemalten Lippen. Ihr Pullover liegt über der Lehne eines Klappstuhls. Sie hat eine silberne Bluse übergezogen, aber noch nicht zugeknöpft. Darunter trägt sie einen schwarzen BH mit einer Schleife in der Mitte.

»Gehst du etwa noch aus?«

Mit einem Schmatzen lösen sich die Lippen von dem Tuch, auf dem jetzt ein Kuss klebt.

»Hör mal, Anja«, sagt Mama und sieht mein Spiegelbild an, »sei mir nicht böse, aber ich muss in einer halben Stunde wieder weg.«

Wahrscheinlich steckt schon wieder ein Mann dahinter. Es ist mir ein Rätsel, was sie an ihnen findet. Schließlich ist sie nicht mehr jung. Fast 35. Manchmal sagt sie zu mir, ich bräuchte einen Vater, einen richtigen Vater. Dabei weiß ich nicht einmal, was ich mit meinem eigenen anfangen soll. Besucht hat er uns nur einmal, da war ich noch klein. Er trug mich beim Spazierengehen auf seinen Schultern und ich hatte Angst, er könnte mich dort oben vergessen. Deshalb hielt ich mich an seinen Locken fest und zog ab und zu daran. Das mochte er gar nicht. Zu meinem Geburtstag schickt er Karten mit eingestanzten Glückwünschen, die er mit seinem Vornamen unterschreibt. Ich hebe sie nicht auf, es ist sowieso jedes Jahr fast die gleiche.

Der letzte Mann, der bei Mama ein- und ausging, stand immer im Wohnzimmer herum, als sei er ein Möbel, das die Packer abgestellt und vergessen hätten. Wenn er bei uns blieb, war sie mir fremd. Immerzu warf sie beim Lachen den Kopf in den Nacken und riss den Mund auf, oder sie nahm ihn in die Arme und wiegte sich hin und her, als würden sie zu langsamer Musik tanzen. Ich war froh, als er nicht mehr kam, obwohl sie danach eine Zeitlang schwer zu ertragen war. Abends vor dem Fernseher drückte sie mich an sich und sagte Dinge wie: »Nicht wahr, Schätzchen, wir haben uns, wir brauchen keinen, der uns quält.« Hoffentlich geht das jetzt nicht wieder von vorne los.

»Kommst du spät?« frage ich.

Sie wiegt den Kopf. Das kann alles heißen.

»Wenn du möchtest«, sagt sie schließlich, »kannst du deine neue Platte im Wohnzimmer hören. Auf meiner Stereoanlage.«

Gitarrenmusik, eine warme Stimme. Ich sitze auf dem Sofa, der grobe Wollstoff kratzt meine Haut durch die Schlafanzughose hindurch. Ich spiele mit meinen Zehennägeln und sehe mir noch einmal das Foto auf dem Cover an. Jochen Liebherr blickt über sein Instrument hinweg in eine unbestimmte Ferne und hat die Spitze seines Cowboystiefels auf die Lehne einer Parkbank gestützt. Das Innere der Plattenhülle sieht aus wie eine Seite aus einem Familienalbum. Liebherr zusammen mit einer Frau im weißen Kleid, die an einem Stück Melone lutscht, Liebherr beim Picknick im Park, mit der Gitarre auf einem Cordsofa. Auf einem der Bilder beugt er sich über ein Gitterbett. Darin liegt ein schlafendes Kind, die Augen geschlossen, einen Zipfel der Bettdecke im Mund. Auf der Rückseite der Platte sind die Titel der Lieder gedruckt, darunter eine Widmung. *Für meine Tochter Jessica und meine Frau Janine, in ewiger Liebe.*

Als mich Mama später am Abend weckt, die Wangen gerötet, die Lippen ohne Farbe, dreht sich die Platte noch immer knackend im Kreis. Mama lacht und kitzelt mich in den Kniekehlen. Ihre Aussprache ist verschwommen. »Magstewohl, die Musik? Dachtichmirdoch.« Sie riecht nach Wein und noch nach etwas anderem, Schmutzigem. Ein bisschen wie Klo. Ich biege ihre Finger auseinander, löse mich aus ihrem Griff.

Am nächsten Morgen beim Frühstück frage ich sie, ob ich Gitarrenstunden nehmen darf. Sie schwenkt träge ein Wasserglas, aus dem weißliche Schaumblasen aufsteigen, und nickt. »Bin ja froh, wenn du mal was mit anderen Kindern machst. Aber nur, wenn's nicht zu teuer ist«, nuschelt sie.

Aus dem Musikhaus Jensen bringt sie mir ein paar Tage später eine gebrauchte Gitarre mit und meldet mich für die Anfängergruppe im Haus der Jugend an.

In den nächsten Wochen mache ich ihr keine Vorwürfe mehr, wenn sie nachts spät nach Hause kommt. Hauptsache, sie bringt mir ab und an etwas von Jochen Liebherr mit. Den Zusammenhang erkennt sie schnell, und so besitze ich bald drei LPs und eine Kassette mit Live-Aufnahmen.

Irgendwann bleibt sie zum ersten Mal über Nacht weg. Erst um halb sieben höre ich das Geräusch des Schlüssels in der Tür. Als sie kommt, um mich zu wecken, stelle ich mich schlafend. Beim Frühstück springt sie immer wieder auf, kehrt mir den Rücken zu, hantiert fahrig mit einer Filtertüte. Ihre Bluse ist voll weißer Fusseln. Neben meinen Cornflakesteller hat sie ein Taschenbuch mit Liedtexten und Noten gelegt. *Jochen Liebherr – die ganze Geschichte.* Auf einem doppelseitigen Foto vor dem Vorwort küsst er Janine. Sie trägt ein weißes Kleid und hat eine breite Schleife um ihren hochschwangeren Bauch gebunden. Auf der letzten Seite des Buches steht eine Biografie, die Geburtstage von ihm, Janine und Jessica, der Hochzeitstag, ganz unten seine Adresse. *Jochen Liebherr c/o Mellow Music GmbH, Parkstraße 30, 2000 Hamburg 52.* Sogar eine Telefonnummer ist dabei: *040/8980.* Ich dachte, die Nummern in großen Städten wären länger.

Bevor ich meine Schultasche packe, nehme ich den Kalender von der Wand über meinem Schreibtisch. Auf den Bildern sind Mädchen in rosa Kleidern, die Hündchen die Flasche geben oder sich von pausbäckigen Jungen küssen lassen. Ich schlage noch einmal nach, dann umkringele ich die Geburtstage Jessicas und Janines mit rotem Filzstift. Neben den 15. Mai trage ich Jochen ein, mit einem einzigen Schwung, ohne abzusetzen. *J* und *L*, symmetrisch nebeneinander. Der Schriftzug sieht aus wie ein neuer Buchstabe, ein geheimes Zeichen, mit dem ich mein Revier markiere. Seit Wochen schreibe ich es auf Holzpulte, auf die Innenseiten meiner Heftumschläge, ich kratze es mit dem Zeigefinger in die Stoffbespannung von S-Bahn-Sitzen, male es auf beschlagene Autofenster. Als ich mich umdrehe, steht Mama in der Tür. Sie zupft helle Flusen von ihrem Ärmel.

»Was trägst du denn da ein?«

»Geburtstage.«

Sie mustert das oberste Kalenderblatt. In ein paar Wochen wird sie 35. »Und was ist mit meinem?«, fragt sie.

Die Gitarrenstunden laufen nicht besonders gut. Die anderen in meiner Gruppe sind schon 14 oder 15, tragen Palästinensertücher und fadenscheinige Cordhosen und wollen lieber die Akkorde für Lieder von Joan Baez oder Bob Dylan lernen. Jochen Liebherr finden sie ätzend. »Reaktionärer Scheiß«, sagt ein Mädchen. Ihre Fingernägel sind schwarz lackiert. Ich wage nicht zu fragen, was das Wort bedeutet. Auf jeden Fall nichts Gutes.

So übe ich Jochens Lieder allein zu Hause, bis die Fingerkuppen meiner linken Hand wund werden. Manchmal fahre ich mit dem Bus zwei Haltestellen bis zu einem Supermarkt, in dem die Kassiererinnen das Zeitschriftenregal nicht im Blick haben. Dort kann ich ungestört blättern und nach Artikeln über ihn suchen. Bei Rewe, wo meine Mutter immer hingeht, können mich die Verkäuferinnen zu gut beobachten. Einmal haben sie mich gezwungen, ein *Goldenes Blatt* zu kaufen. Obwohl gar nichts über ihn drinstand. Angeblich hatte ich Fettflecke auf die Seiten gemacht. Eine Mark sechzig, fast der ganze Rest meines wöchentlichen Taschengeldes. Davon hätte ich eine große Packung Orangenkekse mit Schokoladenüberzug kaufen können.

Am folgenden Donnerstag bringt die *Frau im Spiegel* eine große Geschichte mit doppelseitigen Bildern. Jochen reibt seine Nase an der Wange Janines, hat dabei seine Hand auf das Köpfchen Jessicas gelegt. *Liebesurlaub in der Toskana*, steht darunter. *Der sensible Künstler sammelt Ideen für ein neues Album. Liebherr: »Meine Familie ist die schönste Quelle der Inspiration.«*

Als ich wieder nach Hause komme, das glänzende Heft im Arm, brennt hinter dem Küchenfenster Licht. Der weiße Golf meiner Mutter parkt vor dem Haus. Dabei ist es erst kurz vor fünf. Vor der Wohnungstür bleibe ich stehen und lausche. Ihre Stimme ist hell und laut, sie lacht.

Es ist also wieder soweit.

Der Mann auf dem Sofa trägt Anzug und Krawatte, hat Schweißperlen auf der Stirn, als er sich erhebt, um mir die Hand zu geben.

»Anja! Ich habe schon viel von dir gehört!«

Auf dem Couchtisch stehen zwei kleine Gläser mit einer dunkelgelben Flüssigkeit. Sein Handrücken ist voller dunkler Härchen. Der oberste Blusenknopf meiner Mutter steht offen.

»Das ist Wolfgang«, sagt sie, »ich habe ihm erzählt, dass du ein großer Musikfan bist.«

Beide blicken mich aufmunternd an.

»Ja«, sagt Wolfgang dann, »und da dachte ich mir, ich bring dir was mit.« Er greift nach einer Tüte vom Musikhaus Jensen und drückt sie mir in die Hand. Das kann doch gar nicht sein, denke ich, das neue Album wird doch gerade aufgenommen! Aber aus der Tüte sieht mich ein fremdes Gesicht an. Eine Frau mit schwarzen Haaren, Frotteeband im Haar, auf der Brust ein riesiger Mund, der die Zunge heraus streckt.

»Nena«, erklärt Wolfgang, »die finden meine Kinder toll. Oder, wie mein Sohn sagen würde: geil.« Dabei zwinkert er mir zu.

»Das ist nicht so mein Stil«, antworte ich und lege die Tüte auf dem Couchtisch ab. Wolfgang setzt sich wieder hin, zieht an seinen Hosenbeinen und trocknet sich mit einem Stofftaschentuch die Stirn. »Ach nein? Und was wäre das dann, dein Stil?«

»Jochen Liebherr«, kichert meine Mutter, »den liebt sie so richtig.« Dabei krault sie Wolfgang im Nacken. Auch auf seinem Ohrläppchen wachsen Haare.

»Jochen Liebherr? Ich dachte, das sei etwas für Oldies wie uns!«

Ihr schmaler Oberkörper steckt wieder in der Silberbluse, die breiten Schenkel hat sie unter einem Wollrock versteckt. Mich täuscht sie nicht. Sie sieht aus, als habe einer Teile aus zwei verschiedenen Bausätzen zusammen geschraubt.

»Wo willst du denn hin?«, ruft sie mir nach, als ich das Zimmer verlasse.

»Ich hab noch was vergessen.«

Ruf doch mal an! steht in schwarzen Buchstaben in einem weißen Wölkchen, das auf die Seitenwand der Telefonzelle geklebt ist. Es ist eine moderne Zelle, eine mit Tasten statt Wählscheibe.

Am einfachsten wäre es, direkt nach Hamburg zu fahren. Aber erst muss ich sicher sein, dass Jochen nicht mehr in der Toskana ist. Vielleicht kann er mich auch mit dem Auto abholen, es ist ja nur eine Stunde bis Hamburg. Am besten heute noch. Es ist dringend. Das muss er verstehen. *Und wenn du einsam bist/und etwas Trost vermisst/dann denk daran/dass ich dir helfen kann.* Das sagt er doch nicht einfach so.

Ich hebe den schweren, schwarzen Hörer ab. Der Ton aus der Leitung klingt ungeduldig. Tut-tuuuut, tut-tuuuut, kurz – lang. Eine Mark, danach die Nummer, sieben Ziffern, auswendig. Nach jeder Taste rattert es leise in der Leitung. Bei der Null am Ende dauert es am längsten. Freizeichen.

»Mellow Music Group, hallo?« Das Markstück rasselt in die Tiefe des Apparates. 80 Pfennig Guthaben. Die Stimme klingt fremd. Anders als wenn er singt.

»Jochen?«

Am anderen Ende ist es einen Moment still. Wahrscheinlich ist er überrascht. Aber ich kann ihn doch nicht ›Herr Liebherr‹ nennen.

»Welcher Jochen? Wen suchen Sie?«

Vielleicht ein Freund, der bei Jochen zu Besuch ist. Mamas Männer gehen auch manchmal bei uns ans Telefon.

»Ich will Jochen sprechen, ich meine … also … Herrn Liebherr.«

»Welche Abteilung denn?«

Abteilung? »Musik«, sage ich schließlich.

»Ach so, jetzt verstehe ich. Momentchen«, der Mann legt den Hörer weg. »Anita«, höre ich ihn fragen, »wer ist denn für Liebherr zuständig?«

»Für den Schlagerheini?«, fragt eine Frauenstimme.

»Ich hab hier jemand für ihn am Telefon, ein Mädchen. Wohl ein Fan.«

»Mandy. Drei vier sechs eins.«

»Da bin ich wieder«, sagt der Mann. »Was genau möchtest du denn? Ein Autogramm?«

Der Schriftzug *Bitte Geld nachlegen* blinkt. Das Telefonkabel schnürt meinem Zeigefinger das Blut ab. Das oberste Glied ist schon ganz weiß. »Ich verbinde dich, Sekunde.«

Musik kommt aus dem Hörer. Jochen Liebherr singt von einem Frühlingsmorgen, ungekämmten blonden Haaren, einer kleinen Kinderhand unter der Bettdecke. *Komm mit ins Freie/zeig mir eine neue/und taufrische Welt.*

»Mellow Music, Mandy?«

»Anja. Anja Bauer. Ich wollte Herrn Liebherr sprechen, ich meine ...wohnt er denn gar nicht in der Parkstraße 30?«

Sie lacht. »Wäre ein bisschen eng, wenn alle unsere Künstler hier einziehen müssten. Was kann ich denn für dich tun?«

Ich muss zu ihm, möchte ich sagen, ich muss mit ihm reden. Aber das geht sie gar nichts an. »Wie ist denn seine Adresse?«

»Das kann ich dir leider nicht sagen. Aber wenn du ihm einen Brief schreiben möchtest, schick ihn einfach an Mellow Music. Wir leiten den dann weiter.«

Der Apparat frisst scheppernd die Zehnpfennigstücke. In meiner linken Hand halte ich ein Büschel Haare. Sie sind dunkelblond. Es müssen wohl meine eigenen sein.

Lieber Jochen, beginne ich. Es ist Sonntag Abend und ich kann nicht schlafen. Im Flur geht das Licht an und aus. Ich habe es aufgegeben, durch das Schlüsselloch zu schauen. Draußen läuft Mamas Schlafrock auf haarigen Stelzen herum. Der Mann ist jetzt fast jede Nacht bei uns. Ich soll ihn Wolfgang nennen.

Meine Buchstaben ducken sich auf die Linien des Papiers, als hätten sie Lampenfieber. Briefe geschrieben habe ich Jochen schon viele, aber noch keinen, den er auch lesen wird.

Ich bin fast 12, und ich glaube, wir sollten Mal miteinander reden. Ich habe alle deine Platten (oder fast, die Platte »Jahre der Liebe« felt mir noch). Ich verstehe genau was du meinßt, wenn du sagst, du liebst Jessica und Janine mehr als dein Leben, auch wenn meine Mutter sagt, das ist kitschig. Ich glaube auch verstehst mich besser, als sie. Bitte schreib mir deine richtige Adresse. Viele Grüße an Jessica und Janine von deiner Anja.

Kekskrümel knirschen, als ich den Umschlag schließe.

Der Umschlag ist flach und fast quadratisch. Er liegt auf der Anrichte im Flur. *Mellow Music* steht auf dem Absender. So macht er das also: Er schickt auch seine Antworten an Mandy, und sie sendet sie weiter. Wenn jemand seine Briefe klauen würde, ein Fremder, dann wüsste der ja seine geheime Adresse.

Durch das Papier hindurch taste ich nach etwas Hartem. Es muss eine Postkarte sein. »Pass auf, wenn du Karten schreibst«, hat meine Mutter einmal zu mir gesagt, »die kann jeder lesen!« Wahrscheinlich hat er sich das auch gedacht.

Ich schlitze den Umschlag mit meiner Bastelschere auf. Das Papier franst aus, will nicht nachgeben. Zuerst erscheint Jochens Scheitel, dunkle Haare, schattierte Furchen auf der Stirn. Augenbrauen, in der Mitte zusammen gewachsen. Ab den Wimpern weiß ich Bescheid. Das Bild ist auch auf seiner aktuellen Platte. Der Schriftzug reicht von der Nasenwurzel bis zum Kinn. *J* und *L* sind größer als die anderen Buchstaben. Die Rückseite der Autogrammkarte ist leer.

Ein halbes Jahr später verkaufe ich meine Gitarre, das Liederbuch und die Platten auf dem Flohmarkt. Es will sie tatsächlich jemand haben. 25 Mark gibt mir eine junge Frau mit einer großen runden Brille und einem Batikrock. Vielleicht hätte ich mich mit ihr anfreunden können. Aber jetzt ist es zu spät. Die Autogrammkarte will sie nicht, und so werfe ich sie in einen halbvollen Mülleimer auf dem Weg zur Bushaltestelle. Jochen Liebherr bleibt zwischen einem angebissenen Hotdog und den Scherben einer Bierflasche liegen und blickt mich aus dunklen Augen an. Auf seinen Schultern liegen die kleinen Hände seiner Tochter, die sich von hinten an ihn klammert. Aber das erkennt man nur, wenn man ganz genau hinschaut.

Mascha Nicksch

Verlorene Zeit

Es war ein richtiger Bilderbuchsommer, dieser Sommer, als ich die Zeit verlor.

»Es ist nicht für lange«, hatte P. gesagt und einen Auftrag in einer anderen Stadt angenommen, aber dann gab es Probleme und aus einem kurzen Aufenthalt wurden vier Monate, dann sechs.

»Jetzt sind wir zwei alleine«, sagte ich zu Tobi und er nickte ernst und dann lachte er und sagte: »Aber das Ferienlager«, und ich sagte auch: »Aber das Ferienlager«, nur dass ich dabei nicht lachte. Tobi fuhr zum ersten Mal ohne mich in die Ferien und er war ganz aufgeregt und überlegte schon seit Wochen, welchen Fußball er mitnehmen sollte und ob er dort seine Comicsammlung brauchen würde.

»Den Gameboy lässt du aber hier«, sagte ich und er schmollte ein bisschen und sagte: »Aber die anderen Kinder!«, und ich sagte: »Die anderen Kinder haben bestimmt auch keinen mit.« Er sah mich an und überlegte, und dann sagte er: »Okay«, und legte den bunten Kasten vorsichtig in meine Hand.

In der Nacht hatte er Alpträume und kam auf kleinen kalten Füßen in mein Zimmer und unter meine Bettdecke. Am Morgen fragte ich: »Was war denn?«, und er druckste ein wenig herum und dann fragte er, ob es in der Nordsee wirklich Haie gebe und ob man nur Sonnencreme mit australischem Standard benutzen dürfte. »Wo hast du das denn her«, fragte ich und Tobi sagte: »Aus dem Fernsehen!«, und ich lachte und sagte: »Da musst du was falsch verstanden haben.«

»Aber wo sind denn die Haie?«, fragte er, und ich war mir nicht sicher, nur dass sie nicht in der Nordsee waren, wusste ich. Aber Tobi war nicht beruhigt. Also kaufte ich ihm Sonnencreme nach australischem Standard und überlegte, ob ich das Fernsehen wegen der Haie anrufen sollte, aber dann hörte er von Wattwürmern und Wanderdünen und die Haie waren vergessen.

»Das werden bestimmt die schönsten Ferien in meinem Leben«, sagte Tobi und redete den ganzen Tag von nichts anderem. Ich nähte ihm Namensschilder in seine Kleidung und wollte nicht, dass er ohne mich wegfuhr und dann ganz verändert wiederkam. Ich erinnerte mich an mein erstes Ferienlager auf der Insel, all die fremden Kinder, paarweise verteilt auf hölzerne Hochbetten. Ich hatte Angst herunterzufallen und deshalb lag ich unten und die anderen lachten über mich, aber später freundete ich mich mit einigen an und wir spielten Indianer. Sie kannten alle keinen Schmerz, nur ich wurde manchmal verwundet und dann lag ich im Matsch und war zu stolz um Hilfe zu rufen und wartete, bis mich einer der Betreuer holte. Nach drei Wochen war ich dann sonnenverbrannt und drei Zentimeter größer wiedergekommen und meine Mutter hatte gesagt, was ist denn mit dir passiert, und meinen zu kurzen Rock angesehen. Ich wollte nicht, dass mein Kind auch drei Zentimeter größer wurde, ohne dass ich davon etwas merkte, aber er freute sich so auf das

Ferienlager und versprach, jeden Tag eine Postkarte zu schreiben, und dann packten wir zusammen den Rucksack. Tobi wollte den Schmusehasen nicht mithaben wegen der anderen Kinder. »Und überhaupt bin ich ja kein Baby mehr«, sagte er. »Klar«, sagte ich und steckte den Hasen später heimlich ganz unten in den Rucksack.

Als Tobi schon im Bett lag, rief P. an. Er wollte sich von Tobi verabschieden und fragte mich, wie es mir ginge und sagte, dass er mich vermisste und ich sagte auch, dass ich ihn vermisste, aber seine Stimme war dabei ganz weit weg und ich stellte mir vor, wie er da so stand in der Hotelhalle, den Hörer in der Hand und sich am Ohrläppchen zog. Er zog sich immer am Ohrläppchen, wenn er nicht wusste, was er sagen sollte. »Wie lange musst du noch da bleiben«, fragte ich, und er antwortete: »Noch eine Weile«, und ich sagte: »Aha«, und fragte nicht, wie lang eine Weile war. Dann redeten wir noch ein bisschen über seinen Auftrag und über Tobi, und irgendwann hatte ich wieder das Gefühl, ihn zu kennen, und das sagte ich auch, und wir lachten ein bisschen, und er sagte: »Ich vermisse dich«, und ich sagte: »Ich vermisse dich«, und diesmal meinte ich es auch so. Ich sehnte mich nach ihm und seinen Umarmungen, seinem Lachen und dass er mir immer leise ins Ohr pustete und mich damit erschreckte.

Dann war Tobi aufgewacht von dem Telefon und meinem Lachen. »Geh wieder schlafen«, sagte ich, und er sagte: »Ich will aber mit Papa sprechen«, und ich sagte: »Okay«, und schickte einen Kuss durch die Leitung und gab Tobi den Hörer. Er erzählte P. von Haien und Wanderdünen und Piraten und war dabei ganz aufgeregt, und als er endlich eingehängt hatte, wollte er nicht wieder ins

Bett, und als er dann im Bett lag, hatte er Angst, wir könnten verschlafen, und ich musste den Wecker auf acht Uhr stellen und ausprobieren, ob er auch funktionierte.

Ich dachte, am Morgen bekomme ich ihn nicht aus dem Bett vor lauter Müdigkeit, aber um sieben Uhr stand Tobi in meinem Zimmer, den Rucksack hinter sich, und wartete ungeduldig darauf, dass ich aufstand. Schließlich gab ich nach und machte Frühstück. Ich kontrollierte, ob Zahnbürste und Badehose eingepackt waren, und dann steckte ich ein wenig Geld, Telefonnummern und Pflaster in einen Brustbeutel und hängte ihn um Tobis Hals. Dann kamen Kind und Rucksack ins Auto und wir fuhren zur Schule, wo der Bus warten sollte.

Wir waren viel zu früh und die Ersten und ich sagte: »Siehste!«, und Tobi sagte: »Gar nicht siehste!«, und reservierte sich gleich den besten Platz. Dann kamen die anderen Eltern mit ihren Kindern und überall war Rufen und Lachen und dann hupte der Bus, weil er losfahren wollte, und ich zog Tobi aus diesem bunten Haufen und drückte ihn einen Moment an mich. Er drückte zurück, aber nur einen Augenblick, dann wehrte er sich, sprang schnell zu den anderen in den Bus. Alle winkten und der Bus verschwand im Straßengewühl, sie waren weg und die Zurückgebliebenen ließen die Hände sinken und schlichen sich leise davon.

Ich fuhr nach Hause und zuhause war es leer und still und kein Geplapper über Haie und Wanderdünen und kein Kind mehr. Jetzt war ich wirklich allein, zum ersten Mal eigentlich seit es Tobi gab, denn entweder war ich mit ihm zusammen gewesen und wenn er nicht da war mit P. oder mit beiden. Ich wusste gar nichts mit mir alleine anzufangen und darum räumte ich zuerst mal das Kinderzimmer auf, denn wenn es drinnen in mir schon so verwirrt war, sollte es wenigstens draußen schön aufgeräumt sein. Ich versuchte an meinem Artikel zu arbeiten und schaltete meinen Computer ein, aber dann starrte ich eine halbe Stunde nur auf Tobis Namen, der als Bildschirmschoner über meinen Monitor flimmerte, und schließlich schaltete ich den Computer wieder aus. Dann dachte ich, wo ich doch schon mal alleine bin und auch noch Zeit habe, kann ich ja mal wieder ein paar Freunde und Bekannte einladen, und ich ging mein Telefonbuch von *A* bis *Z* durch und rief alle an, aber dann waren da nur ihre mechanischen Stimmen auf den Anrufbeantwortern. Ich hängte wieder ein und ging einkaufen. Wenn schon für keinen anderen, koche ich eben für mich, dachte ich und stand mit den anderen Schlange im Supermarkt und kam dann schwer bepackt nach Hause und hatte soviel eingekauft, dass ich in nächster Zeit kein Geschäft mehr betreten musste.

Der Anrufbeantworter zeigte *0* Nachrichten und ich versuchte P. in seinem Hotel anzurufen, aber er war nicht da und sie wussten auch nicht, wann er wiederkommt. Also kochte ich Nudeln und schnippelte Mohrrüben, und dann dachte ich an Tobi, der jetzt wahrscheinlich schon in seinem hölzernen Hochbett lag, bestimmt im oberen, denn er war nicht so ängstlich wie ich. Dann waren die Nudeln fertig und ich aß, aber es war so still und ich schaltete das Radio ein, aber die Musik machte mich traurig und deshalb ging ich ins Wohnzimmer und setzte mich vor den Fernseher und suchte mir den Film aus, wo am meisten geschossen wurde. Die Handlung war kompliziert und ich verstand sie nicht, nur, dass es um einen Polizisten in der

Mafia ging und dass das alles in Sizilien spielte. Ich dachte an Sizilien und dass es dort wahrscheinlich warm war und man am Strand liegen konnte oder in Cafés sitzen. Ich war noch nie im Süden gewesen und Tobi auch nicht, nur P. hatte mal einen Auftrag in Spanien gehabt, aber er sagte, es war nicht so wie im Fernsehen, und dann hatte er von den Hunden und Katzen erzählt, die auf den Straßen herumliefen, struppig, hinkend und manche nur mit einem Auge, und wie sie in den Mülltonnen wühlten. Wie die Ratten, hatte er gesagt und in der Nacht hatte ich Alpträume von riesengroßen Ratten, die um das Bett schlichen und mich mit glühenden Augen anstarrten.

Als der Film zu Ende war, holte ich mir Bettdecke und Kissen aus dem Schlafzimmer und machte es mir auf dem Sofa gemütlich. Den Fernseher ließ ich ohne Ton weiterlaufen. Es war still und dunkel, nur wenn ein Auto unten auf der Straße vorbeifuhr, wanderte ein heller Lichtschein langsam über die Decke. Später fing es an zu regnen und dann kam Sturm auf und die Efeuranken kratzten an den Fenstern und ich dachte an das Kind auf der Insel und machte mir Sorgen.

Am Morgen war alles grau und es hatte sich eingeregnet und der Sturm war auch noch da. Mir tat alles weh vom Sofa, und Hunger hatte ich auch keinen, aber ich aß dann doch etwas Müsli, und dann versuchte ich P. anzurufen und Tobi, aber P. war wieder nicht da und bei Tobi war die Verbindung gestört. Ich machte mir Sorgen, aber ich wollte mir keine machen und deshalb versuchte ich mich abzulenken und dachte, wo ich schon mal Zeit habe, kann ich auch gleich die Wohnung renovieren, und dann holte ich Farbe und Tapeten aus der Abstellkammer, wo sie schon seit einem halben Jahr bereitstanden, und klebte die Möbel mit Plastikfolie ab. Ich wusste nicht mehr genau, wie das ging mit dem Renovieren, nur, dass ich zuerst die alten Tapeten von der Wand abmachen musste. Also holte ich Eimer und Schwamm, weichte die Tapeten ein und wartete, aber sie wollten sich nicht ablösen lassen, und deshalb machte ich das Ganze noch mal und dann ging es besser und wo es nicht ging, nahm ich einen Spachtel. Irgendwann hatte ich eine Wand fertig, aber dann war es schon Abend und mir tat alles weh und ich war so erschöpft, dass ich mich in meinen Malerhosen auf das Sofa setzte und sofort einschlief.

Als es hell wurde, trank ich einen Schluck Wasser und aß den Rest Müsli. Meine Finger taten weh, weil unter den Nägeln überall Tapetenreste waren, und auch in den Haaren waren welche. Ich fand, es lohnte nicht zu duschen, weil ich sowieso wieder dreckig werden würde, und stellte mich gleich auf die Leiter und machte die zweite Wand. Draußen war immer noch Regen und es blieb grau. Ich hatte vergessen, meine Uhr aufzuziehen, und wusste nicht, wie lange ich schon arbeitete, doch dann fing irgendwann die Wand an zu kippeln und ich schrie und klammerte mich an der Leiter fest und dann fiel ich und es wurde dunkel.

Als die Farbe wiederkam, lag ich zwischen Tapetenresten auf dem Boden und mein rechter Arm lag irgendwie verdreht neben mir. Wie bei diesen Gummimenschen im Zirkus, dachte ich und lachte und dann setzte ich mich auf, und Schmerz bohrte sich in meinen Kopf und mir war gar nicht mehr zum Lachen. Ich blieb dann liegen und wartete, bis sich nichts mehr um mich herum bewegte, und dann stand ich langsam auf. Ich wusste nicht, ob man wegen eines gebrochenen Armes den Krankenwagen rufen soll oder nicht, und deshalb nahm ich schließlich ein Taxi und ließ mich in die Notaufnahme fahren. Dort fragten sie: »Wie ist das passiert?«, und ich sagte: »Haushaltsunfall«, und dann schnitten sie mein Hemd auf, gipsten den Arm ein und schickten mich mit Schmerztabletten und einem Bericht für den Hausarzt nach Hause.

Dort sah alles noch genauso aus wie vorher: Tapetenreste türmten sich kniehoch auf dem Boden, zwei nackte Wände starrten mir grau entgegen und die Möbel waren abwaschbar verpackt.

Zuerst war es schwierig ohne die rechte Hand, aber dann gewöhnte ich mich daran. Essen und Trinken stand griffbereit neben dem Sofa, ich trug immer noch meine Malerhose und das Sofa verließ ich nur noch, um zur Toilette zu gehen. Am Anfang hatte ich noch überlegt, wie das mit dem Baden und Essenmachen gehen sollte, aber das erschien mir alles zu schwierig und ich beschloss, nur noch Dosengerichte zu essen und mich nicht mehr zu waschen. Die Post holte ich auch nicht mehr aus dem Briefkasten. Manchmal klingelten Nachbarn an der Tür, aber ich machte nicht auf. Der Anrufbeantworter zeigte immer noch 0 Nachrichten und die von der Hotelrezeption sagten wieder, P. sei nicht da. Ich überlegte, ob er tatsächlich nicht da war oder ob sie das immer sagten, wenn jemand anrief. Bei Tobi war die Leitung immer noch gestört.

So vergingen Stunden und Tage und es hörte nicht auf zu regnen. Ich wusste nicht, wie lange es schon so war, und irgendwann verlor ich die Zeit. Ich sprach mit niemandem mehr, erwartete keine Nachrichten auf meinem Anrufbeantworter und versuchte nicht, jemanden zu erreichen. Ich aß und trank wenig und selten und wurde immer schwächer und lag den ganzen Tag auf dem Sofa und sah vor mich hin und dachte an gar nichts. Das Efeu vor dem Fenster wurde immer dichter und saugte sich mit seinen Klebefüßen an den Scheiben fest, und irgendwann waren die Fenster zugewachsen und alles, was einmal *Draußen* gewesen war, gab es nicht mehr, nur noch *Drinnen*, und drinnen waren Dunkel und ich.

Ich überlegte, ob die Welt wohl untergegangen sei, ohne dass ich es bemerkt hatte, und einen Moment dachte ich an P., aber er war schon auf der ganzen Welt gewesen und würde sich zurechtfinden, und Tobi hatte noch vor gar nichts Angst und deshalb machte ich mir keine Sorgen. Eigentlich fühlte ich sowieso nichts mehr, alles war nur noch leicht und schwebend, nur mein Arm tat weh und es juckte unter dem Gips, aber die Schmerztabletten waren aufgebraucht und einen Hausarzt für den Unfallbericht und neue Tabletten hatte ich nicht. Ich erinnerte mich, wie es in der Schule war, wenn jemand einen Gips gehabt hatte und alle ihren Namen draufschrieben. Wer ganz viele Namen auf seinem Gips hatte, war beliebt, aber manche hatten keinen einzigen Namen darauf und ich habe immer aufgepasst, dass ich mir nichts breche, denn ich wollte keinen Gips, wo kein einziger Name draufstand. Ich überlegte, ob ich mir nun selbst etwas auf meinen Gips draufschreiben sollte, aber dann fiel mir nichts ein und ich legte den Stift wieder zur Seite.

Irgendwann wurde das Jucken immer schlimmer und ich versuchte mich zu erinnern, seit wann ich den Gips schon hatte und ob er nicht vielleicht bald wegmusste, aber ich konnte mich nicht erinnern und zum Arzt wollte ich auch nicht und dann nahm ich die Schere und versuchte ihn wegzuschneiden, aber es ging nicht, nur, dass ich abrutschte und mir die Schere in den Arm bohrte und es etwas blutete, aber nicht richtig. Ein dicker roter Strich blieb zurück. Ich wusste, dass sie es beim Arzt immer mit der Säge machen, aber ich hatte Angst, ich würde mir den Arm ganz abschneiden, und außerdem hatte ich gar keine Säge und deshalb gab ich es auf. Aber das Jucken machte mich ganz nervös und ich konnte nicht mehr schlafen und vom Liegen tat mir auch alles weh, und deshalb streifte ich ziellos durch die Wohnung und trank Beruhigungstee, und als der aufgebraucht war, nahm ich schwarzen, und davon wurde ich noch unruhiger und ganz schwindelig, und wenn das Zimmer anfing sich zu drehen, musste ich mich doch wieder hinlegen.

Ich fühlte meinen Körper nicht mehr, sogar das Jucken war weg, ich war nur noch Kopf. Alles war klarer, schärfer, selbst das kleinste Detail schien sich vor meinen Augen zu vergrößern, auszubreiten, mir entgegenzukommen. Es war zum Greifen nah, alles, und dann kam die Angst. Langsam und vorsichtig kroch sie durch die Efeuwand und füllte Stück für Stück die Wohnung auf. Da waren Geräusche, die vorher nicht da gewesen waren. *Sie* schlichen ums Haus, beobachteten mich durch die kleinsten Ritzen. Ich verstopfte die Schlüssellöcher, Waschbecken, versteckte die Schlüssel und wartete, dass *sie* kommen würden. Ich trank Unmengen von schwarzem Tee und schlief nicht mehr und wenn ich mich bewegte, dann nur auf Zehenspitzen. Dann dachte ich an P. und an das Kind und fragte mich, was *sie* wohl mit ihnen gemacht hatten, und ich ließ den Fernseher den ganzen Tag ohne Ton laufen und suchte beide in Flüchtlingstrecks und zwischen Flutopfern und erwartete jeden Moment, ihre zwei Gesichter, das kleine und das große, schwarz umrandet zu sehen. Aber alles, was sie zeigten, war das normale Programm und Nachrichten mit lächelnden Sprechern, und da wusste ich, dass alles zum großen Plan gehörte, wusste, *sie* wollten uns ruhigstellen, in Sicherheit wiegen, manipulieren, damit wir nicht sahen, was wirklich passierte, aber ich wusste es besser und deshalb wollten *sie* mich auch holen. Deshalb durfte ich nicht schlafen. Auf keinen Fall! Wahrscheinlich hatten *sie* mein Essen vergiftet, die Dosen mit dem blauen Rand oben und mit dem Barcode an der Seite, das war das Zeichen. Vielleicht hatten *sie* auch etwas ins Wasser getan, damit ich unvorsichtig wurde, angreifbar, verletzlich. Deshalb drehte sich alles um mich, die verschiedenen Farben, die lauten Geräusche, alles von dem Gift. Ich fühlte meinen Arm nicht mehr, dann meinen Körper, alles wurde taub. *Sie* wollten, dass mein Körper langsam starb, und dann, wenn ich unfähig war, mich zu verteidigen, würden *sie* kommen. Die Farben, die ich sah, wurden grell und schmerzten in den Augen, und manchmal wurde es für kurze Zeit schwarz und dann hörte ich *sie* und ihre Stimmen, die nach mir riefen. *Sie* schlugen an die Tür, traten dagegen, versuchten sie aufzubrechen. Ich wollte mich aufrichten, wehren, *ihnen* entgegentreten, aber mein Körper gehorchte mir nicht mehr. Dann kamen *sie*, die Tür gab nach, und *sie* kamen, um *sie* war alles bunt, rot und weiß, *sie* flossen zu mir hin, alles war verschwommen, unklar. Ich wollte schreien, aber meine Stimme war tot, mein Körper war tot und dann war alles schwarz.

Als es wieder hell wurde, saß P. neben mir und schaute auf Tobi, der mit großen Schritten durch das Zimmer stapfte und sonnenverbrannt von Krebsen, Ebbe und Landunter erzählte. Dann merkte P., dass ich ihn ansah, und er sah mich auch an und streichelte mein Gesicht und gab mir einen Kuss, den ich nicht spürte und sagte: »Da bist du ja wieder«, als hätte ich nur ein paar Stunden geschlafen, und er schien nichts von den letzten Wochen zu bemerken, nichts von dem Efeu, dem vergifteten Essen, meinem toten Körper. Er war wie immer und auch Tobi war wie immer, nur mit viel Sonne im Gesicht, und sie redeten und lachten und ich setzte mich auf und fuhr mir durch das Haar. Es war nicht verfilzt und mein Arm hatte keinen Gips und Efeu war auch keins mehr vor den Fenstern und das Licht saß zwischen uns und alles war wie vorher. P. sagte: »Ich habe dich so vermisst!«, und ich sagte: »Ich habe dich auch vermisst!«, und meine Stimme klang wie immer, und P. sah mich an und lächelte und doch war alles anders.

Dann wollte Tobi Kakao und P. wollte Tee und Kuchen und ich sagte: »Ich habe aber keinen«, und er lachte und zeigte auf ein weißes Paket, das auf dem Küchentisch stand, und sagte: »Weiß ich doch.« Tobi holte Teller und Tassen und P. setzte Milch auf und Teewasser und balancierte die Dose auf seiner Nase und wir lachten. Ich sagte: »Pass auf, der Tee«, und dann fiel die Dose und ich streckte meinen Arm aus und griff danach und dann sah ich den roten Schnitt und P. blickte auch darauf, aber er sah ihn nicht und lachte weiter und ich lachte dann nicht mehr und mir war, als hörte ich jemanden ums Haus schleichen.

Bekannte Autoren
am Rande der Realität
Allegra

Eckhart Nickel

César

Willemar Wellenbrock war ein Künstler, und er war schön. Schaut nur, wie er daher kommt und sein wallendes Haar nach hinten wirft wie die Mähne des Königs der Tiere! Und erst die Leute! Platz da, nun kommt Willemar Wellenbrock, das hoffnungsvollste Schauspieltalent von Ackernburg, auf dem Weg in die große Stadt, um endlich seinen wahren Ruhm auskosten zu können. Die Bühne würde wohl nicht den geringsten Augenblick zögern, dies wahrhaftige Talent auf den ersten Blick zu bemerken und ihn vom Fleck weg zu engagieren, auf dass er in die Welt der großen Mimen eingehe.

Echte Begabung müsste man ihm doch schon an seinem außerordentlich großen Schädel ansehen, der leider auf einem etwas kläglichen und schmal geratenen Körper saß, also ehrlich gesagt, einem sehr kleinen Körper, den fast halslos der schon mit Geheimratsecken verzierte Schädel krönte.

Seine Augenbrauen, die eine stets leicht angezogen, drohten dicht und dunkel über den immer stechend blickenden Augen, dramatisch stechend sozusagen, zwischen denen eine von begnadeter Künstler- und Gotteshand geschaffene, zu geblähten Nüstern ausgeweitete fleischige Nase saß, die – von einem dünnen Balken von Schnurrbart entschieden pointiert – nur kurz oberhalb der feinen Mundwinkel und schmalen Lippen begann, denen man die mögliche Erweiterung zum ovalen Klangesschlund nicht im Geringsten ansah.

Willemar Wellenbrock war ein Mann mit ausgefallenem Geschmack. Seine Hosen schlotterten weit ausgestellt und anthrazitfarben um die dünnen Knie, die im Vergleich zu den großen Schuhen schwindend klein anmuteten. Und erst die Schuhe: Mit Wildleder durchbrochenes dunkelgraues Leder, nebst hohen Absätzen, die fabelhaft zu dem dunkelgrünen Samtjackett mit breitem Kragen passten, in dem, kunstvoll geknotet, ein mindestens extravagant zu nennendes bordeauxrotes Seidentuch den nicht vorhandenen Hals vor einer Verkühlung schützte. All dies, samt seinen etwas angestoßenen braunen Lederhandschuhen und dem grasgrünen Einstecktuch, in der gleichen Farbe übrigens wie seine Socken gehalten, war auf das Sorgfältigste in den feinsten Geschäften von Ackernburg erworben worden, bevor er sich auf die verheißungsvolle Erfolgsreise machte. Duftend, denn auch sein Eau de Cologne bestach durch exklusive Dichte, ein herb-würziges Aroma mit einem entschiedenen Anteil Süße, die erst nach einer Weile hervorroch.

Es war nicht weit von Ackernburg nach Frankfurt am Main, Ackernburg war ja immerhin Kreisstadt, und mit der Kleinbahn war es höchstens eine Stunde. Willemar verbrachte die Stunde mit nervösem Hin- und Herrücken auf der Sitzbank.

Nun waren schon die ersten Häuserreihen zu sehen und das Glockengeläute wurde von der parallel laufenden Straße und ihrem Dröhnen übertönt. Im Geiste malte Willemar sich die Willkommenszeremonie in den schrillsten Farben aus: »Hurra!«, und die rosa Taschentücher flogen auf und flatterten, die Transparente weithin sichtbar ausgerollt und Schreie in der Luft: »Willkommen, Willemar!«

Die Fahrt verlangsamte sich, und mit einem Mal gab es einen heftigen Ruck und der Zug stand. Willemar ließ das Fenster herab und schaute ungeduldig hinaus. Das schien das Vorfeld zu sein, und obgleich es noch Frühling war, flimmerte die Luft von den Gleisen hoch, und die dunstige Sonne wärmte, dem Zenit nah, auch Willemar kräftig, so dass er leicht zu schwitzen begann. Sein Abteil war die Fahrt über leer geblieben, und auch jetzt war außer dem vage wahrgenommenen Summen, welches stets in stehenden Zügen zu vernehmen ist, nur leise und scheinbar auf der anderen Wagenseite Gespräch zu hören.

Nun war es auch schon einige Zeit her, dass die Reise so unvorbereitet ihr jähes Ende genommen hatte. Willemar fing an sich zu ärgern und zog die Augenbrauen zusammen. »Das reicht aber jetzt wirklich«, sagte er laut zu sich selbst und schob mit Schwung die Abteiltür zur Seite, um in den Gang zu schauen – was war das? Er stand ja schon längst im Bahnhof, nur der Bahnsteig war gegenüber viel länger. Schnell griff er sich seine Reisetasche und eilte über den leeren Gang zur Tür hinaus, die gerade ein Bahnbeamter von außen abschließen wollte. Umständlich zwängte Willemar sich an ihm vorbei und ging schnell den Bahnsteig hoch, als ob er einen Anschlusszug bekommen wollte. Der Beamte schob verstört seine Mütze hoch, sah ihm kopfschüttelnd nach und rief etwas hinterher, was Willemar, starr vorwärts schauend, nur noch als fernes Gebrummel mitbekam. »Solche Sachen passieren eben auch mir!«, dachte er sich und schlenderte, wieder frohen Mutes, die Tasche leicht schwingend, zwischen den geschäftigen Reisenden mit den Aktenmappen dem Hauptausgang zu.

Er trat hinaus – sonnendurchfluteter Vorplatz der mächtigen Bahnhofshalle! Tief sog er die Luft der Welt ein, die noch vor einer Stunde soweit entfernt gelegen hatte. Nur, warum gingen denn die Leute alle so unbeteiligt an ihm vorüber, sahen sie denn nicht, wer er war? Er, Willemar Wellenbrock, aufgehender Stern am Himmel der Theaterwelt der fünfziger Jahre! Die Fünfziger, die Mitte des Jahrhunderts, der Zenit der Zeit, gerade wie geschaffen für ihn. Später würde er über sie schreiben, seine Fünfziger, in seinen Memoiren.

Nun gut, er gab sich für heute mit der Einsicht zufrieden, dass die rohen, ungeschlachten Leute eben kein bisschen sensibel waren und so auch kein Auge für das Wahre hatten. Durchschnitt halt, kunstferne Subjekte. Dumme Bauern, was werdet ihr Augen machen, wenn er die Heldenrollen mit Bravour souverän über die Bühne zieht und das große Theater unter dem Stampfen der Füße zusammenzubrechen droht. Banausen, Scharlatane.

In dieser Laune stieg er – noch leicht errötet – in eine der vielen abfahrenden Straßenbahnen ein, ohne zu wissen, wohin sie eigentlich fahren würde. Zum Theater jedenfalls fuhr sie nicht, wie ihn der Straßenbahnfahrer belehrte, den er um Auskunft gebeten hatte. Wie ärgerlich. Ob wenigstens der Schaffner ihm denn ansah, wer er war? Aber wie einen normalen Passagier behandelte er ihn und erkannte ihn ebenfalls nicht, schaute starr auf die Schienen vor sich und riet ihm, die Mütze in den Nacken geschoben und Kaugummi kauend, die gleiche Linie in die entgegengesetzte Richtung zu besteigen. So ein Kerl!

An der nächsten Haltestelle war Willemar endlich wieder draußen, überquerte die Gleise und sah die falsche Bahn schnell am Ende der flimmernden Straße abbiegen. Weg, raus aus seinem Blickfeld damit! Dermaßen in Rage gebracht, wischte er sich erst einmal mit seinem grasgrünen Einstecktuch über die Stirn und atmete schwer, der warmen Luft wegen.

Linie 11! Das war seine! Zum Theater bitte, und zwar schnell, es kann nämlich gar nicht schnell genug gehen, was verpasst die Welt nur jede kostbare Minute. Deswegen flugs eingestiegen und einen Platz auf der Holzbank neben der Tür ergattert, damit man ihn nicht so durchgeschwitzt ankommen sehen würde, vor dem Theater. Jetzt standen ihm nämlich Perlen auf der Stirn, Perlen, die immer wieder hervorquollen, wenn er sich nicht langsam beruhigen konnte.

Schnell zogen die Häuser vorbei, und nun streifte er auch wieder den Bahnhof, verließ aber den großen Platz sofort wieder und bog in eine lange Straße ein, an deren Ende man ihn noch öfter sehen würde. Ja, bald würde alles anders sein, da war er nicht mehr irgendwer, nein, der endlich bekannte und begnadete Künstler Wellenbrock.

Der schnell ratternde Wagen zitterte durch die hohe Geschwindigkeit in ständig wechselndem Licht, was den staubigen Holzfußboden hellbraun flackern ließ und Willemars ohnehin zusammengekniffene Augen blendete. Unter den Sitz gegenüber huschte quer über den Boden ein kleiner Schatten, den Willemar nicht genau zuordnen konnte und daraufhin wieder irritiert aus dem Fenster sah. Genau, er hatte es fast vergessen, er war ja der Imperator auf dem Triumphzug, zumindest würde er es bald sein, die Leute waren scheinbar immer noch zu blöd, es zu wissen, allesamt Blinde waren das, grobes, dummes

Aufschwungsvolk. Wirtschaftswunder, von wegen – die Bühne rief doch!

Und da, er schaukelte gerade langsamer über eine lichte Kreuzung, war es ja, das Theater. Zugegeben, ein eckiger Kasten, wie die vielen Sachen, die sie seit dem Krieg hochgezogen hatten, mit seltsamen Kupferlamellen oben im Foyer. Aber was soll's? Und wieder leuchtete vor seinen Augen das metergroße Transparent: »In Kürze: Weltstar Wellenbrock als Hamlet – die Weltpremiere!« Ein Ruck, das musste die Haltestelle sein, ein Glück, die hätte er sonst wohl verpasst, schnell raus, ein kleiner Hupf, und er war endlich da! Es hatte aber auch lange genug gedauert.

Jetzt flugs zum Pförtner, nach dem Bühneneingang fragen. Der Mann hinter der Glasscheibe guckte ihn mürrisch an, und obendrein mit einem Zigarrenstump im Mundwinkel, natürlich kalt. So so, erster Stock, dritte Tür links. Nichts wie weg von dieser inferioren Gestalt, dachte Willemar halblaut und ging die Treppe hoch. Aber halt, hier im Zwischengeschoss stand eine Tür offen, erster Stock, gut, das hatte der dumme Pförtner gesagt, aber hier stand eine große, breite Tür offen, die …

Nein!

… die Bühne!

Dort, vielleicht in etwas mehr als zehn Meter Entfernung, lag sie vor ihm. Ein Schritt und noch ein Schritt und eins, zwei, drei, vier, fünf, sechs, sieben und Willemar stand mitten auf der Bühne, das Licht in vollem Schein und der Zuschauerraum dunkel. Er räusperte sich, blinzelte irritiert in die grelle Lampenfront, und sein Herz bebte. Er vermochte kaum Luft zu bekommen. Was waren das für Verse, die er eben noch im Geist deklamiert hatte?

Staubteilchen flimmerten auf und ab. Wie ging es noch? »Oh, ich sterbe, Horatio! Das starke Gift …«, seine Stimme stockte, »… bewältigt meinen Geist.« Er sprach, besser gesagt, tönte nun mit tiefster Inbrunst die letzten Verse des dänischen Prinzen und, von höchstem Einfühlungsvermögen zeugend, die schicksalsschweren letzten Worte: »Der Rest ist Schweigen …«

Doch das währte nicht lange, denn aus dem Dunkel, das eben noch wie ein unendlicher Orchestergraben gewirkt hatte, ertönte ein geiferndes, meckerndes Lachen, scheinbar von mehreren Leuten, ein von allen Ecken zurückgeworfenes Gegacker, das bald in ein Geheul überging, welches sich wiederum an den Wänden brach und hin und her von Seite zu Seite sich fortsetzte und in einen ohrenbetäubenden Klatschlärm überging. Willemar hatte sich nämlich nach dem letzten Wort hinfallen lassen wollen, um dem Tod des tragischen Helden noch mehr Ausdruck zu verleihen, und war – sich im Schlag seines Hosenbeines verheddernd – sehr unsanft nach hintenübergefallen. Wie unter Tränen mischten sich jetzt die ersten tötenden glucksenden Worte unter das entsetzliche Geräusch, das Willemar für einen Gehörsturz gehalten hatte. Es waren nur Fetzen von Worten, aber was für Fetzen:

»Echt köstlich … wo kam der denn jetzt plötzlich her?«

»Wahnsinnig … umwerfend … wohl vom Zirkus …«

»Ich zerreiß meinen schwarzen Rolli in der Luft, wenn er das noch mal macht …«

»Und die Mimik!«

»… in ein Kinderstück einbauen …«

»Ehrlich, zum Tränenlachen!«

… lange nicht mehr so gelacht … ein echtes Original …«

Aber genug, wir lassen den Vorhang sich sanft schließen, die gehässigen Worte verebben, die Kulturmenschen alleine in ihrer satten Beckett- und Borchert-Welt zurück und schauen lieber Willemar hinterher.

Schon nach den ersten vernichtenden Worten gelangte er kriechend, aufs Tiefste niedergeschlagen, zum Ausgang und stürzte mit purpurrotem Gesicht davon, vorbei an dem immer noch an der kalten Zigarre lutschenden Pförtner, der ihn diesmal noch erstaunter ansah und, den Stumpen fallen lassend, röchelte: »Haben Sie's nicht gefunden?« Aber Willemar war schon weiter und rannte die leere Bahnhofstraße entlang, über den Platz, fast vor eine Tram, und durch die Halle zum Gleis, wo sein Zug, die Kleinbahn nach Ackernburg, noch unbewegt stehen geblieben war, und drängte sich, nun entschiedener, an einem Bediensteten vorbei, um sich, im Abteil angekommen, die Tür zugerissen, atemlos ins harte Polster fallen zu lassen, worauf der Zug mit einem noch heftigeren Ruck als bei der Ankunft seine Rückfahrt antrat.

Die ersten Tränen rollten über die nun arg eingefallenen Wangen von Willemar, der abermals allein ein Abteil für sich hatte, weswegen er nun unbeobachtet hemmungslos zu weinen begann, bitterst und inbrünstig, und sein Gesicht an die Scheibe lehnte, so dass diese davon nass wurde. Verschwommen durch die salzigen Schlieren seiner Demut warf er noch einen letzten Blick auf die Umrisse der entschwindenden Stadt, die ihn nie wieder sah.

Sibylle Berg

Was weiß Herr Sundarum von meiner Zukunft

Dunkel und feucht, von den Wänden ein Geruch nach Verderben. Seit vielleicht einer halben Stunde sitze ich in diesem kleinen Raum. Freiwillig. Ich rauche. Rauchen. Habe ich vorhin auf der Straße versucht, aber auf indischen Straßen gehört sich das nicht, und die Blicke indischer Herren scheinen den Mund mit Kippe so lange zu strafen, bis die Kippe zu Boden gleitet vor Scham. Wenn ich fertig geraucht habe, werde ich den großen Guru Gunjur Murthy treffen, und der wird mir mein Schicksal von einem Palmblatt vorlesen. Noch eine Zigarette, Jonny.

Zwei Wochen zuvor in Deutschland war ich durch Umstände an ein Buch gelangt. Vielleicht bin ich in einer Buchhandlung gestolpert und in ein Regal gefallen, oder ein Tier war im Spiel, ich weiß es nicht mehr. Ich hatte nur auf einmal dieses Buch in der Hand. In dem schrieb eine deutsche Frau in schlechtem Deutsch eine schlechte Geschichte über die Suche nach ihrem Palmblatt in Indien. Ich quälte mich durch langweilige Sätze und erfuhr die unglaubliche Mär der Palmblätter. Die besagt, dass vor 5000 Jahren einem weisen Mann in Indien, dessen Name nichts zur Sache tut, von einer Gottheit, deren Name uns auch egal sein kann, die Pflicht auferlegt wurde, das Leben ungeborener Menschen in Sanskrit, der altindischen Gelehrtensprache, auf Palmblätter zu notieren. Die Gottheit hat ihm im Anschluss üppig Leben diktiert, und der Mann hat sie alle aufgeschrieben. Dazu hat er sein Dasein verwandt, wohl dem, der eine Aufgabe findet, der er sich unterordnen kann, und nach seinem vermutlich erfüllten Leben blieben einige Häufchen zurück. Tausende von Palmblättern waren das, mit Tausenden von Leben drauf. Es war vollbracht.

Die Kunst, die Menschenschicksale vom Blatt zu lesen und zu interpretieren, wurde von da an von einer Generation schlauer Männer zur nächsten weitergereicht. Bis heute. Und die Sage geht, dass ein jeder, der in Indien danach sucht, auch sein ganz privates Palmblatt finden wird. Auf dem sein Leben vorgezeichnet ist, bis zum genauen Tag des Todes.

Ich meine, dieses Buch war wirklich schlecht, aber ich spüre einfach sehr genau, wenn das Schicksal zuschlägt: Geh nach Indien und rauche auf dem vollgekackten Klo eines Palmblattlesers diverse Zigaretten, sagte mir das Schicksal. Und da sitze ich jetzt. Ein bisschen schwindelig von einer Schachtel Zigaretten auf ex und aufgeregt auch, denn heißt es nicht immer, dass Indien das Land der Wunder sei? Und so sehr ich mir auch Wunder wünsche, habe ich doch großen Respekt davor, wirklich einmal einem zu begegnen.

Gunjur Murthy sitzt hinter seinem Tisch und schaut grüne Sachen an. Das sind Palmblätter. Er hat die Kunst des Palmblattdeutens von seinem Vater gelernt, der es von seinem Vater lernte, der es von seinem Vater lernte, und Gunjur sieht ein bisschen aus wie mein Banksachbearbeiter, wenn der meine Auszüge betrachtet.

»Ich glaube, ich habe Ihr Palmblatt«, sagt der Mann. Er hat es also gefunden. Nur mit Hilfe meines Geburtsdatums, und da bin ich froh, denn manchmal liegt das Blatt bei einem anderen Deuter im Land, oder das Schicksal will sich nicht offenbaren. Grad weiß ich gar nicht, ob ich überhaupt will, dass es sich offenbart, aber es scheint zu spät, denn der Meister geht in Trance, und auch das kenne ich von meinem Banksachbearbeiter. Dann beginnt Herr Murthy sowas wie zu singen. Er singt mein Leben.

Nach einer Stunde Singen weiß ich, dass ich 87 werde, mal Philosoph in der Mongolei war und so ein Zeug. Ich bekomme noch ein Tuch zum Meditieren mit auf den Weg, und dann bin ich entlassen. Der Meister weiß, dass ich weiß, dass er nichts weiß. Hastig schließt er die Tür. Mit mir davor. Und eigentlich wäre die Geschichte jetzt zu Ende.

Ich meine, eigentlich *ist* das gar keine Geschichte, denn was soll sie Neues erzählen? Dass es keine Wunder gibt und nur der Verstand zählt? Das wäre zu einfach, denn der Verstand ist ein Fischbassin, in dem wir schwimmen. In der Angst zu verenden, verließen wir es. Und Wunder – natürlich gibt es die nicht, in so einem Leben. Doch der Glaube daran hilft uns zu hoffen, dass ein Dasein vielleicht doch mehr ist als eine Abfolge von Wiederholungen, von Nahrungsaufnahme und Vermehrung, von Schmerzen und Tod.

Ich werde also weitersuchen nach etwas, woran ich nicht glaube, weil es mir scheint wie Religion – Betrug an der faden Wahrheit. Ich werde weitersuchen, was sonst. Denn schlafen geht nicht. Die Nacht macht munter. Die Luft macht das in der Nacht, sie fließt in die Lungen wie Öl. Warm, gepresst aus Blumen, Moder und Kerosin.

Ich fahre weg aus Bangalore, tiefer in den Süden. Am Auto zieht eine weiche Landschaft vorbei. Wie blaue Watte, wie warmer Brei, wie Scherenschnitte von Wahnsinnigen. Als es hell wird, verschwindet der Zauber, und das bekommt dem Land nicht. Hell ist nur noch hell in Indien, mit Staub und Hütten und eindeutiger Überbevölkerung, die die Landschaft stört, weil sie da Müll reintut.

Nach acht Stunden fahre ich verklebt in Vaithiswarankoil ein. Kennt doch jeder: Vaithiswarankoil. Der Ort hat eine Straße und viele Barbiere, die Menschen eine heilige Glatze scheren. Und dann gibt es da noch einen Tempel. 2000 Jahre alt und keine Ahnung, warum da wer so ein hässliches Dorf drumrum gebaut hat.

Der Tempel hat heilige Wasserbecken und heilige Elefanten, und ich fasse andauernd die heiligen Steine an und stelle mir vor, da hat einer vor 2000 Jahren auch hingefasst. Der war klein und ist mit 30 gestorben nach einem entbehrungsreichen Leben.

Links neben dem Tempel wohnt der Palmblattleser Vashistar Poosamuthu. Seine Hütte ist voller Menschen, die ihn dabei beobachten, wie er betet. Meister Poosamuthu ist halb nackt und singt. Dann segnet er alle Anwesenden und verteilt heiligen Grießbrei. Die Leute essen ihn auf, und ich werde in einen Praxisraum gewunken.

Eine Stunde später fahre ich weg. Im Rückspiegel sehe ich Herrn Poosamuthu lachen und tanzen und mit den 150

Dollar rumwerfen, die ich ihm bezahlt habe. Dafür, dass er mich gründlich verarscht hat. Eine Stunde lang hat er mich ausgefragt, um angeblich nach meinem exakten Palmblatt zu suchen, und dann hat er mir alle Sachen, die ich ihm gesagt habe, mit sakralem Gesicht vorgelesen, mir noch eine glorreiche Zukunft versprochen und im Anschluss seine große Guruhand für das Geld hingehalten. Ich weiß nicht, wer auf so einen Mist reinfällt, aber ich habe Indien langsam satt. Mit seiner Hitze, seinen Göttern und den dämlichen Hippies, die hier ihr Glück suchen. Mir wird grad alles klar: In diesem riesigen Land gibt es sehr viele einfache Menschen, die nicht lernen durften, nicht lernen *konnten*, weil sie in ein erbärmliches Dasein geboren wurden. Ihnen bleibt nichts, als auf Wunder zu hoffen. Zu glauben, dass jemand sich ihrer annähme und ihr Leid zu irgendetwas gut sein muss. Deshalb hält sich das Gerücht, dass es hier soviel Unerklärliches gibt, weil es wenige gibt, die es erklären könnten. In den Industrieländern ist die Religion gestorben, die Hoffnung ersetzt durch e-Mails und Aktien, und darum kommen so viele weiße Menschen nach Indien. Die haben oft Hosen mit Batikmustern an – das muss man tragen, um sich auszuzeichnen als Wunderglauber – und sind auf der Suche nach sich, weil sie irgendwann vor sich und diesen Hosen davongelaufen sind. In Indien treffen sie auf Gurus, die so schlecht Englisch reden, dass ihre Worte alles bedeuten können. Auch was Weises.

Ich sage Euch was: Es gibt keine Palmblätter. Es gibt keine Gurus. Es gibt nur arme Schweine. Die sich hier zum Trottel machen. Und über die die Inder herzlich lachen, denn sie lachen sowieso, weil in hundert Jahren keiner mehr von Europa reden wird. Da wird Indien ganz groß sein. Millionen Menschen sind entschlossen, reich zu werden.

In Madras haben sie die Entschlossenheit schon hingebaut. Überall große neue Häuser, nur auf dem Fußboden noch ein bisschen Armut. Mit der zusammen wohnt der vorletzte Schwindler meiner Reise, Herr Sundarum, in einer finsteren Gasse. Ein kleines Zimmer hat er, das ist ausgefüllt mit seinem Bauch, vielen Heiligenbildern und dem Foto von seiner Klientin Indira Gandhi. Servus, alter Scharlatan, begrüße ich den dicken Mann still. Herr Sundarum lächelt. Natürlich wird wie durch ein Wunder mein Palmblatt in seinem muffigen Schreibtisch liegen, aber ehe ich irgendwas sagen kann, spricht der dicke Bauch zu mir. »Ich werde dir nichts über deine Zukunft verraten. Du willst nichts glauben. Sieh nicht nur, was du sehen willst«, sagt er.

Ich sehe, was ich will. *Dickleibiger Schwätzer*, denke ich auf der Straße, und in dem Moment fliegt mir ein Insekt ins Auge. Das Insekt tobt, und ich kann nichts mehr sehen. Im Hotel suche ich nach dem Insekt, und ein Arzt kommt und sucht es auch. Aber da ist nix. Und ich habe Angst um mein Augenlicht. Denn das ist erst mal weg. Nach einer Stunde hört der Schmerz auf, und alles ist wieder klar.

Als ich zu meinem letzten Guru gehe, gucke ich irgendwie anders, als hätte ich eine getönte Brille abgesetzt oder so. Ich möchte gern wen treffen, der auch bei so einem Palmblattfritzen war, denke ich mir und gehe, ohne zu wissen, warum, in ein Hotel. Vielleicht weil ich Durst habe oder rauchen will. Im Innenhof sitzen unter Palmen lauter Fata Morganas: Zwanzig junge weißhäutige Menschen mit Batikhosen und Seligkeit im Gesicht. Ich wundere mich über gar nichts mehr und rede mit denen. Einige waren schon bei einem Palmblattleser. Die Schweizer Serviertochter Daniela zum Beispiel, die alles glaubt, was ihr Herr Muthy in Bangalore erzählt hat und die nach der Lesung in Ohnmacht gefallen ist. Und jetzt in Indien bleiben wird. Oder der kleine Sam aus England, der nicht mehr nach England gehen wird, sondern sich die Welt ansieht. All diese jungen Menschen reden von Wundern, und dann steigen wir auf das Dach des Hotels. Die Sonne geht unter, und alle sind still, weil es da nix mehr zu sagen gibt.

Ich weiß nicht mehr, was richtig oder falsch ist und ob ein Leben in einer kleinen Wohnung in Hamburg jetzt mehr wert ist als ein Leben in einer gebatikten Hose hier in Indien. Und alle winken echt lieb, als ich vom Dach runtergehe. Zum letzten Guru auf meiner esoterischen Kreuzfahrt.

In einem kleinen, dunklen Zimmer sitzt ein alter Mann auf dem Fußboden. Hinter ihm hängt ein Bild von Albert Einstein. Der Mann guckt mich an und sagt: »Du bist spät.« Und ich gucke den Mann an, und solche Augen habe ich noch nie gesehen. Da ist die Welt drin, und Weisheit und überhaupt nichts Böses.

Nataraja Sarma kommt mit seinem Kopf ganz nah an mich und nuschelt, weil alle Zähne aus seinem Mund gegangen sind: »Ich kenne nicht viele, die so ein schönes Leben vor sich haben und soviel Angst. Musst keine Angst haben. Als du mit 21 aus deiner Heimat geflüchtet bist, hättest du ängstlich sein können, oder als sich vor 12 Jahren deine Mutter umbrachte. Du hättest Angst haben können, als du vor 5 Jahren einen Unfall hattest. Aber jetzt?«

Mir läuft die Spucke aus dem offenen Mund, denn diese und alle anderen Dinge, die hier und an dieser Stelle niemanden etwas angehen, stimmen. Er erzählt mir dann noch ein bisschen Zukunft. Er sagt, dass ich aus Deutschland wegginge, dass ich Bücher schreiben würde und davon leben könnte und noch mehr, was aber irgendwie auch niemand außer mir etwas angeht.

Natürlich glaube ich ihm wirklich jedes Wort, und ich bin völlig neben mir, weil ich mich in diesen 93-Jährigen verliebt habe. Der Raum schwimmt weg, und ehe ich völlig verblöde, richte ich mich auf und sage mir leise: *Reiß dich zusammen. Es gibt keine Wunder. Fang jetzt bloß nicht an, ein guter Mensch zu werden. Oder ein blöder Hippie.* Der alte Mann sieht mich an, und ich weiß, dass er meine Gedanken schaut. »Stelle mir noch stumm eine Frage. Ich werde dir später die Antwort schicken«, sagt er. Und dann stelle ich stumm eine Frage. Als ich die gefragt habe, sehe ich, dass der alte Mann eingeschlafen ist. Vielleicht ist er aber auch tot. Keine Ahnung.

Ich gehe leise weg, in mein Hotel, in mein Bett, und versuche zu schlafen. Kurz vor dem Schlaf fährt plötzlich ein Auto in meinen Kopf. Ein alter grüner Jaguar. Ich sitze darin neben einem blonden Mann. Er ist nicht sehr groß und fest im runden Fleisch, seine Haare sind lockig und halblang. Der Mann und ich lachen, und es ist ein Gefühl, wie ich es alleine habe mit mir, wenn mir wohl ist. Das beste also, das man mit Fremden haben kann. Dann ist das Bild weg, und mir fällt die Frage ein, die ich still dem alten Mann gestellt habe. *Gibt es die große Liebe und wie sieht die aus?*, habe ich ihn gefragt.

Dann muss ich am nächsten Morgen wieder zurück nach Deutschland. Als ich zum Flughafen fahre, merke ich, dass sich über Nacht die Welt verändert hat. Ich meine, irgendwo wartet ein Wunder auf mich. Und ich glaube, dass ich es erkennen werde, wenn ich es treffe.

Nachtrag im Jahr 2001
4 Jahre nach der Reise

Ich wohne nicht mehr in Deutschland. Ich schreibe Bücher und kann davon leben. Ich bin sehr zufrieden und freue mich fast täglich über meine Zufriedenheit. Ich habe kaum noch Angst. Ein wenig vielleicht, vor dem Altwerden, dem Totsein. Aber nichts Schlimmes. Den Mann im Auto habe ich nicht getroffen.

Gernot Gricksch

Der kurze Sommer der erstaunlichen Toiletten

Der Mann krümmte sich leicht nach vorn, presste seine Beine zu einem halben X zusammen und rumste noch einmal vehement mit den Fäusten gegen die Tür der Zugtoilette.

»Hier warten Leute!«, schrie er. »Verdammt noch mal! Was machen Sie da drinnen?«

»Momentchen noch. Bin bald fertig«, antwortete eine provozierend gelassene Frauenstimme von der anderen Seite.

Hinter dem Mann, dessen Blase offenbar jederzeit zu explodieren drohte, schaute eine alte Dame erneut auf ihre Armbanduhr. »Über eine halbe Stunde!«, schimpfte sie. »Wer braucht eine halbe Stunde, um auf Toilette zu gehen?«

»Wer weiß, was die da drin macht«, grunzte der Mann, während er in verkrampfter Haltung hin und her hüpfte und sich mittlerweile nicht einmal mehr genierte, die Hand so fest und demonstrativ in den Schritt zu pressen, als wäre er Michael Jackson. »Vielleicht ist das so eine Fixerin! Vielleicht setzt die sich gerade einen Schuss!«, mutmaßte er.

Ein junger Mann kam den Gang entlang. Auch er hatte eben ein paar Minuten hier gestanden und darauf gewartet, dass sich die Klotür für ihn öffnen würde. Doch als es ihm zu lange dauerte, war er einfach einen Wagon weiter gegangen. Es gab schließlich nicht nur eine Toilette im ICE *Waldemar Bonsels*.

»Die Toilette im nächsten Wagon ist frei«, sagte er lächelnd, doch der Mann funkelte ihn nur wütend an: »Ich sitze auf Platz 11c im Wagon 753. *Dies* ist der Wagon 753, also ist *dies*«, er entfernte kurz die Hand aus dem Schritt, um auf die Klotür zeigen zu können, »auch die für mich zuständige Toilette!«

Der junge Mann lachte. Und zumindest die alte Dame, die mittlerweile ebenfalls mit wiegenden, harnbesänftigenden Bewegungen begonnen hatte, beschloss, dass es in diesem Fall tatsächlich sinnvoller wäre, dem Ruf der Natur anstatt dem Dogma des Prinzips zu folgen. Sie lächelte den jungen Mann dankbar an und eilte dann flink den Gang zum nächsten Wagon entlang.

Der junge Mann zündete sich eine Zigarette an, lehnte sich grinsend an die Wand und beschloss, dieses Schauspiel noch ein wenig weiter zu verfolgen.

»Es reicht!« schrie der Mann nun und fing an mit dem Fuß gegen die Klotür zu treten. »Kommen Sie da endlich raus!«

»Ganz kleines Momentchen noch«, rief die nach wie vor freundliche weibliche Stimme von drinnen, was den Mann mit der vollen Blase nur noch mehr aufregte. Wieder und wieder trat er gegen die Klotür, die bereits erste feine Risse im Material zeigte.

In diesem Moment kam ein Schaffner den Gang entlang. Doch während der junge Mann das Erscheinen des Bundesbahnbediensteten mit einem amüsierten »Uh-oh« kommentierte, hatte der wütende Treter den Schaffner noch nicht bemerkt. Wieder und wieder ließ er seinen Fuß gegen die Tür krachen und schrie dabei: »Raus jetzt! Raus jetzt! Raus jetzt!«

»Holla, holla!«, rief der Kontrolleur und zog den Mann von der Tür weg. »Was ist denn hier los?«

Der Mann mit der Blase zuckte kurz erschrocken zusammen. Doch dann war er erleichtert, einen Menschen in Uniform zu sehen. Menschen in Uniform waren Menschen, die Dinge regelten. Menschen in Uniform stellten die Ordnung wieder her. Menschen in Uniform waren gute Menschen!

»Sie müssen etwas unternehmen«, ereiferte sich also der Blasenmann. »Da drin ist eine Frau!«

»Und deshalb treten Sie gegen die Tür?«, wunderte sich der Schaffner, der noch nicht recht wusste, ob er hier mit einer bedrohlichen Situation konfrontiert war oder ob er mitten in einer jener Geschichten steckte, die er in ein paar Tagen im Freundeskreis als allseits belachte Anekdote zum Besten geben würde.

»Die ist da schon seit über einer halben Stunde drin!«, motzte der Mann.

Der Schaffner klopfte an die Tür. »Hallo«, rief er mit freundlicher Stimme. »Alles in Ordnung da drin? Geht es Ihnen gut?«

»Bestens!«, antwortete eine fröhliche Frauenstimme. »Danke der Nachfrage.«

Der Schaffner wandte sich dem Mann zu: »Sie hören sofort auf, gegen diese Tür zu treten, oder ich zeige Sie wegen Sachbeschädigung an!«

»Sie zeigen *mich* an?«, schrie der Mann. »Die da drin sollten Sie anzeigen!«

Der junge Mann mit der Zigarette, der die bisherigen

Ereignisse konstant grinsend verfolgt hatte, musste nun laut lachen. »Wegen was?«, kicherte er. »Eine Anzeige wegen Blasenschwäche? Illegaler Durchfall? Ungehöriges Unwohlsein?«

Jetzt lachte auch der Schaffner. Und den Mann schmerzte die Erkenntnis, dass Männer in Uniform auch nicht mehr das sind, was sie einmal waren, fast noch mehr als der bestialische Druck auf seiner Blase. In Rage trat er noch einmal mit voller Wucht gegen die Tür.

Gerade als der Schaffner ihn am Kragen packte, ihn wegzog und ihn ernsthaft abmahnen wollte, öffnete sich die Tür! Eine junge Frau trat lächelnd aus der Toilette. Sie öffnete die Tür vollständig, öffnete sie weit, so dass alle drei Männer in die Toilette schauen konnten. Und was sie da sahen, ließ sie alle schlagartig verstummen und in der Bewegung, die sie gerade ausführten, innehalten!

Oh, Mann!

Die Wände der Toilette waren komplett rosa! Angestrichen mit einer schimmernden, nahezu phosphoreszierenden Farbe. Winzige, glitzernde Sternchen aus selbsthaftender Folie waren über das Rosa gesprenkelt. Rund um das Fenster mit der Milchglasscheibe war ein Kranz aus silbernem Lametta geflochten, in dem allerlei kleine Plastikfiguren steckten: Hippos aus Überraschungseiern, zahlreiche Schlüsselanhänger in Form von Fußbällen, Hasen und den Werbemännchen des *Mister Minit*-Schlüsseldienstes, daumengroße Kunststoff-Nachbildungen fast aller Mitglieder der Simpson-Familie: Bart, Lisa, Homer, Marge. Nur das Baby fehlte, wie der junge Mann, dessen Zigarette ungeraucht in seiner Hand verglühte, trotz seines ungläubigen Staunens über den Anblick doch feststellte.

Fassungslos, mit offenen Mündern, starrten die drei Männer in den absurden Abort. Auf der kleinen Ablage, direkt neben dem Waschbecken, stand eine etwa dreißig Zentimeter große, wild geschwungene, durchsichtige Plastikskulptur, eine Mischung aus Kubismus und Pop Art, in deren Innerem ein Dutzend kleine, von einer Neun-Volt-Batterie betriebene Leuchtdioden in allen Farben des Regenbogens flimmerten. Der Klodeckel war in gelbes Zellophan eingeschlagen. Und auf dem Fußboden hatte die Frau Teppichboden verlegt! Flauschiges Velour! Schwarz!

»Gefällt es Ihnen?«, fragte die Frau strahlend und brach damit den Bann, zog die Männer aus der sprachlosen Verblüffung und brachte als Erstes den Mann mit der Blase zum Sprechen. Nein, er sprach nicht. Er brüllte: »Was ist denn das? Das können Sie doch nicht machen! Das ist *Staatseigentum*!«

»Halb staatlich«, murmelte der Schaffner, der jetzt noch weniger wusste als vorher, welche Art des Verhaltens hier angebracht sei. »Die Deutsche Bundesbahn ist halb staatlich.«

Der junge Mann mit der verglühten Zigarette sagte nur »Wow«. Dreimal. »Wow. Wow. Wow.« Die junge Frau lächelte ihn an.

Der Mann mit der Blase hatte offenbar völlig vergessen, dass eben noch ein schier unbezwingbarer Harndrang sein größtes Problem war. Jetzt musste er sich um Wichtigeres kümmern. Er musste die Ordnung wahren. Er stand der Anarchie gegenüber.

»Wo kämen wir denn da hin, wenn jeder Toiletten anmalen würde?«, brüllte er.

Die junge Frau, deren unbeirrbare Ruhe ihr eine fast

engelsgleiche Aura gab, lächelte: »Ich hab nur getan, worum man mich gebeten hat.«

»Wie bitte?«, fragte der Schaffner.

Immer noch lächelnd wies die junge Frau auf das Schild, das an jeder deutschen Zugtoiletten-Innentür haftet: *Bitte verlassen Sie diesen Raum so, wie Sie ihn vorzufinden wünschen.*

Der Schaffner war zu verblüfft, um etwas zu sagen. Der junge Mann begann schallend und begeistert zu lachen. Und der Blasenmann ließ sein Gebrüll zu einem nicht mehr verständlichen, protestierenden und wohl nur noch an sich selbst gerichtete Murren abebben.

»Sie hat Recht!«, lachte der junge Mann. »Sie hat die Toilette so verlassen, wie sie eine Toilette vorzufinden wünscht!«

»Bunt. Lustig. Einladend«, lächelte die junge Frau.

Der Schaffner wusste immer noch nicht, was er sagen sollte. Und der Mann mit der Blase beschloss nun, dass er doch lieber in eine nicht für ihn zuständige Toilette urinieren wollte, als dass er dieses Monstrum eines Raumes betreten würde, diese Karikatur eines Klos, diesen wahr gewordenen Alptraum der Individualität. Der Mann mit der Blase stampfte wütend in den nächsten Wagon.

Nachträglich gesehen bedauerten die Männer und Frauen der Bundesbahn-Rechtsabteilung es maßlos, dass sie diesen Vorfall nicht auf sich hatten beruhen lassen. Nein, sie hatten Anzeige wegen Sachbeschädigung erstattet. Und der Anwalt der Angeklagten war von den juristischen Komplikationen, Fallstricken und Fragestellungen dieses Falles dermaßen begeistert, dass er auf ein Honorar verzichtete und diesen eigentlich lapidaren

Rechtsstreit, in dem es bloß um eine Schadensersatzforderung in Höhe von 3681,50 Mark ging, zum riesigen Spektakel aufblies.

Noch nie hatte es im Amtsgericht Krefeld soviel Pressebeteiligung bei einem simplen Verfahren wegen Sachbeschädigung gegeben! Zuerst war in der *Süddeutschen Zeitung* ein *Streiflicht* zu diesem grotesken Prozess erschienen, dann waren andere Medien mit eingestiegen. Die *taz* begeisterte sich gar auf der Titelseite über die Kreativität, die sich da einen so wunderbar ungewöhnlichen Weg gebahnt hatte, das Magazin *Max* fragte 20 Prominente, was sie von dieser Toiletten-Eskapade hielten, und abgesehen von Franz Beckenbauer, Dieter Bohlen und Sabine Christiansen waren alle der Meinung, ein solch phantasievoller Akt der Selbstverwirklichung dürfe nicht bestraft werden.

Überall auf den Schienenstrecken der Republik fuhren nun ratlose Schaffner und Kontrolleure. Denn die Idee der jungen Frau machte Schule! Immer mehr Menschen bestiegen die Züge der Deutschen Bundesbahn plötzlich nicht mehr mit Koffern oder Reisetaschen, sondern mit Farbeimern, Tapetenrollen, Kartons voll verrückter Utensilien. Bevor das Urteil nicht gesprochen war, sahen sich die Bediensteten der Bahn nicht in der Lage einzuschreiten. Alle Leute, die fortan auf den Zugtoiletten nicht mehr körperliche, sondern künstlerische Erleichterung suchten, beriefen sich auf die Schilder, die nach wie vor an den Türen klebten: *Bitte verlassen Sie diesen Raum so, wie Sie ihn vorzufinden wünschen.* Und so glich zum Beispiel die Toilette des Regionalzugs zwischen Heiligenhafen und Bremen für stolze drei Tage einem Reliquienschrein, in dem jemand ein überlebensgroßes Porträt von

Elvis Presley an die Wand gepinselt und die Decke mit Fotos und Plattencovern des Kings tapeziert hatte. Erst dann hatte jemand die Kabine umdekoriert – mit der Fototapete eines karibischen Strandes und weißen Wattewölkchen auf dem blauen Deckenhimmel.

Wer von Detmold nach Bochum fuhr, konnte in der Toilette des vierten Wagons den Versuch eines von Michelangelo inspirierten Deckenfreskos bewundern, dessen Jesus allerdings einen überproportional großen Kopf und aus unerklärlichem Grund an der linken Hand sechs Finger trug.

Im ICE *Marie Curie* zwischen Leipzig und Berlin hatte ein Mann, der nach eigener Aussage gern las, mit einem wasserfesten Stift in winzig kleiner und gestochen scharfer Schrift Tschingis Aitmatows komplette Novelle *Dschamila* auf die Wand übertragen. Nahezu jeder Klogänger blieb nun etwa zwei Stunden in der kleinen Toilettenzelle und wischte sich dann verstohlen eine Träne aus dem Auge, wenn er sie verließ. *Dschamila* ist eine sehr traurige Geschichte.

Doch nicht immer waren die Toilettenkünstler friedfertige Freigeister: Auf einer Fahrt im D-Zug zwischen Stuttgart und München kam es zu einer Schlägerei, da sowohl ein *Bayern München*-Fanclub als auch eine Gruppe von Anhängern des *VfB Stuttgart* eine Toilette in eine Kultstätte für ihren jeweiligen Lieblingsverein verwandeln wollten.

In der Toilette der wenig befahrenen Vorortbahn zwischen Krupunder und Elmshorn konnte man stattdessen für zwei Wochen das Porträt eines alten, streng dreinblickenden Mannes bewundern, das einen aus einem kleinen, goldverzierten Rahmen anschaute. Der Mann war

Friedwart Koschnitz. Und seine Witwe Elfriede hatte das Bild aufgehängt, weil sie und die Welt diesen wunderbaren Mann niemals vergessen sollten.

Natürlich versuchten einige Leute auch sofort, Kapital aus der Idee zu schlagen. *RTL 2* startete die Reality-Show *Big Klo*, die allerdings wegen miserabler Einschaltquoten schon nach zwei Sendungen wieder abgesetzt wurde. Die Leute fanden es einfach spannender, selbst Toiletten zu dekorieren, als irgendwelchen Leuten dabei zuzuschauen. Jürgen Möllemann ließ sich von einem Team des TV-Magazins *Taff* filmen, wie er einen Abort des D-Zugs zwischen Bonn und Berlin mit selbstgemalten Fallschirmspringern dekorierte, auf deren Schirmen stets *12%* stand. Ein berühmter Kunstkritiker bescheinigte Möllemann später im *Stern* »offensichtliche Probleme mit der Feinmotorik und ein völlig unterentwickeltes Gefühl für Farbgebung«. Ganze Trupps der *Scientology Church* bemalten derweil Dutzende von Zugtoiletten mit Zitaten ihres Gurus L. Ron Hubbard und der Bankverbindung ihrer Vereinigung. Angeblich hat aber nie jemand auch nur einen Pfennig überwiesen.

»Herr Grubner«, lächelte Ulrich Wickert den Monitor an, »warum entfernen Sie nicht einfach die Schilder, die den Toilettenkünstlern scheinbar das Recht auf kreativen Vandalismus geben?«

Der Pressesprecher der Deutschen Bundesbahn, der in einem anderen Studio saß und per Satellit übertragen wurde, wand sich: »Wissen Sie, Herr ... *äh*, Wickert. Die Bundesbahn ist ein sehr verzweigtes Unternehmen, in dem gravierende Entscheidungen nicht übers Knie gebrochen werden können ...«

»Es ist eine gravierende Entscheidung, ob man rund 6000 Klebeschilder von Klotüren entfernen kann?«, fragte der sichtlich amüsierte *Tagesthemen*-Moderator nach.

»Es ist eine Entscheidung, die nicht ein Einzelner treffen kann, sondern die in den zuständigen Gremien erörtert werden muss, insbesondere auch in Hinsicht auf die juristischen Konsequenzen im Falle eines wie auch immer gearteten Urteils zum Präzedenzfall dieser doch sehr weitreichenden Welle von Straftaten und, ja, ich nenne es Straftaten, auch wenn eine endgültige Entscheidung der Gerichte noch nicht vorliegt und wir nach wie vor mit einer Billigung dieser doch sehr kostenintensiven Beschädigungen von Bundesbahn-Eigentum ausgehen müssen und …«

So umständlich wie der Pressesprecher formulierten auch die Aufsichtsratsmitglieder, die Hausjustitiare, die PR- und Marketingprofis der Deutschen Bundesbahn in unendlich scheinenden Sitzungen ihre Pros und Contras, so dass es tatsächlich fünf Wochen dauerte, bis der Aufsichtsrat dem Reinigungspersonal schließlich den offiziellen, mit sechs Kopien angefertigten und juristisch hieb- und stichfest formulierten Auftrag erteilte, alle Toilettentüren von der folgenschweren Aufforderung zu befreien, dass man diese Klos doch bitte so verlassen solle, wie man sie vorzufinden wünsche.

Gleich nachdem die Schilder von den Türen gekratzt waren, machten sich Renovierungstrupps daran, die bunten, wilden, verrückten Toiletten in ihren faden graugrünen Urzustand zurückzuversetzen. Die Arbeiter, die vorwiegend aus Osteuropa stammten und in langen Briefen an ihre Verwandten in der Heimat von den wundersamen

Dingen berichteten, die in deutschen Zügen geschahen, kratzten Blümchentapeten ab und übermalten bunte Liebeserklärungen, wickelten an den Boden geklebte Flokatis auf und montierten Klobrillen mit Tigerstreifenmuster ab, entfernten Fotos von Freunden, Verwandten und Idolen, stopften Tüll in Mülltüten und sammelten Dutzende von gehäkelten Klopapierhüllen von den Wasserkästen.

Nachdem die Schilder entfernt waren, stellte jede noch so kleine Modifizierung der Bahntoiletten nun zweifelsohne eine Straftat dar. Die Menschen bestiegen die Züge wieder mit Koffern anstatt mit Farbe und Pinsel. Menschen, die unter einer schwachen Blase litten und in letzter Zeit von der Schiene aufs Auto umgestiegen waren, weil man mit dem Wagen jederzeit einen Rastplatz ansteuern konnte, in der Bahn aber allzu oft alle Lokusse mit Künstlern besetzt waren, kehrten strahlend in die Züge zurück. Wenn tatsächlich noch jemand sich in einer Toilette verschanzte, um sie umzugestalten, hatten die Schaffner nicht nur das Recht, sondern die Pflicht, diese Vandalen der Polizei zu übergeben.

Wieder fragte die Illustrierte *Max* zwanzig Prominente, ob man angesichts der entfernten Schilder dennoch zivilen Klo-Ungehorsam leisten sollte. Doch nur Heinz Rudolf Kunze und Oliver Kahn waren der Meinung, dass die Toilettenkunst ein Grundrecht sei.

Zwei Wochen, nachdem die Schilder entfernt worden waren, fand das Phänomen der Klokunst ein absolutes Ende. Die Frau, die diese Lawine losgetreten hatte, musste nie einen Pfennig bezahlen, denn der Prozess wurde von einem Richter, dem der ganze Medienrummel entsetzlich auf die Nerven ging, wegen Geringfügigkeit eingestellt. Nach ein paar Monaten war alles vergessen.

Viele Jahre später saß die Frau, die für den kurzen Sommer der erstaunlichen Toiletten verantwortlich war, mit ihrem Mann und ihrer halbwüchsigen Tochter in der Küche beim Frühstück. Der Mann trank Kaffee und rauchte eine Zigarette. Das heißt: Eigentlich rauchte er sie nicht, sondern ließ sie nur in seiner Hand verglühen. Wie so oft, wenn er seine Frau gedankenverloren betrachtete und sich wunderte, wie soviel Liebe so lange anhalten kann.

»Wie habt ihr euch eigentlich kennen gelernt«, fragte die Tochter, bevor sie vom Marmeladentoast abbiss.

»Ich habe deinen Vater mit einem Klo verführt«, lächelte ihre Mutter.

»Du meinst, du hast ihn *in* einem Klo verführt«, wollte die verdutzte Tochter sie korrigieren.

»Nein«, lächelte die Frau, »*mit* einem Klo.«

Das Mädchen sah ihren Vater fragend an. Doch der grinste nur: »Ach, weißt du – es war eine dieser verrückten Ideen, die deine Mutter ständig hat.«

Jens Teutsch-Majowski

Kirmes Love

Gegen acht klopfte es mehrfach an der Wohnwagentür. Albert hatte sich gerade drei Eier in die Pfanne geschlagen und dabei bemerkt, dass der Gaskocher wieder ausgegangen war, als es wie gesagt klopfte.

Es war der kleine Tippel, drüben von der Geisterbahn. Tippels Haare waren feucht und strähnig und klebten an seiner Stirn wie nasses Herbstlaub auf der Windschutzscheibe. Er war die gut 500 Meter gerannt, und nun presste seine Atemlosigkeit übelriechende Magenluft an Alberts Nase. Tippels Mundgeruch war legendär. Seine Speiseröhre war praktisch nichts anderes als der Auspuff einer Fortbewegungsmaschine, die einzig mit Zigaretten, Fischbrötchen und Bier betankt wurde. Der Dunst seiner Innereien war ein Gas gewordenes Abfallprodukt eines kulinarischen Gegenentwurfs zu den Leckereien jener duftenden Zuckerwatte-Welt, deren geheimnisvolles Amalgam verschieden süßer Düfte – in der Kindheit einmal aufgesogen – unsere Rummelplatzerinnerungen für alle Zeit kandieren konnte.

»Albert, komm bitte schnell mal rüber. Der blinde Henker spinnt schon wieder.«

Ohne Eile packte Albert die Taschenlampe und den Werkzeugkasten zusammen und machte sich raus auf den Weg. Raus aus der Wohnwagenkolonie von *Kirmesburg*, wie die anderen Bewohner ihr mobiles Dorf aus Blech scherzhaft nannten. Vorbei am Kinderkarussell mit den fliegenden Elefanten für die Kleinsten stapfte er gleichgültig die Budenstraße entlang, hörte Würfelgeklicker, das peitschende Schnatzen der Druckluftgewehre und natürlich Lucki den Losbudenbetreiber, der seine dreibeinigen Witze riss, bis sich ein paar Schritte weiter die dunkle Holzfassstimme von Miss Elli dazwischenmischte, um nach einigen weiteren Metern die akustische Lufthoheit zu übernehmen.

Miss Elli hieß eigentlich Eleonore Gerber, war dieses Jahr 52 geworden und behockte seit knapp einem Vierteljahrhundert den Schemel im Kassenhäuschen des *Fliegenden Teppichs*. Ihre auftoupierten mahagonifarbenen Haare schüppelten sich kaskadenartig in die Höhe und hatten im Lauf der Jahre offenbar nichts von ihrer Spannung eingebüßt. Dagegen hatten sich ihre fleischig feisten Wangen den newtonschen Erkenntnissen gebeugt und hingen schlaff herunter wie ausgebeulte Einkaufstaschen. Aber Miss Ellis Stimme war nach wie vor aufregend. Wenn man ihr bei der Arbeit nicht zusah, sondern sich ganz allein auf ihre Stimme konzentrierte, mochte man sicher sein, dass jedes einzelne ihrer mit sensationslüsternem Klang gestöhnten Worte in genau diesem Moment aus ihrem Körper herauspenetriert wurde. Ihr Organ war ein echter Kundenstopper, und oft blieben die Kerle nur stehen, um sich zu vergewissern, dass hier im Kassenhäuschen nicht gefickt wurde. Wer dann näher kam und etwas genauer hinsah, stellte fest, dass Miss Ellis müde Augen am Standmikro vorbei den Tisch fixierten, auf dem ihr Kreuzworträtselheft lag.

Der blinde Henker, der eigentlich ein Scharfrichter war, stand im ersten Stockwerk der Geisterbahn. Gleich nach der ersten Linkskurve. Nachdem der Wagen die Treppe hinauf die ›schwere Eisentür‹ durchstoßen hatte, fegte er ums Eck, zielsicher auf einen massiven Holztisch zu, auf dem eine durch die Jahre etwas angegangene Blondine mit wächserner Haut und minimaler Bekleidung auf ihre wahrscheinlich gerechtfertigte Bestrafung wartete. Der Henker, ein eindrucksvoller Hüne von gut einsneunzig Höhe, hatte Arme wie Laternenpfähle, die mit zwei jämmerlichen Ankertattoos bemalt waren. Seine über den Kopf erhobenen Hände hielten eine monströse Streitaxt, die bei Annäherung der fahrenden Kundschaft durch einen ausgelösten Kontakt in der Schienenführung auf den Tisch hinunterkrachte und seinem jungfräulichen Opfer den linken ihrer zwei geflochtenen goldenen Zöpfe vom Haupthaar trennte. Zur Freude der vorbeifahrenden Gäste rutschte der Zopf tatsächlich jedes Mal vom Tisch und fiel direkt in einen Flechtkorb, in dem schon diverse Köpfe junger Mädchen lagen, die offenbar das fragwürdige Glück besessen hatten, zu einer Zeit aufgetischt worden zu sein, als es um des Henkers Sehvermögen noch besser bestellt war.

Auf seinem Kopf trug der Gnadenlose eine bis zu den Schultern hinabhängende dunkle Filzkapuze mit zwei Sehschlitzen, durch die, dank eines raffinierten Beleuchtungstricks, zwei schneeweiße Augäpfel zu sehen waren. Irgendein Genie hatte dem blinden Henker zudem eine gelbe Dreipunkt-Binde verpasst, um auch dem letzten Trottel in seiner vorbeifahrenden Gondel klarzumachen: Dieser Berserker mit seiner schweren Todesaxt zerhackte die Blondine mehr so nach Gefühl als mit Übersicht.

Albert hasste den Henker. Aber nicht aufgrund irgendwelcher Äußerlichkeiten. Er hasste den Henker, weil der ihn auch nicht mochte. So sah es zumindest Albert, ohne dass er seinen Groll den anderen Bewohnern des Rummelplatzes auch nur angedeutet hätte. Und das war ja auch verständlich.

Wenn es denn also eine gegenseitige Abneigung gab, so musste dies der Grund sein, weshalb Albert immer wieder gegen den aus Kunststoff und Wachs geformten Riesen zu einem Zweikampf antrat, der keinen Sieger kannte. Denn alle drei, vier Wochen erinnerte sich die komplizierte Mechanik des Henkers an ihr Alter, und irgendein Strom führender Draht, der sich durch das ständige Auf und Ab der beweglichen Arme aus der isolierenden Plastikummantelung gescheuert hatte, sorgte dann für einen Kurzschluss, in dessen Folge der blinde Henker plötzlich begann, wie ein Geisteskranker auf die Blonde einzuhacken. Gleich mehrfach mussten über die Jahre zersplitterte Kunststoffäxte gegen neue ausgetauscht werden, und bei einer besonders schweren Attacke hatte die Axt des Irren in einem wahren Stakkato von Schlägen eine Hitze erzeugt, die das linke Ohr der bleichen Johanna (so nannten die Kirmesburger ihre unsterbliche Blondine) bis zur Unkenntlichkeit verkokelt hatte. Und so wurde Albert regelmäßig von Tippel an jenen Ort bestellt, mit dem er das vielleicht aufregendste seiner vielen schaurig schönen Erlebnisse auf diesem Rummelplatz verband. Ein Ort, der in seinem Herzen immer wieder schmerzhafte Erinnerungen wachzurütteln vermochte. Verärgert und traurig zugleich isolierte Albert dann so gut es eben ging die Drähte, reparierte nicht ohne Sorgfalt etwaige Schäden in der Außenhaut seines stummen Widersachers und blickte dabei genau wie er auf die bleiche Johanna, hinter deren aufgelegtem Kopf sich die schwere Tischplatte noch gute anderthalb Meter in die Länge zog und somit eine freie Fläche bot, auf der Albert und Jelena damals vor drei Jahren zum ersten Male miteinander schliefen.

Genau drei Jahre, vier Monate und sechzehn Tage war es her, dass sich Alberts Leben im besten Sinne des Wortes mit einem Wurf verändert hatte. Er zählte damals volle 18 Jahre und hatte soeben das Abitur bestanden, als er und seine Kameraden der Abschlussklasse des *Eduard Augustin*-Gymnasiums in Lüdenscheid beschlossen, nach einer eher müden Feier in der Schulaula noch beim nahen Volksfest an der Falzmühle vorbeizuschauen. Nachdem die ansprechenderen Attraktionen wie Autoscooter oder Achterbahn ihre letzte Runde schon eingeläutet hatten, war es schließlich Albert, der vorschlug, seine Treffsicherheit im angetrunkenen Zustand gegen die seiner Freunde beim Büchsenwerfen unter Beweis zu stellen. Der Hauptgewinn, das konnten sie selbst mit whiskycolaverhangenen Augen erkennen, stand allerdings nicht im Regal, sondern hatte die Ellenbogen auf die mit billigstem Velour beklebte Holzbarriere gestützt und schob gelangweilt die sandgefüllten Bälle rüber, mit denen die aufgekratzten Abiturienten nun die Wurfbude zu zerlegen suchten.

Sie war eine unwirkliche Erscheinung, wie man sie wahrscheinlich nur in abfahrbereiten Zügen oder eben zu gewissen Uhrzeiten auf den Kleinstadtkirmesplätzen dieser Welt zu sehen bekam. Ihre dunklen, lockigen Haare rahmten ein schmales Gesicht wie aus italienischem Porzellan, das von zwei etwas groß geratenen grünlich braunen Augen dominiert wurde, die von einem ständigen feuchten Schimmer benetzt waren. Feinsinnig abgestimmt auf ihre körperlichen Vorzüge zelebrierte dieses Mädchen ein billiges weißes T-Shirt mit weitem V-Ausschnitt und einen abgetragenen Minirock aus Jeansstoff. Jedes Mal, wenn sie sich aufrichtete, um im Zeitlupentempo an das Holzbrett zu schlappen, auf dem eine Pyramide aus zerbeultem Konservenblech auf ihre Auferstehung wartete, schielte Albert auf ihre nackten, von blassblauen Adern marmorierten Beine, deren Füße an den Fersen aufreizend schmuddelig waren und in zwei orangefarbenen Holzcloques steckten.

Als sie ihm schließlich seine Bälle reichte und er sie mit zittriger Hand gleich dreimal an die Holzbrettkante setzte, johlten seine Freunde in einem Sturm aus Übermut und guter Laune. Das Mädchen zog ohne eine Miene zu verziehen eine Plastikrose aus einem Bündel und reichte sie Albert.

»Dreimal Holz bringt Glück«, flüsterte sie adressierend leise, und Albert fühlte sich einer Ohnmacht nahe.

An diesem Abend lachten die Jungs noch oft über ihren Meisterschützen und dessen glasige Augen und hörten erst wieder auf, als Albert ihnen zwei Wochen später mitteilte, dass er nicht wie ausgemacht auf die Abiturfahrt nach Jesolo mitfahren würde. Das überraschte selbstverständlich auch Alberts Eltern. Dabei war das Ganze keineswegs ein spontaner Einfall. Das Schild mit der Aufschrift *Junger Mann zum Mitreisen gesucht* hatte er nämlich schon am Kassenhaus des Kettenkarussells hängen sehen, als er auf dem Weg war, das unbekannte Mädchen zum zweiten Mal an ihrer Wurfbude zu besuchen. Danach verbrachte er fast jeden Abend dort, und obwohl er außer ihrem Namen vorerst nichts Nennenswertes über sie in Erfahrung bringen konnte, war für ihn klar: Das Leben war möglicherweise kein Rummelplatz, aber mit Sicherheit war Jelena vom Rummelplatz sein Leben.

Ein paar Monate später bekam Albert einen Brief von seinem Vater, in dem der ihm in ein paar dünnen Zeilen mit Enterbung drohte, würde er nicht innerhalb der nächsten zwei Monate zurückkehren und sein geplantes Jurastudium in Angriff nehmen. Enterbung also. Albert musste kein Jurastudium absolviert haben, um zu wissen, dass es in diesem Fall sein gutes Recht war, seine Zukunft besser nicht aufs Spiel zu setzen. Was bedeutete denn schon für einen Achtzehnjährigen die Aussicht auf zwei Elektrofachgeschäfte und ein Einfamilienhaus, wenn er die Frau seines Lebens gefunden hatte?

Die Sache mit Jelena hatte sich plangemäß entwickelt. Sie hatte ihn von Anfang an gut leiden können, und tatsächlich hatte seine überraschende Eröffnung, dass er von nun an als Hilfskraft mit ihr und den anderen Mitarbeitern des Rummelplatzes über die Dörfer ziehen würde, ihre Wirkung nicht verfehlt. Sie fühlte sich geschmeichelt. Maulhelden lernte sie jeden Tag an ihrer Bude kennen, aber einen, der seine Stadt und Familie verließ, um mit ihnen zu ziehen, das war ebenso beknackt wie romantisch. Darüber hinaus hatte sich Albert schnell beliebt gemacht. Er war fleißig beim Auf- und Abbau und überraschte mit seinen zuhause erlernten Kenntnissen im Umgang mit elektronischen Problemen selbst die alten Bastler unter den Kirmesburgern. Wenn die natürliche Anziehungskraft des Rummelplatzes nach wochenlangem Aufbau endlich Leben in die Buden brachte, verdiente sich der Neuling am Eingang des Steilwand-Motodroms als Kartenabreißer noch ein paar Mark dazu. Nach der letzten Show um zehn ging er dann rüber zu Jelena und warf noch ein paar Bälle.

Nach ein paar Wochen begannen die beiden heimlich Händchen zu halten, und ein paar Tage später – ebenfalls heimlich – folgte der erste Kuss. *Heimlich* oder *Geheimnis*, das waren Worte, die Jelena oft benutzte. »Dass wir uns heimlich treffen, muss unser Geheimnis bleiben, versprichst du mir das?« Er hätte ihr noch ganz andere Dinge versprochen, aber dies war vorerst alles, was sie dafür umso ernsthafter von ihm verlangte. Wenn er fragte, aus welchem Grund dies so sein müsse, dann sagte sie entweder: »Deine Fragen machen mich traurig«, oder, wenn sie etwas mitteilsamer war: »Wegen meinen Eltern, weißt du …«

Was Albert wusste: Ihre Eltern besaßen neben der Büchsenwurfbude noch einen Autoscooter und eine Foltermaschine namens *Turbo Wizzard*, die jeden Tag über die Eintrittsgelder hinaus nicht weniger als ein halbes Kilo Kleingeld aus den meist kopfstehenden Gästen herausschüttelte, weshalb der *Wizz* bei den Kirmesplatzkindern nach dem Frühstück ein beliebter Treffpunkt war. Natürlich kannte Albert Jelenas Eltern, so wie sie eigentlich jeder irgendwie kannte, der auf dem Jahrmarkt zu tun hatte. Nur hatte er überhaupt nicht den Eindruck, dass es sich hier um zwei überdurchschnittlich strenge Menschen handelte. Aber die Bestimmtheit in Jelenas Stimme, wenn sie ihm zum wiederholten Mal ausdrücklich verbot, sich auch nur auf Sichtweite an das Wohnmobil ihrer Eltern und ihren eigenen dahinter stehenden Anhänger heranzuwagen, nötigte ihm einen heiligen Respekt ab.

Dieses ganze Versteckspiel hatte zur Folge, dass sie sich nie bei ihr oder ihm im Wohnwagen trafen. Die Orte ihrer heimlichen Rendezvous waren durchweg skurriler Natur. Mal kletterten sie im Schutz der Nacht in eine der oberen Gondeln des Riesenrads, blickten in den Sternenhimmel oder lächelten ihren in die Dunkelheit geschnippsten Zigarettenstummeln hinterher, die wie kleine Kometen zur Erde fielen, um dort unten zu verglühen. Oder sie lagen mit einer Flasche Büchsenwurf-Prosecco der Marke *Volltreffer* in einem der hohlen Baumstämme der Wildwasserbahn und schaukelten sich Arm in Arm in den Schlaf, bis die kühle Morgenluft sie wieder weckte. Natürlich saßen sie oft bei Kerzenlicht an irgendwelchen Särgen in der Geisterbahn oder spielten dort *Verstecken mit Erschrecken*, was selbst für unerschrockene Gemüter wie Albert, der beim Aufbau der Geisterbahn ja dabei war und eigentlich jede Ecke kannte, eine gruselige Herausforderung war. Einmal tastete er sich auf der Suche nach Jelena durch die stockfinsteren Gänge und verletzte sich dabei an der herausstehenden Hellebarde eines kopflosen Ritters. Albert schmeckte warmes Blut auf seinen Lippen, das aus einer kleinen Platzwunde an der Stirn über sein Gesicht gelaufen kam und in dieser vollkommenen Dunkelheit einen komplett anderen Geschmack zu haben schien. Als er eine Kerze entzündete, um sich zu orientieren, stand er plötzlich am Arbeitsplatz des düsteren Henkers und sah, wie die vollkommen regungslose Jelena mit dem Rücken auf dem Holztisch lag – Kopf an Kopf mit der bleichen Johanna. Ihre Schuhsohlen ruhten auf der Tischkante, und als sie unvermittelt Zentimeter für Zentimeter ihre entblößten Schenkel öffnete, bis im Flackerlicht der Kerze die Konturen ihres Slips sichtbar wurden, polterten plötzlich ihre Cloques zu Boden, so dass Albert erschreckt die Kerze fallen ließ.

Nachdem er schnell die kleine Flamme ausgetreten hatte, begann er sich langsam vorzutasten und hielt erst an, als er die weiche Haut ihrer angenehm kühlen Waden unter seinen Fingern spürte. Wieder schmeckte er etwas frisches Blut auf seinen Lippen und begann sich den Mund an den Innenseiten ihrer Schenkel abzuwischen, während weiter oben ihr Atem deutlich schwerer wurde.

Der Rummelplatz war Alberts heile Welt geworden, obschon er die kaputte ja noch gar nicht kannte. Selten hatte er das Verlangen, sein Nomadendorf zu verlassen. Seine alten Freunde, die anfangs öfter anriefen, um zu fragen, wie alles so lief und wo er sich denn gerade aufhielte, stellten irgendwann ihre Anrufe ein, weil er weder an sein Handy ging noch auf Nachrichten seiner Mailbox reagierte. Er hatte abgeschaltet. Auch zu seinen Eltern hatte er keinen Kontakt mehr. Manchmal kicherte Albert über das im Wohnwagen herumgeisternde Enterbungsschreiben seines Vaters wie über eine lustige Anekdote aus dem Leben eines anderen. In seinem eigenen Leben schien er hingegen so glücklich zu sein wie nie zuvor. Okay, er hatte über die Zeit eine gewisse Eifersucht entwickelt, aber war das nicht normal angesichts der vielen Angeber, die Tag für Tag an Jelenas Wurfbude herumgammelten? Diese Kleinstadtcasanovas starrten sie natürlich genauso an, wie er es bei ihrem ersten Anblick getan hatte. Und obwohl sie ihm keinen Grund zur Sorge gab, katalysierten diese Typen seine Idee, die jeweilig gegebenen Kirmesburger Grenzen nicht mal mehr kurzzeitig zu verlassen.

Natürlich verunsicherte ihn nach wie vor die immer gleiche Geheimnistuerei, die Jelena von ihm forderte. Er fügte sich sogar in ihren Wunsch, sie montags und dienstags nach der Arbeit nicht zu sehen, weil sie diese Abende für ihre Eltern reserviert hatte. Sie hielt sich streng an diese Familientage, und so tat er es notgedrungen auch. Dabei ärgerte ihn sehr, dass sie ihr Leben so fein säuberlich in zwei Teile zerlegt hatte, von dem er den einen nie zu sehen bekam.

Eines Tages ergab es sich, dass er Jelena mit dem Gedankenspiel überraschte, wie es wohl wäre, die Rummelplatzgemeinde zu verlassen und mit ihm an einem noch zu benennenden Ort zusammenzuziehen. Ihre Antwort war wie ein satter Treffer am *Hau den Lukas*, nur dass jetzt Albert das Treffhölzchen im Zentrum der eisernen Schlagplatte war.

»Albert«, sagte sie erst zögernd und dann aber umso bestimmter, »ich möchte, dass du weißt, dass wir für mein Gefühl nicht zusammen sind. Ich bin nicht mit dir zusammen und auch mit niemand anders auf dieser Welt!« Diesem Hieb auf seine sanfte Seele ließ sie ein schiefes Lächeln folgen, das trotzdem, oder gerade deshalb keine Nachfragen zuließ.

Fortan stand Albert unter Schock. Erst jetzt fiel ihm auf, wie wenig sie beide in diesen sieben Monaten über das geredet hatten, was noch kommen würde. Diese typisch wirren Planspiele frisch Verliebter hatte es bei ihnen nicht gegeben. Sie redeten über das, was ihnen tags passiert war, oder darüber, wie schön es war, dass man jetzt nachts und hier zusammensitzen konnte. Die Zukunft aber war kein Thema, ohne dass Albert es je vermisst hätte. Die Zukunft stand ja jeden Tag am Büchsenwurfstand und lächelte mit grünbraunen Augen. Warum hätte er sich da nach übermorgen erkundigen sollen?

Jetzt aber war plötzlich alles anders, und Albert verfiel

in ein ihm unbekanntes Grübeln. Hatte er mit seinem idiotisch kleinkarierten Vorschlag alles kaputt gemacht? Und warum ließ er sich ständig ihre Miteinanderauskommregeln aufzwingen? Wieso musste es Tage geben, an denen sie ihn nicht sehen wollte? Trotzig fasste er einen Beschluss, von dem er wusste, dass er ihn möglicherweise bereuen würde. Er hielt es für das Beste, Jelena an einem dieser Abende vor ihrem Wohnwagen abzupassen.

Nicht alle Kirmesburger wohnten in der Wagenburg. Einige der Schausteller postierten sich aus Gründen der Bequemlichkeit – wenn das für den Vergnügungspark bereitgestellte Areal es möglich machte – mit ihren Wohnmobilen gleich hinter ihrem eigenen Fahrgeschäft. Die beiden Wagen von Jelena und ihren Eltern standen derzeit etwas abseits, gleich hinter ihrem *Turbo Wizzard*. Und dort zeichnete sich eines Nachts, es wird wohl kurz nach elf gewesen sein, im Schatten eines mit grüner Plane bespannten Drahtgitterzauns, die Silhouette eines Mannes ab.

Es dauerte gar nicht lang, bis Jelena von ihrer Büchsenbude heimkam und – ihre Cloques in der Hand – in ihren Wohnwagen verschwand. Albert starrte in die Dunkelheit und beschloss, sich noch ein bisschen ruhig zu verhalten. Das sollte sich lohnen. Das Licht bei Jelena ging an und die Rollos im Inneren wurden heruntergelassen. Keine fünf Minuten später näherte sich die hochgewachsene Gestalt eines Kerls und klopfte dreimal leise an die Tür. Albert spürte, wie sein Kopf zu glühen begann. Sein Magen gurgelte wie unter einer Ladung Abflussfrei, und ihm wurde zum Kotzen übel. Er hatte also einen unbekannten Nebenbuhler! Doch gerade als Jelena die Tür aufklappte und damit der Wahrheit etwas Licht spendierte, da senkte

Albert seine Augen und wartete, bis das Geräusch der ins Schloss gefallenen Wohnwagentür ihn geradewegs nach Hause schickte.

Am nächsten Abend nach der Arbeit ging Albert direkt zu Jelena. Sie war bestens gelaunt, und das machte ihn nur noch trauriger. Wortlos warf er drei Bälle auf die Büchsen und sagte müde zu ihr: »Dreimal auf Holz, das schaffe ich nie wieder. Aber wahrscheinlich hatte das damals ja auch gar nichts zu bedeuten.«

Jelena guckte ihn verwundert an. »Wie meinst'n das?«

Darauf nahm er einen weiteren Ball, drehte sich um und schleuderte ihn weit weg in die Nacht. »Ich habe dich gestern Abend besucht. Aber du hattest schon einen Gast …«

Jelena sagte darauf nichts. Eine Träne rollte ihr über die Wange, die sie schnell zu Seite schob. Dann schloss sie wortlos die Büchsenbude, verriegelte die Tür von außen und ging ebenso wortlos davon. Sie ließ ihn einfach in der Stille stehen und ging davon.

Das war dann auch das letzte Mal, dass Albert sie gesehen hatte, denn am nächsten Tag war Jelena verschwunden. Einfach fort. Aber diese Tatsache allein war nicht mal das Erstaunlichste. Noch unbegreiflicher war, dass darüber nicht geredet wurde. Zumindest hörte Albert nichts. Das Leben auf dem Rummelplatz schien weiterzugehen, als wenn gar nichts geschehen wäre. Niemand hatte etwas mit Jelenas Verschwinden zu tun oder wusste irgendwas. Nicht mal ihre Eltern, so schien es.

Erst zwei Monate später – Albert hatte inzwischen mehrfach vergeblich versucht, mit Jelenas Eltern über seine heimliche Freundin zu reden – rutschte dem alten Selldorf etwas raus. Albert hatte für ihn an dessen *Gläser-*

nem Labyrinth zwei neue Außenlautsprecher montiert, und jetzt saßen die beiden noch auf ein Bier auf dem Dach des zweistöckigen Glaspalastes, blickten auf die vorbeiziehenden Menschengruppen und lauschten dem Vergnügungslärm.

»Sag mal, Selli?«

»Was gibt's?«

»Sag mal, warum ist die Jelena von der Büchsenwurfbude eigentlich einfach fortgegangen?«

Der alte Selldorf schaute Albert von der Seite prüfend an, als wenn er damit sagen wollte, dass er ihm dessen unbedarften Tonfall keinesfalls abnahm.

»Keine Ahnung, sie wird wohl ihren Grund gehabt haben.«

Doch damit gab sich Albert nicht zufrieden. »Ach, das heißt, du weißt es auch nicht?«

Selldorf blickte ihn lange ernst und schweigend an. Dann legte er freundschaftlich seine schwere Hand auf Alberts Schulter.

»Mich brauchst du nicht zu verscheißern, Junge; ich bin schon zu lange im Geschäft. Ich werde jetzt dir mal eine Frage unter Männern stellen: Schau, du bist doch noch jung und hübsch. Wie viel hat dich denn so der Spaß gekostet?«

Albert sah Selldorf schräg von der Seite an und machte ein dummes Gesicht. Er verstand weiß Gott die Frage nicht. Doch Selldorf fasste nach: »Na, was du ihr bezahlen musstest, oder willst du mir erzählen, dass du nie bei ihr gewesen bist?«

Albert wurde schwindelig. Und dann sagte er genau das, was ja die Wahrheit war: »Nein, bei ihr gewesen bin ich nie.«

Nach diesem Abend zog sich Albert immer mehr zurück. Und obwohl er, wie er immer wieder zu sich selbst sagte, diesen unfassbaren Irrsinn gar nicht glaubte, grüßte er die anderen Männer vom Kirmesplatz seit jener Unterhaltung mit dem alten Selldorf nicht mehr. Stattdessen begann er dem großen herumbrüllenden Kunststoffgorilla in seinem Käfig vor der *Verrückten Villa* regelmäßig einen schönen Tag zu wünschen. Auch für die Figuren aus der Geisterbahn hatte er seitdem öfter mal ein freundliches Wort übrig. Ja, er versuchte sogar mit dem blinden Henker sein Auskommen zu finden, wenn auch nicht ohne Hintergedanken. Und gerade jetzt, da er von Tippel mal wieder zur Geisterbahn bestellt wurde und über die lärmende Budenstraße marschierte, um dem lädierten Henker unter den Arm zu greifen, gerade jetzt beschloss er, dem einzigen Zeugen seiner geheimen Liebe ein mehr als verlockendes Angebot zu machen.

»Hör mal, Langer«, sprach er wenig später, als er seinen Werkzeugkasten wieder zusammenklappte, »ich nehme an, dass du es mir nicht sagen würdest, selbst wenn du es wüsstest. Aber wenn du es weißt und mir verrätst, wo sie sich aufhält, dann würde ich dir dabei helfen, die bleiche Johanna hier mal so richtig zu erwischen. Das sind nur zwei Schrauben, Kumpel. Zwei Schrauben, an denen ich drehen muss, und ich weiß genau welche. Weißt du, Langer … überleg es dir in Ruhe bis zum nächsten Mal. Und, hey: Wir können sogar über ein echtes Beil reden …«

Abends dann, Albert lag auf dem Bett in seinem Wohnwagen, kam Lucki von der Losbude noch auf einen Sprung vorbei. Das war selten geworden. Und obwohl Albert noch kein einziges Wort mit ihm gewechselt hatte, versuchte Lucki ihn hartnäckig davon zu überzeugen, doch noch mit ihm auf ein Bier in die Stadt zu ziehen.

»Mensch Albert, morgen wird abgebaut. Heute ist unser letzter Abend hier! Na los, du warst doch ewig nicht mehr aus ...« Aber Albert hörte gar nicht zu. Er wusste ja nicht mal, in welcher Stadt sie sich befanden. Stumm starrte er auf Lucki mit seinem ungepflegten Kinnbart, und anstatt zu antworten, zupfte er an einem dünnen schwarzen Kabel, das er in diesem Moment in der Spalte zwischen seinem Bett und der Wand ertastet hatte. Albert zog fester und angelte einen verstaubten kleinen Kasten aus der Tiefe, der am Ende der Schnur leblos herunterbaumelte und früher mal sein Handy gewesen war. Er bestaunte das klobige Ding wie die unbekannte Grabbeigabe einer ägyptischen Mumie und begann, eigentlich mehr um Lucki seine geistige Abwesenheit zu demonstrieren, die klebrig dicke Staubschicht von den Tasten zu rubbeln, bis plötzlich Ziffern zum Vorschein kamen. Und als wenn ein winziger übriggebliebener Funke aus einem früheren Leben ihn plötzlich mit einem verrückten Einfall ausgestattet hätte, versuchte er unvermittelt, das Kästchen mit einem Knopfdruck zum Leben zu erwecken. Als das Display zu leuchten begann, staunte er nicht schlecht, denn dass das schwarze Kabel zu einem Netzgerät gehören musste, fiel Albert im Traum nicht ein. Dann wollte die kleine Zeitmaschine zu seiner Vergangenheit den Pincode wissen. Langsam ließ Albert das Gerät mit einem charmant debilen Grinsen in die gleiche dunkle Ritze sinken, aus der er es gefischt hatte. Er hatte den Code schon längst vergessen.

Simone Buchholz

Trunksucht und die schlimmen Folgen

Ich wünschte, ich hätte eine Karaffe oder gleich drei in unterschiedlichen Ausführungen. Dann müsste ich den Schnaps nicht aus der Flasche kippen und mein Alkoholismus würde etwas stilvoller vonstatten gehen. So bin ich eben immer nur besoffen.

Sogar der Mensch hat artgerechte Haltung verdient, und der Suff entspricht nun mal meinen Bedürfnissen. Tagein, tagaus sitzen wir also zusammen, meine Flaschen und ich, ohne Karaffen, ohne Gläser zwischen uns, Drogendirektkonsum. Ein schöner Anblick ist das nicht.

Sie war zulange alleine gewesen. Über vier Jahre, da kann einiges passieren. Da ist einiges passiert. Zu viele Partys, zu viele Männer, zu viele Nächte ohne Schlaf. Sie hatte an ihrem ganz eigenen Film gedreht, ein großer Film sollte das werden: Sie, alleine in der Großstadt, unabhängig, leidenschaftlich, sehnsüchtig. Es gab immer einen, dessen Geliebte sie war.

Heute ist ein schöner Tag, ich bin schon seit elf Uhr betrunken. Das hat für mich den Vorteil, dass ich kaum noch etwas spüre. Für die anderen ist genau das ein Nachteil. Meine Freunde leiden unter meiner Sucht, denn sie macht mich zum Zombie. Seit ich gestorben bin, lebe ich einfach weiter, mit Hilfe einer Konservierungsflüssigkeit. So schaffe ich es, ein Gesicht aufrecht zu erhalten, eine Stimme, eine Form. Das bin zwar nicht ich, aber ich bin zumindest irgendwer. Wie ich schon sagte, für meine Freunde etwas schwierig. Irgendwer ist ja immer anders. Ich bin nur die Simulation meiner selbst, mein Schatten, und der hat eine Fahne.

Die ersten zwei Jahre hatte sie auf Rettung gehofft. Gedacht, das ginge so einfach, ein Mensch könnte durch einen anderen gerettet werden. Diese fixe Idee hat ihr das Leben aber Stück für Stück ausgeredet. Nach vier Jahren hat sie dann weder gehofft noch geglaubt.

Meine Freunde rufen mich erstaunlicherweise immer noch an. Falls ich dann nur lalle, legen sie meist irgendwann auf. Falls nicht, versuchen sie mich dazu zu bringen, die Flasche wegzustellen, was ich nicht gerne tue, deshalb streiten wir uns viel. Alles immer schön am Telefon, raus gehe ich schon lange nicht mehr. Gerade hab ich wieder den Hörer fallen lassen. Lasse ihn einfach liegen, wird schon jemand auflegen, am anderen Ende der Leitung.

Ich sehe mich in meiner Wohnung um, versuche meine Augen scharf zu stellen. Mal sehen, was mach ich denn heute so? Erstmal einen Schluck nehmen. So. Noch mal in der Wohnung umsehen. Mich selbst zu entdecken, kann mir nicht passieren, die Spiegel hab ich alle mit schwarzen Tüchern verhängt. Ich entdecke aber eine Kaleidoskop-Brille, die schnalle ich mir um die Augen. Das macht jetzt von der Sicht her keinen Unterschied, ich nehme ja eh alles dreizehnfach wahr. Aber ich glaube, die Brille steht mir.

Er kam früh am Morgen in ihr Leben gefahren. Mit einem alten Auto holte er sie ab, es war sieben Uhr dreißig. Um acht hatte sie sich in ihn verliebt. Nach vier Wochen waren sie ein Paar. Sie hörte auf, nur noch für sich alleine zu denken. Sie dachte jetzt zu zweit. Die beiden waren so verliebt, er wollte ihr ständig ein Kind machen.

Ich also mit der Brille auf der Nase durch meine Wohnung. Es ist toll, soviele Zimmer zu haben.

Vielleicht sollte ich ja mal wieder was essen. Im Gefrierschrank finde ich dreizehn Packungen Blätterteig. Ich nehme eine davon raus, und siehe da, plötzlich sind alle weg. Das Leben scheint mir wirklich einen Streich nach dem anderen zu spielen. Ob das so gut ist, sich einfach den ganzen Tag von sich selbst verarschen zu lassen? Beschließe, nicht darüber nachzudenken, und mache einfach weiter.

Der Blätterteig ist alt und fällt auseinander, als ich ihn aus der Packung nehme. Fällt auseinander und von der Küchenzeile auf den Fußboden. Ich versuche, ihn aufzuhalten, stoße dabei eine Likörflasche um und reiße die Kaffeemaschine zu Boden. Das wollte ich nicht. Lasse mich einfach der Länge nach umfallen und lege mich zu den Scherben.

Sie glaubte wieder. Anders diesmal, nicht die Hoffnung auf Rettung. Sondern der Glaube, dass es erlaubt ist, zusammenzugehören. Das war alles ganz schön, und sie gewöhnte sich daran. So sehr, dass sie fast vergaß, was vorher war.

So ging das dann einen Frühling, einen Sommer, einen Winter.

Ich muss wohl eingeschlafen sein, aus Versehen. Wo ich doch soviel zu erledigen habe. Lieber schnell weitermachen, bin im Verzug.

Ich ziehe mich am Tisch hoch, klopfe die Glassplitter ab, das klebt jetzt alles ein bisschen, der Likör, ach ja. Weil ich so zittere, ist es nicht einfach, die Weinflasche zu entkorken, es gelingt mir aber dennoch. Fühle mich sehr stark, die anderen sollten sich mal eine Scheibe von mir abschneiden. Solange noch was da ist und ich das nicht schon selbst übernommen habe, das mit den Scheiben. Den Wein leere ich in einem Zug und dann verkrieche ich mich unter den Tisch. Genug getan heute.

Als es draußen wieder wärmer wurde, fing er an, die Flamme runterzudrehen. So lange, bis ihr kalt wurde. Nicht, dass er sie schlecht behandelte, nein, er behandelte sie einfach gar nicht. Sie bekam immer mehr Angst davor, ein Gefühl zu zeigen oder zu äußern, denn er tat das ja auch nicht mehr. Wenn ihr mal eines rausrutschte, musste sie sich dafür bei ihm rechtfertigen. Ihr wurde klar, dass Gefahr drohte.

Ich wache auf, weil es an meiner Tür klingelt. Draußen steht eine Frau mit echt hässlichem, strohigem Hennahaar.

»Wohnen Sie hier?«, fragt sie mich.

»Ja«, sage ich, »und Sie?« Ich glaube, sie schwankt ein bisschen.

»Nein«, sagt sie, »mir gehört die Wohnung unter Ihnen, und meine Mieterin hat sich beschwert. Sie sagt, Sie hätten Ratten in Ihrer Wohnung.«

Ratten?

»Ratten?«, frage ich. Ich schaue mich um. Tatsächlich, hinter mir sitzt eine auf meinem Schuhschrank und schaut sich auch um.

»Kann ich mal reinkommen?«, fragt die Henna-Tante.

»Nein«, sage ich, »das passt mir jetzt gar nicht.« Sie beschimpft mich und schreit, dass sie jetzt sofort die Hausverwaltung informieren wird, so könne es ja nicht weitergehen und was ich mir überhaupt einbilden würde. Ich mache die Tür zu und sage zu der Ratte: »Nee, echt, so kann das nicht weitergehen.« Die Ratte nickt und sieht sehr wichtig aus dabei.

Vielleicht hätte es noch Jahre so weitergehen können. Aber ihr war schrecklich kalt. Also entschied sie sich, Hitze zu produzieren, Reibung, Streit, sie wollte, dass er sich wieder bewegt, damit sie ihn wieder fühlen kann. Er bewegte sich. Weg von ihr, ganz weit weg. Die Liebe sei verschwunden, sagte er zu ihr, da sei nichts mehr da, vielleicht war da sogar nie wirklich was, er wolle sie einfach nicht mehr.

Wir sitzen auf meinem Wohnzimmerboden, die Ratte und ich, und reden nicht viel. Ich bin zu beschäftigt, um mich mit ihr zu unterhalten, ich muss diese Flasche noch in dieser Stunde leer kriegen. »Sonst passiert was ganz Schlimmes, weißt du«, sage ich zu der Ratte. Sie schaut mich mit ihren kleinen, fiesen Augen an, schaut mir beim Trinken zu, sehr eindringlich wirkt das, das muss ich jetzt mal so festhalten. Ich biete ihr meine Kaleidoskop-Brille an, dann könnte sie vielleicht noch besser schauen. Aber die Ratte lehnt ab und sagt: »Du bist zu Höherem bestimmt.«

Ich: »???«

Die Ratte: »Du hast eine Aufgabe.«

Ja, ja, ich weiß. »Genau, ich muss trinken«, sage ich.

»Nein«, sagt die Ratte, »du gehörst einer neuen Generation von Superhelden an. Ich bin geschickt worden, dir das mitzuteilen.«

Jetzt wird's mir aber zu bunt. »Hör mal«, sage ich, »erstens können Ratten nicht sprechen, zweitens lass ich mich nicht verarschen, und drittens: Geh aus meiner Wohnung, ich krieg sonst Ärger mit der Hausverwaltung.«

Die Ratte zuckt mit den Schultern. »Ts, ts, ts, du musst lernen, dein Schicksal zu akzeptieren, zu akzeptieren, wer du bist. Du hast ganz ungewöhnliche, übernatürliche Fähigkeiten«, sagt sie.

»Wer bin ich denn, hm? Frau Ratte, hm?«, sage ich und werde langsam unfreundlich.

»Du bist Desasterwoman«, sagt die Ratte.

»Desasterwoman?«, frage ich und dabei schneide ich aus Versehen meinen Teppich kaputt, weiß auch nicht, wie das jetzt passieren konnte.

Sie dachte immer nur: Nein. Nein, als er zum großen Schlag ausholte. Nein, als er sie mitten ins Herz traf. Nein, als ihr Herz anfing zu bluten. Nein, als das Blut anfing überall aus ihr rauszutropfen. Nein, nein, nein. Nein, dachte sie, bitte, nein, bitte tu das nicht. Nein, schrie sie, als ihr Herz zerbarst, in spitze kleine Scherben. Nein, weinte sie, als sie spürte, wie er ihre Fetzen an die Wand nagelte.

Ja, sagte sie zu ihm, ist schon gut, hör auf, du kannst ja nichts dafür. Er verließ den Raum und sie blieb an der Wand hängen.

Ich kann fliegen, sogar im Kreis. Meinen Bademantel hat die Ratte grau eingefärbt und ein paar Risse reingefressen. Sieht toll aus, passt hervorragend zu der Kaleidoskop-Brille. Selten habe ich so eine schicke Superheldin gesehen. Und so eine nutzlose, gar Verwüstung bringende. Bei jedem Rundflug durch meine Wohnung geht einiges zu Bruch, ich schlage und haue, was ich kann, manchmal treffe ich die Sachen auch nur mit dem Fuß, ich muss noch besser zielen lernen.

»Ja, ja, ja!«, ruft die Ratte, »du machst das ganz großartig!« Ich weiß. Niemals zuvor hab ich mich so gut gefühlt. Wenn ich noch etwas an meinem Sturzflug feile, sollte es mir sogar gelingen, den auf dem Boden verteilten Alkohol aufzusaugen, ohne abzubremsen. Wohin mich das jetzt alles führt, weiß ich noch nicht. Aber die Ratte hat schon mal die Fenster aufgemacht.

Nina George

Fundsachen bitte im zweiten Stock bei Amor

A ha!« Als ich die Augen öffnete, blickte ich in haselnussfarbene, ins Nougatsche changierende Augen mit einer flackernden, roten Iris.

»Und das glauben Sie also wirklich?«, fragte mich der Mann, der von der Kasse dafür bezahlt wurde, mir zu glauben anstatt dämliche und unangemessene Fragen in den Raum mäandern zu lassen.

»Ja, aber natürlich. Wollen Sie mir etwa erklären, dass ich grenzdebil bin, nur weil ich eine Realität unter einem S-Bahn-Sitz gefunden habe, Sie Bürgermeister vom Zwergenland?«

»Und? Was haben Sie bisher aus diesem … Fundstück gemacht?«, fragte mich der Psychoanalyst, der seine Sprechstunden von 11 bis 12 Uhr 7 abhielt, an jedem ungeraden Wochentag, der mit *M* anfing.

»Was sollte ich groß damit machen?«, murrte ich zurück und fing wieder an, Papierservietten in präzisgleichmäßige Streifen zu reißen, während sich Dr. Dr. Christhard Evenbrock-Dünnlich auf der Couch räkelte. »Ahnte ich denn, was auf mich zukommen sollte? Nein. Schauen Sie, meine bisherige Realität war eher so ein graues, verhuschtes Ding gewesen. Tja, und da sah ich sie: Strahlend. Schön. So schön wie ein Schmetterling, der träumt, er sei ein Mensch, der träumt, er sei ein Schmetterling.« Ich seufzte vor lauter Rührung und Begeisterung über diese Einschätzung. Meine neue, zweite Realität verleitete mich zu Höhenflügen, wahrlich.

»Dieses Zitat ist geklaut«, gähnte der Doktor, der mich wegen zweifachem Besitz von Realitäten behandeln sollte, aber nicht kapierte, dass ich die eine nicht mutwillig käuflich erworben, sondern einfach nur gefunden hatte. *Gefunden*, verdammt, sie war einsam zurückgelassen worden von jemandem, der da draußen rumlief und unter Realitätsverlust litt! Der sich vielleicht einredete: *Sie, Karin, die Frau vom Boss, reich und schön, liebt mich, ganz sicher, wir werden Kinder haben, gleich morgen.* Oder der dachte: *Jeder mag mich. Ich bin beliebt. Ich bin sexy und cool, mir verdankt die westliche Hemisphäre den Begriff ›Hype‹!* Vielleicht dachte er auch nur: *Bauch? Wieso Bauch? Was für ein Bauch? Ich hab keinen Bauch und alle Frauen stehen total auf mich, deswegen gehe ich jetzt mal rüber zu der kleinen Blonden und labere sie mit meinem Erfolgsspruch an: »Hehey, deine Eltern müssen Diebe gewesen sein … sie klauten ein paar Sterne und steckten sie dir ins Gesicht … und diese beide Sterne schauen mich jetzt an!«* Ja, vielleicht glaubte der um die Hüften Fett ansetzende, unter Tatsachenferne leidende Mensch doch tatsächlich, dieser Kommentar wäre die Fahrkarte ins Bett der kleinen Blonden. Wer weiß das schon so genau?

»Und Sie leiden also noch heute unter Ihrem Mutterkomplex«, schaffte es Dr. Dr. Dünnlich gerade noch zu murmeln, und: »Klarer Fall von aggressiv-misanthroper Schizophrenie, holen Sie Ihr Rezept bitte an der Kasse ab und flirten Sie bitte nicht wieder mit meinem Assistenten, der hat sich von dem Schock noch nicht erholt!« Dann schlief er ein.

Das Rezept bestand aus 18 DIN-A4-Seiten und sah vor, dass ich mich sofort und ohne Aufhebens zu einer Adresse im Westen von Hamburg begeben sollte. Okay. Wahrscheinlich war da das Realitäten-Fundbüro?

Realität Uno – ich nenne sie so, weil sie als Erste da war, als ich begann, Realitäten überhaupt wahrzunehmen (das war so mit sechs Jahren, als ich einen Wäscheleinenhalterungspfahl hinaufkletterte) – und Realität Mo7.15 – ich entdeckte sie an einem Montag um sieben Uhr fünfzehn mitteleuropäischer Zeit – hatten im Wartezimmer gesessen und mich nicht weiter beachtet.

»Hopp, hopp ihr beiden«, sagte ich, und ein thüringisches Zwillingsmännerduo stand auf, um mich zu begleiten. »Ihr beide nicht, die da!«, schnauzte ich und versuchte Uno und Mo7.15 dazu zu bewegen, für einen Augenblick ihr Gespräch über den Mangel an Haptik in ihrem Leben zu vertagen.

»Anne, was wollen wir denn da? Warum soll Mo7.15 bei uns bleiben?«, fragte Uno vorwurfsvoll, wie es schon immer ihre Art gewesen war. Dummerweise war ich mit einer außerordentlich negativ eingestellten Realität in die Welt entlassen worden. Immer sagte sie: »Die Menschen bringen einander deshalb nicht um, weil sie die Strafe fürchten.« Oder sie sagte: »Rosa steht dir nicht.« Oder: »Wenn du vor ihm stehst, wirst du kein Wort herausbekommen.« Oder auch: »Man kann nicht alles haben.«

Wie anders dagegen war Mo7.15! Sie murmelte mir stets in einem melodiösen Singsang zu: »Du kannst alles schaffen, was du willst. Du siehst *fantastisch* aus. Du hast Charisma. Du bist wundervoll und alle haben nur auf dich gewartet!«

Dummerweise gehörte mir diese Realität nicht, die alles weichzeichnete, wenn es um mich und meine Umwelt ging, während Realität Uno dafür sorgte, dass alles einen angemessenen Grauschleier bekam.

Tja, was sollte ich Uno sagen? Dass wir Mo7.15 deshalb nicht behalten konnten, weil es draußen vielleicht ein kleines Mädchen von sechs Jahren gab, die ihre Realität vermisste, ihre zuckersüße, rosarote, wunderbare Welt der Empfindungen und Wahrnehmungen? Und dieses Mädchen sie vielleicht nur hatte fallen lassen wie einen Teddy, den man aus der Hand gleiten lässt, wenn man müde und erschöpft ist, weil sich Mutti wieder mit der uninteressanten Frau mit dem schlechten Haarschnitt über Putenfleischpreise redundant auslässt?

»Pech! Manche verdienen es halt!«, würde Uno murren und noch einen Hauch Schwarz auf alles legen, was mir zu nah kam. Da half nur eins: Meine Realität ignorieren.

»Wir gehen jetzt los.«

Murrend und quengelnd stand Uno auf und schüttelte ihre grauen Tentakel, während Mo7.15 schon flockig zur Tür hopste, funkelnd, leuchtend, als ob sie mir zu verstehen geben wollte: Gehe durch diese Tür und alles in deinem Leben wird so, wie du es dir erträumt hast.

Wir drei fuhren also mit dem Bus durch die Lande. Während Uno die eine Seite des Busses mit Leuten füllte, die Mundgeruch hatten, zu laut und zu dämlich in ihre Mobiltelefone schrien, während sie ihre quakenden Kinder maßregelten, ließ Mo7.15 auf der anderen Seite die Sonne scheinen. Gutaussehende Singlemänner warfen mir bedeutungsvolle Blicke zu, aber schlugen sofort die

Augen nieder, als sie bemerkten, dass meine Realität grau und verängstigt und schlapp aussah.

Warum musste ich Mo7.15 auch einfach so aufsammeln! Ich hätte auf dem nächsten S-Bahnhof Ausschau halten können nach Menschen, die ebenso Ausschau hielten nach ihrer sich offenbar fremd verlustierenden Realität. Aber nein! Uno hatte mich gewarnt: »Kümmere dich nicht um andere. Gibt nur Ärger. Alle wollen was. Und hinkriegen tust du es eh nicht. *Vergiss es, Anne!*« Trotzdem hatte ich die sehr betrübliche und um Fassung ringende Realität unter den Arm geklemmt und war mit ihr zum *Budni* gewandert (»Wo haben Sie denn die süße Realität her? Tutzitutzitutzi ...«), dann ins Büro (»Wir haben hier keinen Platz für Leute, die mit zwei Realitäten herumlaufen! Sie sind gekündigt!«) und war schließlich, nach einem Besuch in der Diakonie (»Wir haben hier schon zu viele Parallelwelten, tut uns Leid!«) in der Umtauschabteilung bei *Brinkmann* gelandet, weil ich einen defekten CD-Player zurückgeben wollte (Uno: »Alles Müll heutzutage. Billiger Müll, der sofort kaputtgeht, damit musst du rechnen!« Jaja.). Nachdem ein Panamahut, 100 Rabbiner und zwei Zwillinge aus Oer-Erckenschwick vor mir gewesen waren, um ihre CD-Player umzutauschen, war ich dran, aber die Umtauschdame fiel angesichts von Mo7.15 in Ohmacht, in die ich aus weiblicher Solidarität gleich mitfiel. Ja, und so war ich bei Dr. Dr. Dünnlich-hau-auf-die-Pauke gelandet. Der mich nach einer Menge Firlefanz und Gewese (Uno: »Was hast du erwartet? Der ist eigentlich gelernter Taxifahrer und hat sowieso keine Ahnung, wie alle Gehirnverdreher!« Jaja.) in den Bus gesetzt hat.

Ohne Job, dafür mit zwei Realitäten und einer Großpackung *Zeppelin Himmlisch*-Toilettenpapier sauste ich aber nun halb juchzend (Mo7.15), halb schluchzend (Uno) durch die Stadt meiner Träume und fühlte mich sehr gespalten. Was wollte ich denn? Die routinierte Ablehnung meiner miesepetrigen Uno oder die flatterhaft-verheißungsvolle Durchgeknalltheit von Mo7.15? Und: Hatte ich das überhaupt zu entscheiden?

Wir alle – Toilettenpapier, Uno, Mo7.15, Anne-ohne-Job und der Busfahrer – stiegen an der Endstation des 286er, Falkensteiner Ufer, aus. Während der Busfahrer pinkelte und sich mit seiner stromlinienförmigen, silbrig schimmernden Realität über die Fahrgäste ausließ, gingen wir die Anhöhe hinauf. Uno verpasste mir eine Blase am rechten Fuß und schimpfte auf die schicken Slingpumps, während Mo7.15 dafür sorgte, dass ich einfach sexy mit dem Paket Intimpapier aussah. So humpelten wir also sexy durch die Villengegend.

Wir endeten vor einem großen Anwesen, so eines, was man mal in einem Architekturbildband über große amerikanische Sitze alteingesessener Familien mit diversen Leichen in den Geldkellern sieht und widerstrebend bewundert. »Das Leben in solchen Häusern scheint immer geprägt zu sein von Kinderlachen, weißen Flatterkleidern und mit dem Clanwappen handbestickten Kannenwärmern«, schwärmte Mo7.15.

»Und von Inzest!«, schob Uno missgelaunt hinterher. Unerträglich, die beiden.

Ein armenischer Butler mit Knopfaugen öffnete die Tür und schickte uns in den Ostflügel. Uno der Sauertopf ließ mich verzweifeln an der Geografie, während Mo7.15 einfach neugierig die nächstbeste Tür öffnete und: »Hallo, nennt mich Anne!«, hineinrief.

Wir platzten in eine Sitzung merkwürdiger Menschen,

die sich als *Anonyme Singles* outeten und mich zwangen, meine Single-Geschichte vorzutragen. Wie ich wann warum und mit welchen Worten verlassen wurde, wer mich wo sitzen gelassen hatte und was ich tat, um zu verschleiern, dass ich als Alleinlebende kein wertvolles Mitglied der Gesellschaft mehr war. Ich beichtete also mit Mo7.15s Hilfe auf die Schnelle von meinem *Anti-Single*-Notfallkit mit handgeschriebenen Liebesbriefen imaginärer Geliebter, die inklusive diverser Bilder und Erinnerungsdessous ins Haus geflattert kamen. Modell *Michael* mochte ich am liebsten, weil da auch das eine oder andere Haarteil dabei war, das man sich dezent auf den Schultern des Kostümchens drapieren konnte. Die Nachbarn und Kollegen hatten also was zum Tuscheln, während ich das *Premium-Anti-Single*-Anrufprogramm bei der *Ich!Ruf! Dich!An!*-Singleagentur organisieren konnte: Eifersuchtsanrufe, Kontrollanrufe, *Ich-vermiss-dich*-Anrufe, Telefonsex-Anrufe – das ganze Drum und Dran für fast nichts.

Mo7.15 und ich registrierten während meiner ausführlichen Ausführungen mit einer gewissen Befriedigung, dass die anwesenden *Anonymen Singles* eifrig mitschrieben und mich nacheinander brav um die Nummer des Anrufservices baten. Ich ergänzte meinen bescheidenen Beitrag noch um den Hinweis, dass Tischstaubsauger ausgezeichnete Knutschflecken machen, mit denen man Kolleginnen neidvoll erblassen ließ, und dass Hauspantoffeln, im gleichmäßigen Rhythmus zu nachtschlafender Zeit flach an die Wand geschlagen, durchaus die Geräusche eines intakten Liebeslebens imitieren konnten. Eifrig kratzten die Stifte übers Papier.

Uno schaute mich giftig an und schickte mir ein paar

böse Gedankendrohungen: »Das wird sich alles rächen, Anne, alles, jede Lüge, jede Übertreibung, alles wird irgendwann auf dich zurückfallen und dann stehst du mit nichts als deiner neuen doofen Freundin Mo7.15 da und einem Haufen belangloser Geschichten. Aber ich habe dich gewarnt!« Blablabla. Uno konnte ein Biest sein.

»Mir ist langweilig«, klagte Mo7.15 und stand auf. »Tschüss, ihr Zuckerschneckchen«, ließ sie mich sagen, »denkt mal drüber nach, ob ihr als Alleinlebende eh nicht glücklicher seid.«

Während eine heftige Diskussion ob dieser Aussage entbrannte, schoben wir drei uns durch die Tür. Mo7.15 hatte den Teilnehmern einen verzückten Ausdruck ins Gesicht gezaubert, während sich Uno verzweifelt abmühte, sie unglücklich zu machen. Aber sie kam nur auf ein, zwei Blasenentzündungen. Dafür wollte meine angeborene Realität dann auch wieder das Zepter in die Hand nehmen, das sie in den letzten 28 Jahren so souverän geschwungen hatte. Mo7.15 toupierte sich derweil die Haare und machte mich hübsch.

Resolut ging Uno auf eine Flügeltür zu. Innen war eine Heerschar von weiß gekleideten Menschen dabei, anderen nicht weiß gekleideten Menschen die Realität wieder näher zu bringen. Die Weißfalter bedienten sich dabei der operativen Psychologie und der Hypnose, zum Beispiel schrien sie immer wieder: »Geben Sie es zu! Sie haben sie extra verloren! Sie wollten sie verlieren! Loswerden wollten Sie Ihre Realität, geben Sie es zu! Wir wissen *alles*!«

Uno schaute sich befriedigt zu mir um und dann gehässig zu Mo7.15. »So, meine Liebe«, säuselte Uno –

ganz untypisch, dieses Gesäusel –, »jetzt wollen wir doch mal sehen, wo du hingehörst. Hier, zu uns, jedenfalls nicht.«

»Anne, muss ich hier bleiben?«, fragte Mo7.15 traurig. Mir war auch nicht so wohl dabei, fing ich mich doch gerade an zu gewöhnen an diese neue Sonne in meinem Herzen.

Die Weißlinge hielten den Patienten mit Realitätsverlust Plakatwände vor die panisch rollenden Augen, auf denen eine arme, verlassene Realität unter einem lindgrünen, zerschlissenen Plastiksitz, aus dem gelbes Füllmaterial herauswucherte, in einer stark von Pendlern frequentieren Untergrundbahn hockt und nach ihrem Besitzer wimmert. (Ach ja, so war es bei mir und Mo7.15 auch gewesen. Ich seufzte.) Wahlweise hockten und wimmerten die verlorenen Realitäten auch im Schatten von Schlehenbüschen weitläufiger Universitätsgelände oder in den Wartezimmern von Zahnärzten. Einige hatten sich allerdings auch emporgeschwungen auf den Schwingen des Stoffes, der weiß und verlockend glänzte, wie er da so auf Handspiegeln strotzte.

»Bist du eigentlich eine Kokserrealität?«, fragte ich Mo7.15. Sie schüttelte heftig ihre drei Köpfe. »Nein! Ich gehörte einem, der so aussah wie der da!« Sie zeigt mit ihren wohlgeformten Fingern auf einen der Baggerfahrer, der gerade durch die Mangel gerockt wurde. Hm. Na, toll. Wieso hat der sowas und ich nicht? Aber ich wusste durch die Jahre mit Uno, dass Sehnsüchte und Realität in etwa soweit auseinander klaffen wie der Reißverschluss einer Jeans nach fünf Wochen täglich Torte.

»Nächster!«, brüllte einer der Weißlinge und kam auf

uns zu. Mo7.15 ergriff panisch meine Hand und drückte sie.

Was sollte ich tun? Eine alleinstehende Frau mit zwei Realitäten – es war eindeutig eine zu viel von uns. Drei sind immer einer zu viel, das weiß doch jeder seit dem ersten Italowestern.

»Bring mich zum Licht!«, flüsterte meine neue Begleiterin, und: »Das Leben ist kein Ponyhof!«

Ach? Das war mir allerdings neu.

»Die Losung?«, brüllte der Weißling.

»Wir wissen sie nicht, wir wissen sie nicht, sie werden uns schreckliche Dinge antun!«, mantraierte Uno vor sich hin. Mo7.15 schwieg.

»Ähem«, sagte ich.

»Ähemen Sie nicht! Und was wollen Sie hier überhaupt? Sie haben ja nicht nur eine, nein, gleich zwei Realitäten! Huschhusch raus hier, aber flott!«

»Sie wollen mich nicht behandeln?«

»Wieso? Wie viel ist eins und eins?«

»Zwei.« Ich war befremdet, und Uno hielt auch mal die Klappe.

»Halten Sie sich für fehlerlos, selbstbestimmt und erfolgreich?«

»Bestimmt nicht!«, wiegelte ich empört ab.

»Oder für einfallsreich, humorvoll, ehrlich, begabt und sexuell attraktiv?«

»Nicht dass ich wüsste«, gab ich zu, denn so etwas hatte mir Uno nie zugestanden, dieses Krittelding, das an jeder Ecke Missgunst und Panik heraufbeschwor und mich dazu verleitete, nicht mehr von Neugier, sondern von Angst getrieben zu sein. Angst, etwas falsch zu machen, nicht schnell genug zu sein und überhaupt Angst vor dem Leben zu haben. Vor dem Leben in Farbe, vor extremen Gefühlen, herrlichen und schlechten.

»Na, dann sind Sie ja gesund. Sie sind geheilt. Geheilt, geheilt, geheilt! Auf Wiedersehen.«

»Ähem?«

»Was?«

»Ich wollte fragen … Behandeln Sie auch Realitäten, die auf der Suche nach ihrem Besitzer sind?«

Mo7.15 quetschte mir die Hand ab, während mir Uno auf die Schulter klopfte und mir vorbetete: »Genau! Anne vor! Weg mit Verantwortung. Wollnwanich, könnwanich, wollnwanich, könnwanich. Nieder mit der Verantwortung!«

»Wir? Ähem. Nein. Nein, machen wir nicht, haben wir noch nie gemacht und werden wir auch nicht machen. Gehen Sie doch ins Kino.«

»Was läuft denn da?«, fragte Mo7.15.

»Ich bin Arzt, kein Filmvorführer. Aber da fühlen sich viele allein gelassene Realitäten wohl. Sie schlüpfen einfach in den Film, und gut ist's. Dann sind Sie sie wohl los«, bemerkte der Doc mit einem Seitenblick. Einem Seitenblick auf Uno!

»Das wagst du nicht, Anne!«, kreischte meine angeborene *Grau-in-Grau-in-Grau*-Realität. »Nicht du! Du nicht!«

Wir gingen also ins Kino. Uno würgte im Bus emotionslos an Mo7.15 herum, während ich darüber nachdachte, wie wir den herzkalten Menschen finden konnten, der sich so achtlos seiner Welt entledigt hatte, seinen Eindrücken und Erinnerungen, seiner Wahrnehmung und seiner Meinung. Ich wollte sie zwar haben, das war nicht das

Problem, aber konnte ich anderer Leute Realitäten klauen, nur weil sie besser aussahen als meine und außerdem mehr hermachten?

»Du hast mich nicht mehr lieb«, schmollte Uno und hielt meine Beine beim Aussteigen fest. Ich fiel kopfüber in eine Baustelle. Die beiden Realitäten hielten sich an zwei Warnlichtsystemen fest.

»Holt mich hier raus!«, rief ich ihnen zu. Uno streckte und reckte sich und rieb sich verschlafen die siebenundvierzig Augen. »Das kommt davon, wenn man die Nase zu hoch trägt! Das kommt davon, wenn man glaubt, man sei etwas Besonderes! Das kommt davon, wenn man seine Realität verlassen will, um sie einzutauschen gegen eine lebensbejahende Scheinwelt!« Uno vollführte einen Regentanz.

»Gehen wir ins Kino«, sagte Mo7.15. »Magst du auch so gern französische Filme? Die werden immer so schön nicht-linear erzählt, klasse.« Und sie sagte das nicht etwa zu mir – sie sagte es zu Uno!

»Nur wenn's da auch Haribo Bumix gibt!«, meinte meine Realität. Dieses Miststück.

»Tüllich!«, jubilierte Mo7.15. »Für uns ist das Leben ein Wunschkonzert, während unsere Besitzer nur Anträge einreichen, die eh selten erfüllt werden, hihi!« Und Hand in Hand in Hand in Hand in Hand (naja, und so weiter) gingen sie weg, der Abendsonne entgegen, ein schönes Bild zweier grundverschiedener Parallelwelten.

Und ich? Ich saß in einer verkehrsumbrausten Baustelle auf dem heiligen Freitagnachmittag, also keine Chance, dass hier mal jemand weitermachte.

»Hey!«

Erst hatte ich zwei Realitäten, dann gar keine. *Too much*

confusion, eindeutig. Sie scherten sich nicht um meine Befindlichkeiten, was ja auch mal wieder typisch war.

Ich sang ein paar Lieder zum Warmwerden und zur Eingewöhnung auf das Wochenende. Nette Menschen warfen mir ihr Kleingeld herunter, doch keiner kam auf die Idee, eine Strickleiter hinterherzuwerfen.

»Sie werden uns hier niemals finden!«, sagte eine Stimme neben mir, als ich dabei war, die Finanzen auszuwerten.

»Und nun?« Fremder Irgendwer bei Frau in einsamer Baugrube konnte nur eins bedeuten: Ausgerechnet ich musste einem Körperfresser begegnen. »Sie wollen mich fressen, oder?«

»Nein, ich bin der Baggerführer.«

Ein unglaublich gutaussehender Mann trat aus dem Dunkel. Geigen und Pauken begleiteten seinen Auftritt, ich war nahezu hingerissen.

»Oh. Vermissen Sie zufällig Ihre Realität?«, fragte ich ihn und steckte mir unauffällig den Großteil der Silbermünzen ein.

»Nein. Ich brauche keine Realität mehr. Meine war immer so … glücklich. Sprühend. Voller netter Menschen, Möglichkeiten, Chancen. Grässlich. Dabei will ich gar keine Chancen wahrnehmen, ist mir zu anstrengend.«

»Und was haben Sie so für Chancen verpasst, Herr … na?«

»Ich bin der Herr Jones.«

Me and Mr. Jones. Lässig, das Leben ohne Realität. »Und, was wollten Sie doch gleich verpassen in Ihrem kurzen Leben?«

Da war ich ja nun neugierig. Unter Welt-Retten ging ja nix.

»Ich wollte keine Frau zeugen, keine Kinder kennen lernen, keinen Apfelbaum kaputtfahren und keinen Porsche pflanzen.«

Beeindruckend. Und so rein gar nicht klischeehaft und abgedroschen, wie bezaubernd! Mit dem Mann konnte ich zwar keine Kühe stehlen, das war man klar, aber vielleicht das Toilettenpapier teilen. »Und? Was hindert Sie daran, Ihre Chancen zu verpassen?«

»Ich sitze in einem Loch.«

»Gehen Sie halt einfach mehr aus sich heraus«, riet ich ihm und machte eine Räuberleiter. Er stieg in meine Hände, und schwupps war er aus seinem Tief heraus. »Danke schön. Wiedersehen. War nett!«

»Ja, tschüss denn auch ...«

Nett? Das war alles, was er sagte, als ich ihm dabei half, Chancen zu verpassen.

»Und?«, brüllte Mo7.15 von oben. »Wie habe ich das gemacht?«

»Wie hast du was gemacht?«, brüllte ich zurück.

»Ich habe Uno im Kino sitzen lassen. Sie ist in einen französischen Schwarzweißfilm gehüpft, in dem die Protagonisten noch genauso weltfremd, langweilig, unenthusiastisch, betreten und verklemmt sind wie am Anfang der Novelle.«

»Könnte mein Leben sein«, meinte ich.

»War es auch, meine liebe Anne. Der Film hieß *Fundsachen bei Amor im zweiten Stock* oder so ähnlich, selten dämlich, aber schön gemacht. Wahnsinnig klischeeüberfrachtet, pessimistisch, selbstgerecht auch, dabei mit einem Hauch Melancholie. Komm jetzt raus aus deinem Loch. Wer war übrigens der Kerl da eben? Erinnerte mich an jemanden.«

Mo7.15 warf mir fünf ihrer Arme runter und zog mich aus meinem Loch der Depressionen und Ängste, wobei ich auch jene Angst, dass das verdammte Toilettenpapier ausgehen könnte, wenn Besuch kommt, mit unten ließ.

»Mr. Jones«, ließ ich vernehmen und riss mir dezent den knöchellangen Rock ab. Bis kurz übers Knie. »Wie sehe ich aus?«, fragte ich meine neue Realität.

»Lecker!«, strahlte sie mich an. »Jones, Jones … das war der Typ, der mich nicht mehr haben wollte, jetzt fällt es mir ein. Das Leben war zu schön für ihn, um wahr zu sein.«

»Willst du eigentlich jetzt bei mir bleiben? Und willst du mal endlich einen anderen Namen haben als Mo7.15, Mo7.15?«

»Ach, Anne … ich bin doch du. Wusstest du das nicht?«

Nein. Das hatte ich bisher nicht geahnt. Musste wohl unter Realitätsverlust gelitten haben, sowas.

Und als mich meine neue, alte, verlorene, ausgeliehene, geklaute, veränderte oder *Was-weiß-ich-denn*-Realität umwaberte, hoffte ich, dass ich nicht falsch lag mit dem, was Wahrheit war und Traum bleiben sollte.

Markus Seidel

Der letzte Traum

Es ist neunzehn Uhr dreißig. Gerade habe ich mir die Nachrichten angesehen, doch wenn Sie mich jetzt fragen, was in der Welt passiert ist, ich könnte es Ihnen nicht sagen, denn ich kann mich nicht konzentrieren und bin mit meinen Gedanken ganz woanders.

Seit ein paar Tagen geht das jetzt so: Ich kann kein Buch lesen und keine Zeitung, ich sehe mir etwas im Fernsehen an und kriege aber nichts mit und bin völlig außerstande, mich abzulenken von dem, was mir seit Tagen im Kopf herumgeht. Keine Sorge, ich will Sie nicht weiter auf die Folter spannen und Ihnen erklären, um was es geht. Aber machen Sie sich auf etwas gefasst, das kann ich Ihnen sagen!

Ich übe meinen Job seit nunmehr elf Jahren aus, und glauben Sie mir, ich habe viel erlebt, aber das, was ich heute Nacht erledigen soll, das geht sogar über meinen Verstand. Natürlich werde ich auch diesen Auftrag ausführen, zumal ich großzügig honoriert wurde dafür.

Sicher fragen Sie sich jetzt, welcher Tätigkeit ich nachgehe, aber dazu möchte ich Ihnen nur soviel verraten, dass sie nicht ganz astrein ist, und wenn man mir auf die Schliche käme, dann würde das nichts anderes bedeuten als die Fortsetzung meines Daseins hinter schwedischen Gardinen, und zwar für eine verdammt lange Zeit, wenn Sie wissen, was ich meine. Was ich mache, steht nicht im Branchenbuch, und wer mich engagiert, dem bin ich empfohlen worden von Leuten, die wie ich vermutlich hinter Gitter kämen, wenn sie sich erwischen ließen.

In einer Stunde ist es soweit, dann muss ich meinen Auftrag ausführen. Bevor ich aber zur Tat schreite, möchte ich erklären, um was es geht in dieser Angelegenheit, der heikelsten und skurrilsten meiner beruflichen Laufbahn.

Glauben Sie an Wahrsager? Scharlatane, Schwindler und Betrüger, meiner Ansicht nach, die ganze Meute! Man sollte sich in Acht nehmen vor ihnen. Ich spreche immerhin aus Erfahrung, denn ich habe selbst einmal einen aufgesucht. Er hat mir das Blaue vom Himmel versprochen, und am Ende habe ich aus Dankbarkeit sogar noch etwas draufgelegt auf sein Honorar. Und jetzt raten Sie, was von alldem, was er mir prophezeit hat, tatsächlich eingetroffen ist – nichts. Gar nichts! Seitdem bin ich nicht besonders gut zu sprechen auf diesen Berufsstand, wie man sich denken kann, und als ich vor einem halben Jahr diese Geschichte hörte, da schrillten zunächst sämtliche Alarmglocken. *Das musst du dir nicht antun*, sagte ich mir, *lass die Finger davon, du hast deine Erfahrung gemacht und jetzt lerne gefälligst daraus!*

Dann aber war ich doch fasziniert von dem, was mir da erzählt wurde, und je mehr ich hörte, desto faszinierter war ich. Und schließlich machte ich es auch zu *meiner* Angelegenheit.

Was das alles mit Wahrsagern zu tun hat? Warten Sie ab!

Man hört immer wieder von Menschen mit so genannten übersinnlichen Kräften. Ich spreche hier nicht von Hellsehern oder Sterndeutern, denn ich habe noch nie von einem gehört, der ins Schwarze getroffen hat. Ebenso wenig meine ich die Zauberer, die ein Kaninchen verschwinden lassen oder ein Ei aus einem leeren Hut hervorholen. Nein, nichts von alledem.

Ich persönlich bin bisher noch nie einem Menschen begegnet, der über übersinnliche Fähigkeiten verfügt, doch ich kenne viele, die wegen der Geschichte mit dieser Frau, von der ich Ihnen jetzt erzählen möchte, und von der man überall gelesen hat, an so etwas glauben.

Diese Frau ist keine Wahrsagerin oder eine Zauberin, und trotzdem schreibt man ihr übersinnliche Kräfte zu. Hier ist ihre Geschichte, und sie beginnt damit, dass mich ihr Mann vor einem halben Jahr aufsuchte.

Weiß der Teufel, wie er an meine Adresse gekommen ist, jedenfalls stand er vor einem halben Jahr vor meiner Tür – ein kleines Männlein in einem etwas zu großen, aber teuren Mantel, und seine Füße steckten in Schuhen, für die ich einen ganzen Monat arbeiten muss. Er hatte so einen bekümmerten Verliererausdruck im Gesicht, und er war mir nicht unbedingt sympathisch, denn die Verlierer sind die unangenehmsten Klienten – unzufrieden, unprofessionell, leicht verletzbar.

Er bat darum, hereinkommen zu dürfen, doch weil ich schon durch meinen Berufsstand ein äußerst vorsichtiger Mensch bin, forderte ich ihn auf, mir zu sagen, in welcher Angelegenheit er mich aufsuchen würde. In knappen Worten schilderte er sein Anliegen, und ich ließ ihn schließlich herein.

Er war vierundsechzig Jahre alt, seit einigen Jahren im

Ruhestand, seit dreißig Jahren verheiratet. Er wohnte mit seiner Frau in der Vorstadt. Bis vor sechs Monaten hatten sie ein armseliges Dasein geführt: Seine Pension reichte gerade, ihn und seine Frau zu ernähren und die Miete für die kleine Wohnung zu bezahlen. Im Urlaub waren sie zwanzig Jahre nicht gewesen. Doch es ginge hier nicht um ihn, sondern um seine Frau.

Und diese Frau, sie träumt. Natürlich, wir alle träumen, angeblich sogar jede Nacht, wie behauptet wird, obwohl wir uns nicht immer daran erinnern können. Diese Frau also träumt, sie träumt von fliegenden Menschen, von Gespenstern und dergleichen, was unsereiner bisweilen auch träumt. Das ist noch nichts Ungewöhnliches. Aber sie träumt ebenso von der Nachbarin, von ihrem Cousin oder der Katze des Milchladenbesitzers in der nächsten Straße, und hier wird die Sache interessant: Was sie nämlich träumt, das wird – jedenfalls hin und wieder – auf wunderliche Weise wahr! Natürlich erscheinen nicht irgendwelche Gespenster in ihrer Stube, und auch die fliegenden Menschen bleiben freilich aus, aber um diese Träume geht es auch nicht. Es geht um jene, in denen ihr der Nachbar erscheint, der Cousin oder die Katze des Milchladenbesitzers.

Alles begann vor einem halben Jahr. Die Frau träumte, dass ihre beste Freundin, nennen wir sie Frau Müller, in einem Wagen vorfährt und sie zu einer Spritztour einlädt. Frau Müller ist Putzfrau in einem Krankenhaus und ihr Mann arbeitslos. Und, fragen Sie jetzt, das ist alles? Nein, denn dieser Wagen gehört zu denen, die keine Rückbänke haben, und nur einen sehr bescheidenen Kofferraum, weil ja irgendwo der gigantische Motor untergebracht werden muss, und wenn man sich diesen Wagen als Kutsche vorstellt, dann muss man sich eine rote, sehr windschnittige Kutsche mit etwa dreihundertsechzig vorgespannten Pferden denken. Frau Müller fährt also mit ihrem nagelneuen Ferrari vor, räumt den Beifahrersitz frei und heißt ihre Freundin Platz zu nehmen – und los geht's.

Nun, das Ganze war so abstrus, dass man es nicht ernst nehmen musste. Kein Grund also für die Frau, an die Erfüllung dieses Traums auch nur eine Sekunde zu denken, weshalb sie ihn auch schnell wieder vergaß. Dann aber dies: Frau Müller bekam von einer Patientin ein Lotterielos geschenkt, sie spielte mit und gewann prompt anderthalb Millionen! Nachdem die Frau von dem unerhofften Reichtum ihrer Freundin erfuhr, erinnerte sie sich wieder ihres Traumes. Freilich, zunächst glaubte sie an Zufall, wer hätte das nicht getan, und auch ihr Mann schmunzelte bloß darüber. Zwei Wochen später aber dann dieser Traum: Die Frau sitzt in der Küche und bereitet das Abendessen vor. Sie hat das Radio angestellt, weshalb sie die Schreie aus der Nachbarwohnung nicht hört. Dann aber vernimmt sie ein Klopfen durch die Wand, sie dreht das Radio ab, horcht und richtig, da ist wieder das Klopfen von nebenan. Als sie hinübergehen will, kommt ihr im Hausflur schon der Rauch entgegen – es brennt in der Nebenwohnung! Sie holt ihren Mann, und während sie die Feuerwehr ruft, befreit er die Nachbarn.

Auch diesen Traum nahm die Frau zunächst nicht ernst, sie erzählte ihrem Mann am nächsten Morgen zwar davon, doch der schüttelte verwundert den Kopf; als aber drei Tage später bei den Nachbarn tatsächlich ein Feuer ausbrach, machte es die Frau doch stutzig, und fortan schrieb sie ihre Träume am nächsten Morgen nieder. Ein Umstand, der ihr Leben ändern sollte!

Jedes Mal nach einer Traumnacht berichtete die Frau also ihrem Mann davon, und in der Folgezeit bestätigten sich dann auf wundersame Weise weitere Träume. Ihr Mann machte die Fälle alsbald publik, Radio- und Fernsehstationen berichteten davon, regelmäßig standen ihre Träume in allen großen Zeitungen, obschon sich nur ein Bruchteil davon bewahrheitete; der Presse aber war das gleichgültig, sie berichtete in großer Aufmachung von jeder erfüllten Traumprophezeiung, und war es lediglich eine überfahrene Katze. Bald schon wurde die Frau bedrängt von Menschen, die ihre Träume deuten wollten, und es ging soweit, dass jede Zeitung plötzlich ihren eigenen Traumdeuter unterhielt.

Die Frau sagte übrigens weder Dürrekatastrophen noch Wirbelstürme voraus, von keinen Politikerattentaten oder Finanzkrisen träumte sie, nein, vielmehr waren es die kleinen Dinge, die eintrafen: ein überfahrener Hund, ein Überfall auf einen Kleinladen, ein Feuer in einer Fabrik. Der Frau war es allerdings nicht möglich, konkret zu bestimmen, wen es traf. Es war immer bloß der Hund aus der *Gegend*, ein Laden *irgendwo* in ihrer Stadt, ein Feuer in *irgendeiner* Fabrik im Nachbarort und so fort, im Grunde also eher unspektakuläre Ereignisse, doch es reichte stets, um die Presse entsprechend reagieren zu lassen. Sie kennen ja die Gier nach Sensationen.

Ihr Mann hatte dabei im Übrigen ein glückliches Händchen: Träumte sie von einem Erdbeben etwa oder einem einstürzenden Wohnhaus, nahm er es nicht wichtig; träumte sie aber einmal von der alten Nachbarin, die auf einem Spaziergang von einem Unbekannten überfallen wurde, dann wendete er sich damit an die Medien, und alle Welt staunte, wenn es dann auch tatsächlich eintraf.

Als sie einmal von einem gewaltigen Unwetter träumte, das den Norden des Landes überkommen sollte, wunderte sie sich zwar, dass sich ihr Mann beharrlich weigerte, diesen Traum an die Presse weiterzugeben, doch schließlich vertraute sie seinem Instinkt, der sie immer seltener im Stich ließ.

Ihr und ihrem Mann ging es inzwischen sehr gut, sie verdienten viel Geld, doch blieben sie trotz allem bescheiden und richteten für die Enkel ein Sparkonto ein.

Dann aber folgte ein Traum, der Anlass zu höchster Beunruhigung gab: Sie erzählte ihrem Mann am nächsten Morgen nichts davon, allerdings hatte sie in der Nacht im Schlaf gesprochen, so dass er wusste, was sie da geträumt hatte. Die Frau war aufs Äußerste verstört, ihr Mann dagegen spielte den Ahnungslosen, obzwar auch er sehr beunruhigt war nach dieser Nacht. Er musste nun entscheiden, was zu tun sei, und noch am selben Tag rief er mich an. Worum er mich schließlich bat, war so ungeheuerlich, dass es mich zunächst schauderte. Doch auch ich muss schließlich von etwas leben, und so nahm ich auch diesen Auftrag an: Der Mann, er wollte mit meiner Hilfe den letzten Traum seiner Frau erfüllen.

Er war es, der den Stein vor einem halben Jahr ins Rollen gebracht hatte, und er muss jetzt auch die Konsequenzen tragen für alles. Das Konto ist gefüllt, seine Frau und die Enkel sind versorgt, und seine Schuld ist inzwischen so groß, dass er sein Leben nicht länger erträgt.

Heute Abend soll es also geschehen. Heute Abend werde ich ihn erschießen. Ich brauche fortan keinen Hund mehr zu überfahren, keine Kleinläden auszurauben, keine Fabrik anzuzünden. Er wird mich nie mehr anrufen und mich bitten, einen der Träume in die Tat umzusetzen. Und seine Frau, sie wird ihm nie wieder ihre Träume am nächsten Morgen erzählen. Dafür werde ich sorgen.

Und jetzt wird es Zeit für mich aufzubrechen.

Jan Jepsen

Teilweise tot

Ohne Scheiß: Mein Vater ist gar nicht tot, nur teilweise. Den Beweis dafür halte ich gerade in der Hand: Eine stinknormale C60 von Agfa, Chromdioxid. Nichts Besonderes, für jeden halbwegs normalen und vernunftbegabten Menschen. Für meine Mutter allerdings ist diese Kassette eine Art Fetisch, Vati-Fetisch, wenn man so will, und wichtiger als jede Weltformel.

Wieso sie auf einmal anfing, meinen Vater überall dort zu suchen, wo er garantiert nicht war, weiß der Henker. Ich weiß bloß, dass diese C60 für sie eine Art Jenseits-Beweis darstellt. Sie glaubt unbedingt daran, weil sie einfach daran glauben will. Und weil es ihr diese seltsame Frau mit dieser noch seltsameren Gabe eingebläut hat.

»Sowas gibt's, Junge«, sagte sie. »Menschen mit ungewöhnlichen Fähigkeiten.« Meine Mutter nennt das ›paranormal‹. Ich nenne es pervers.

Die Adresse von der Paranormalen hatte meine Mutter aus einem Heft namens *Esotera*, das sie kurz nach dem Tod meines Vaters abonnierte. Die Frau warb damit, dass sie schon mit diversen Toten Kontakt hatte: mit Abraham Lincoln, Marlene Dietrich, Fred Astaire und anderen hochrangigen Persönlichkeiten. Allein das machte mich stutzig. Sehr stutzig sogar. *Wieso*, dachte ich, *sollte ausgerechnet mein Alter – post mortem – plötzlich mit Prominenten verkehren? Gibt es nicht auch im Himmel erste und zweite Klasse?*

Meine Mutter ignorierte meine Bedenken und machte einen Termin. Die Paranormale stellte sich uns mit den Worten: »Guten Tag, ich bin Medium Angela!«, vor und hielt uns die Tür auf. Eine ganz normale Tür. Kein Sargdeckel oder so etwas. Dann bat sie uns, mit einem durchaus bodenständigen Blick auf unsere Füße, herein. »Entschuldigung«, sagte sie. Ob es uns etwas ausmachen würde, die Schuhe auszuziehen?

Medium Angela lebte mit ihrem Mann in einem Reihenhaus. Die Gegend sei zwar still und normal und vielleicht ein bisschen spießig, aber die Geister der Verstorbenen mögen das. »Sie sind sehr scheue Wesen«, sagte Medium Angela. Nein, *flüchtig* war, glaube ich, das Wort, das sie benutzte. Autos und überhaupt Motoren aller Art würden sie jedenfalls scheuen.

Entsprechend lag das Zimmer für ihre Séancen nach hinten raus. Mit Blick auf die Obstbäume und einen rostigen Wäscheständer, der aus zwei großen *T*s bestand und an dem mehrere Bahnen Wäsche hingen. *T wie Tod*, dachte ich zwangsläufig, obwohl es ganz normale Unterwäsche war, Socken und sowas, keine Leichentücher. Auf den ersten Blick konnte ich wirklich nichts entdecken, was irgendwie erklärt hätte, warum ausgerechnet in einer Reihenhaussiedlung mit den Toten getratscht wurde – ohne Totenköpfe, Raben, Sargdeckel, Hühnerblut oder auf den Kopf gestellte Kreuze.

»Wissen Sie«, sagte Medium Angela, als könne sie meine Gedanken lesen, »das Haus steht auf einem ehemaligen Friedhof!« Und sie könne sich lebhaft vorstellen, dass es vielleicht mit dieser historisch verbrieften Tatsache zu tun hätte. Man stelle sich vor: Ihre Fähigkeiten, kombiniert mit diesem speziellen Fluidum! Dann erzählte sie, wie sie eines Tages mit einem ganz gewöhnlichen, handelsüblichen Tonbandgerät in den Garten gegangen sei. Ursprünglich habe sie nur ein paar Vogelstimmen einfangen wollen. Das sei ihr Hobby; sie habe sich von jeher für Vögel und Vogelstimmen interessiert und eine Schwäche für Flatterhaftes. Und ob uns zufällig bekannt sei, dass Vögel im Mittelalter die Symbolik für Seelen gewesen seien?

»Nein«, sagte meine Mutter andächtig, »das ist mir neu.« Dann sah sie mich an und fragte: »Und du, Benny? Wusstest du das?«

Nein. Wusste ich zufällig nicht. Woher auch?

»Ja, doch«, sagte Angela und erzählte weiter, dass sie damals nicht schlecht gestaunt habe, als sie, vor sieben Jahren genau, mit ihrem Tonbandgerät also in den Garten ging und hinterher, als sie die Kassette abhören wollte, von Vogelgesang kein Mucks zu hören gewesen sei. »Sondern ...«, sagte die Paranormale und zögerte auf äußerst dramatische Weise. Sie wartete, bis unsere Aufmerksamkeit kaum noch zu steigern war und wir bereit waren, uns wie zwei ausgehungerte Hyänen auf ihre nächsten Worte zu stürzen. »...sondern ein Toter!«

Was?, dachte ich. *Die kann mir viel erzählen, wenn der Tag lang ist. Die Alte hat einen Sockenschuss.*

»Ja«, sagte Medium Angela. Da wäre eine männliche Stimme vom Band gekommen, so um die vierzig, die wiederholt ihren Namen »Angela Herrlich!« gerufen hätte und mehrfach: »Hallo, wir brauchen dich!« Tja, und nun wüssten wir, wie das alles gekommen war, ihr erstes Tête-à-tête mit den Toten. Und wie baff sie damals gewesen sei.

»Kein Wunder«, sagte meine Mutter. »Was, Benny? Stell dir das mal vor, dir passiert so etwas, wenn du gerade *Musik für junge Leute* aufnimmst und hinterher ist aber ganz was anderes drauf!«

»Die Stimme eines Toten«, fügte Medium Angela bedeutungsschwer hinzu.

Ich sagte gar nichts. Dachte mir aber meinen Teil. Nämlich: Dass mir das eigentlich ständig passierte – Bob Marley, Jimi Hendrix, Jim Morrison, Angus Young ... Alle tot, alle auf Kassette. Vorsichtshalber aber hielt ich den Gedanken zurück, so kontraproduktiv wie er war. Medium Angela wirkte nicht sonderlich humorvoll. Sie hätte uns sicher gleich rausgeschmissen. So aber sagte sie, wenn wir wollten, könnten wir ja schon mal auf dem Sofa Platz nehmen. Und da saßen wir dann, meine Mutter und ich, auf dem Sofa. In einem stinknormalen Reihenhaus, Dienstag Nachmittag, bei einer wildfremden Frau. Bei Medium Angela, die jeden Moment meinen Vater auferstehen lassen würde. Sie wollte vorher nur noch schnell einen Tee aufgießen.

Wenig später kam sie mit einer *Prinzenrolle*, einer Kanne Tee und Tassen wieder. Dann zündete sie noch eine Kerze und ein paar Räucherstäbchen an. »Für die Toten«, sagte sie. »Denn die Geister leben vom Rauch. Sie ernähren sich davon.« Ob wir das wüssten?

Nein, wussten wir nicht.

»Ist aber so«, sagte Medium Angela, ohne sich näher zu erklären. Sie meinte bloß, dass man deshalb in Tempelanlagen soviel mit Räucherstäbchen und in Kirchen mit Weihrauch arbeitete. Für uns packte sie dann die Kekse aus. Ich nahm mir einen und bereute kein Stück, dass ich mitgekommen war. Meine Mutter hatte zwar gemeint, ich müsste nicht, aber sie würde sich freuen, wenn. Also tat ich ihr den Gefallen. Und weil ich es einfach nicht verpassen wollte. Für den Fall, dass es wirklich zu einer ›geglückten Kontaktaufnahme‹ kam, wie es ganz korrekt im Anzeigentext hieß. »Auch wenn es nicht gleich auf Anhieb klappen sollte«, erinnerte Medium Angela, so viel könne sie meiner Mutter jetzt schon versichern: »Ihr Mann ist nicht aus der Welt, nur weil er scheinbar tot oder teilweise tot ist. Der Tod, wissen Sie, ist nämlich nicht das, was gemeinhin gesagt wird: Von wegen Klappe zu – Affe tot.« Der Tod sei kein Schlusspunkt, sondern lediglich eine Metamorphose, ein Übergang. »Der Wechsel in einen anderen Aggregatzustand«, sagte sie, was ich mir aber lieber nicht so genau vorstellen wollte: Mein Vater in verschiedenen Aggregatzuständen, wie er von fest zu flüssig und langsam ins Gasförmige überging.

»In diesem Universum geht jedenfalls nichts und niemand verloren, Frau ...«

»König«, sagte meine Mutter.

»Das können Sie mir glauben.«

Ich dachte darüber nach. Ich dachte: *Dafür ist es aber ganz schön groß, dunkel und unübersichtlich, das Universum.* Wenn man ehrlich war, kam man weder mit Augen noch Gedanken hinterher. Ich wusste ja noch nicht einmal, wie viele Pakete Taschentücher meine Mutter im letzten Jahr verschnieft hatte. Ich wusste nur, dass die Firma *Tempo* vom Tod meines Vaters enorm profitierte. Und nicht nur die. Auch Medium Angela hatte auf die Frage meiner Mutter, was sie denn für ihre Dienste eigentlich verlange, von »einer Spende« gesprochen und hinzugefügt: »Im Falle einer geglückten Kontaktaufnahme geben Sie einfach soviel, wie es Ihnen wert ist.«

Nachdem auch das geklärt war, setzte sich Medium Angela wie ein Pilot vor ihr altes Röhrenradio. Direkt daneben stand ein UKW-Funkgerät und ein simpler *Nordmende*-Kassettenrekorder. Das war alles. Und alles ziemlich überholt. Sie hatte weder Mischpult, Hifi-Anlage, Achtspurmaschine, Stereomikrofon oder Mehrwegboxen. Außer der Kerze verzichtete sie komplett auf Lichteffekte. Jedenfalls konnte ich nirgends ein Stroboskop, eine Lichtorgel oder wenigstens Schwarzlichtlampen ausmachen. *Was soll da schon groß passieren?*, dachte ich. Und prompt sagte Medium Angela (als läse sie gerade zum zweiten Mal meine Gedanken), sie könne uns natürlich nicht versprechen, ob es gleich auf Anhieb klappte. Ein bisschen Geduld müssten wir schon aufbringen. In der Regel gälte: Je weniger wir erwarten würden, desto besser sei das. »Druck erzeugt Gegendruck, wissen Sie? Das ist ein simples physikalisches Gesetz. Das gilt erst recht für alles Metaphysische.« Schließlich hätten wir es hier mit einer sehr sensiblen Sphäre zu tun. Und man könne nie wissen, wie die da oben gerade gelaunt sind und wer sich am Ende meldet. Ihr sei schon so mancher Lautsprecher durchgeknallt.

Okay! Ich gebe zu, ein bisschen mulmig war mir schon. Wenn die ganze Séance um Mitternacht bei Vollmond mit Hühnerblut und Totenschädeln in einer alten, efeuumrankten Villa stattgefunden hätte, wäre ich sowieso niemals mitgegangen. Aus meinen diversen Comics und Gespensterheften wusste ich nämlich, dass sämtliche Begegnungen mit den Seelen der Verstorbenen, den Untoten, nie zum Vorteil der Lebenden gerieten. *Nie!* Und am Ende der Geschichten stand immer in blutverschmierter Schrift: »Seltsam, aber so steht's geschrieben.«

Wenn ich mir allerdings die Technik genauer ansah, die Medium Angela gebrauchte, kehrten alle meine Zweifel wie auf Kommando zurück. *Also bleib locker!* Und letztlich ging es nur um meinen Vater. *Schlimmer als zu Lebzeiten*, dachte ich, *kann es eigentlich nicht kommen.*

»Haben Sie an die Kassette gedacht?«, fragte Medium Angela. Meine Mutter sah mich an. »Benny!«

»Was?«

»Die Kassette! Du hast doch hoffentlich daran gedacht.«

Klar hatte ich das. Ich hatte sogar überlegt, ob ich anlässlich des feierlichen Ereignisses eine nagelneue, unbespielte TDK spendieren sollte, entschied mich aber im letzten Moment dagegen. Allerdings war ich weniger geizig als ungläubig und daher sicher, eine nagelneue, unbespielte TDK, das sei bestimmt Verschwendung. Mein Alter war schon zu Lebzeiten nicht besonders gesprächig gewesen. Also zog ich die alte Kassette aus der linken Brusttasche meiner Jeansjacke und gab sie Medium Angela. Zurückgespult, Seite A, Anfang.

Natürlich war die Kassette bereits bespielt. Mit dem NDR-Wunschkonzert für junge Leute. Und zwangsläufig auch mit Wortfetzen von Günter Fink, dem Moderator. Denn wie um mich zu ärgern, quatschte er oft genug mitten in meine Lieblingsstücke oder ließ, noch schlimmer, das verdammte NDR-Verkehrsstudio in ein legendäres Rory-Gallagher- oder Ted-Nugent-Solo grätschen. Das war jedes Mal ein Coitus Interruptus.

»Na, dann mal los«, sagte Medium Angela. »Wie heißt denn Ihr Mann eigentlich?«

»Hans«, antwortete meine Mutter brav. »Hans König!«

»Und haben Sie auch ein Foto von ihm mitgebracht?« Das sei ganz wichtig für eine geglückte Kontaktaufnahme.

Meine Mutter nickte und klappte ihre Handtasche auf. Sie suchte nach dem gefütterten Umschlag mit den Fotos. Nach langem Hin und Her entschied sie sich für ein Bild, das meinen Vater mit rotweißer Schürze, Strohhut und Grillzange auf einem Campingplatz in Dänemark zeigte. Er war bester Laune. Man konnte sogar einen Backenzahn mit Goldfüllung sehen. Das Wertvollste an ihm, sagte er manchmal. Aus Spaß.

Meine Mutter übergab Medium Angela das Bild mit den Worten, das seien mit Abstand die schönsten Ferien gewesen. Damals, am Ringkøbing Fjord.

»Doch, das sieht man«, sagte Medium Angela, »sehr sympathisch, Ihr Mann. Ein gewinnendes Lächeln. Und wie lange ist er jetzt schon tot?«

»November 79«, sagte meine Mutter, und an dieser Stelle setzte eine Art Spasmus der Stimmbänder ein. Ich kannte das schon. Ihre Stimme wurde einfach von innen her überrollt. Wie eine Schüttellähmung, die sich ausschließlich an ihren Nasenflügeln, den Haarspitzen und den beiden Augenlidern bemerkbar machte. Während des Anfalls sprang ihre Stimme mindestens eine Oktave nach oben. Dann sagte sie vom Schluchzen zerhackt: »… aber … es kommt mir vor … wie gestern.«

»Ja, klar …, das ist ganz normal. Sowas braucht Zeit, meine Beste, ganz bestimmt. Aber Sie müssen auch loslassen können. Das ist ganz wichtig in der Geistwelt«, sagte Medium Angela und sah seltsamerweise mich dabei an, der ich die Sache längst abgehakt hatte.

Bei meiner Mutter war das anders. Seit dem Tod ihres

Mannes klaffte ein riesiges, schwarzes Loch in ihrem Leben. Eine Art Niemandsland. »Und wenn ich den Jungen«, also mich, »nicht hätte, dann wüsste ich so manches Mal auch nicht …«

»Ach, nun warten Sie doch erst mal ab«, sagte Medium Angela. »Ich bin ja auch noch da! Nun wollen wir doch erst mal sehen, was wir hier und heute für Sie tun können!« In der Regel sei zwar nachts die beste Zeit. Tagsüber sei eine Menge Betrieb im Äther, viel Funkverkehr. »Und Interferenzen.« Das war, glaube ich, das Wort, das ich nicht verstand. »Aber Probieren geht über Studieren«, sagte Angela Herrlich und ließ die Jalousien runter. Sie müsse sich nur kurz sammeln. Und es wäre schön, wenn wir ihr dabei helfen könnten. Als Unterstützung für ihre Konzentration bat sie mich und meine Mutter, ebenfalls ganz intensiv an meinen Vater zu denken. Ganz egal, was.

»Ist gut«, sagte meine Mutter und sah mich an. »Benny, du auch.«

Ich nickte. Wie immer fiel mir als Erstes sein ewiges Gebrüll ein. Der Stubenarrest. Taschengeldentzug. Die Ohrfeigen. Und Standardsätze wie: »Dass du mir spätestens um neun Uhr zu Hause bist, Freundchen. Allerspätestens. Sonst …« Nur solche Sachen. Aber dann wurde ich abgelenkt und konnte mich nicht länger konzentrieren. Medium Angela sagte nämlich plötzlich: »So!«, und drückte einen roten Knopf an ihrem Mikrofon. Dann hauchte sie: »Hallooooo, ihr Lieeeben … hhhier spricht euuuure Annnnngelaa! Ich grüüüüße euchhh …«

Die duzt die Toten, dachte ich fast reflexartig. Für meinen Vater war das sicher okay. Der duzte auch immer alle. *Du, Frau Hansen, du*. Aber was war mit Lincoln, Dietrich und denen? Noch bevor ich eine zufrieden stellende Antwort darauf fand, wurde es langsam wirklich spannend. Alles in allem. Und nach der einleitenden Geschichte mit dem Vogelgesang, der Stimme und dem Friedhof. Das saß jedenfalls. In der Abteilung Angst. So ähnlich waren auch die Gespenstergeschichten in meinen Heften gestrickt. So fing immer alles an. Und es endete, wie gesagt, nie gut für die Lebenden.

»Heute rufe ich Hans … kannst du mich hören? Bitte melde dich, Hans! Deine Frau und dein Sohn sind hier bei mir und warten auf ein Zeichen.« Medium Angela wiederholte ihrer Durchsage noch ein paar Mal. Dann erst ließ sie die Sprechtaste los. Mit oder ohne gültiges Funkzeugnis. Das Funkgerät brodelte jedenfalls. Ein Gewirr von schrillen und schrägen Tönen kam aus dem Lautsprecher. Bandsalat, bestenfalls. Aber das war auch alles. Und definitiv keine Antwort.

»Wie gesagt, es klappt nicht immer«, erinnerte Medium Angela. »Sie müssen weiterhin ganz fest an ihn denken.«

»Tue ich eigentlich ständig«, sagte meine Mutter und schloss die Augen. Um es noch düsterer zu machen und sich dann sonstwas vorzustellen: Die Verlobung, die Heirat, den Hochzeitstag, meine Geburt, die Ferien im Wohnmobil. Die Essenz einer glücklichen Ehe eben.

Was mich und meine Konzentration betraf, war sie höchstens als mangelhaft zu bezeichnen. Das Problem war, dass Medium Angela so komisch gedehnt sprach. Teils Telefonhure, teils traumatisch. Ich weiß auch nicht: Als seien alle Toten in Ermangelung ihrer Ohren ein bisschen schwerhörig. Oder so: »Haaaa-aans, wenn du mich hören kannst, bitte melde dich. Deine Frau und dein Sohn würden gern ein Zeichen von dir bekommen.«

Ich warf einen Blick auf meine Mutter. Ihre Augen waren jetzt weit aufgerissen. Sogar die Ohren kamen mir größer vor als sonst. Sie hatte die Hände im Schoß gefaltet und wartete fast flehentlich, dass mein Vater reagierte und womöglich »Hallo, ihr Süßen, ich bin's, euer Papi im All!« sagte. Was natürlich nicht geschah. Jedenfalls noch nicht. Selbst zu Lebzeiten konnte es manchmal tage-, wochen- und sogar monatelang dauern, bis er auf einen Wunsch meiner Mutter reagierte.

Falls er es doch tat, rechnete ich mit allem: Ob ich meine Schulaufgaben schon gemacht hätte. Und dass ich Mutti, nur weil er gerade tot oder teilweise tot sei, nicht soviel Kummer machen müsste. Und ob ich nicht Lust hätte, ihm eben mal die Zeitung von unten raufzuholen. Solche Sachen.

»Haaa-aaans, hörst du mich? Bitte meeeeeelde dich!«

Je länger ich darüber nachdachte, desto lieber wäre es mir gewesen, wenn Medium Angela uns auf ein anderes Mal vertröstet hätte. Wenn ich nicht dabei war. Mit meinen Zweifeln. Vielleicht war ich ja das destruktive Element? Der Störenfried. Die Interferenz.

An Medium Angela konnte es jedenfalls nicht liegen. Die Stimme allein verströmte soviel Klarheit und Wohlwollen, dass jeder sofort gern darauf geantwortet hätte. Nehme ich an. Ein bisschen erotisch war sie wohl auch. Fand meine Mutter. Von daher kam es ihr später wenig verwunderlich vor, dass sich »dein Vater, dieser Luftikus« hinterher doch noch gemeldet hatte.

Jedenfalls machte die Paranormale plötzlich, als ich mir gerade einen zweiten Keks genehmigen wollte:

»Pssst!«, als hätten wir irgendwas gesagt. Sie hob beide Arme und rief: »Daaaaaa! Ich glaube, wir haben Kontakt. Ist das seine Stimme, erkennen Sie ihn?«

Welche Stimme, dachte ich und ließ den Keks Keks sein. Es klang, als würde sich der kleine Lautsprecher übergeben wollen. Wie Klangkotze, wenn überhaupt. Medium Angela aber beugte sich dicht über das Mikrofon und hauchte: »Jaaa, Haaa-aans … bist du das? Na, komm! Versuch's noch mal, wir hören dich.« Und im selben Moment machte der Lautsprecher: »Aaaoo … iihh … lieen … miaaahh … gehh … uuuht … iiiiie … üüüüüü-sssse … oooiiccchhhh …« Das war alles. Und sehr verzerrt. Es folgten weitere Wortfetzen. Eine männliche Stimme. Das schon. Aber es war noch unverständlicher als zuvor und überhaupt nicht klar, was diese Stimme gesagt hatte, geschweige denn in welcher Sprache. Eigentlich konnte es alles Mögliche sein: ein SOS-Ruf aus Russland, ein Bananenfrachter in Ecuador, ein gelangweilter Lotse, ein Außerirdischer oder ein Wetterbericht aus Togo. Es war, wie gesagt, ein Frequenz-Furz. Solche Geräusche hatte ich ständig auf Band, wenn ich über Mikrofon und Mittelwelle nachts heimlich *Radio Luxemburg* aufnahm. Da dachte ich auch nie – und tat es auch künftig nicht –, ich hätte es mit meinem toten Vater zu tun, der ausgerechnet »Hallo ihr Lieben, mir geht es gut. Ich grüße euch!« gesagt haben soll.

»Obwohl das einigermaßen typisch für ihn ist«, meinte meine Mutter. »Diese Maulfaulheit.« Und die Tatsache, dass er sich, wie früher, wenn er mit seinen Leuten irgendwo auf Montage oder Vatertag unterwegs war, mit keiner einzigen Silbe nach uns erkundigt hatte. Das tat er diesmal auch nicht.

Trotzdem spendete meine Mutter hinterher fünfzig Mark. Mein gesamtes Taschengeld. »Das ist es mir allemal wert«, seufzte sie und bedankte sich recht herzlich bei Medium Angela. »Endlich ein Zeichen! Von unserem Vati!«, sagte sie.

Auf einer stinknormalen C60 von Agfa, dachte ich. Wo vorher mal *Daddy Cool* zu hören war. Die Warnung vor einem Geisterfahrer auf der A7, Richtung Horster Dreieck, war jedenfalls noch immer drauf.

14 große Neuentdeckungen des Allegra-
Literaturwettbewerbs 2001
Allegra

Britta Stöckle

Von Blut keine Spur

Ich warte im Dunklen. Wie immer. Nur vom Portal scheint Licht zu meinem Fenster hoch. Manchmal flackert es blau. Wenn man keine Sirene dazu hört, ist es ein schlechtes Zeichen. Dann haben die Ambulanzen Tote mitgebracht.

Ich bin auch weg gewesen. In meinem Krankenblatt steht: dreieinhalb Minuten. Sie lügen, es müssen Jahre gewesen sein.

Gleich wird das Telefon klingeln. Vor einiger Zeit hat es angefangen. Nicht einmal Anna weiß davon. Zum Glück ist meine Zimmernachbarin heute Morgen auf die Sieben gekommen. Intensivstation. Jetzt bin ich ungestört.

Die Neonröhren surren im Flur. Es ist schon spät. Die Nachtschwester – »Zwei Valium und ganz schnell Heia-Popeia!« – ist bereits da gewesen.

Ich spucke die Pillen heimlich wieder aus. Auch ohne Tabletten bin ich müde genug, und manchmal klingelt das Telefon erst später. Das Warten strengt an. Aber ich glaube, ich habe ein neues Gefühl gefunden.

Ich denke an Anna und versuche meine Löcher zu umkreisen. Annas Beruf ist es, mir dabei zu helfen. Jetzt hat sie *Urlaub*. Bevor sie weggegangen ist, hat sie mir das Gefühl für Urlaub beschrieben: »Das ist nicht einfach nur ein Hauptwort, das ist mehr: Sehnsucht nach Tequilapartys am Strand, nasser Sand auf der nackten Haut, das sind streunende Hunde am Straßenrand, Zeltschnüre, über die man nachts stolpert, Mensch, und vor allem vier Wochen keine Stt … Stttt … Stotterer.« Sie kneift die Augen zusammen und lächelt.

Anna hat sich auch ihn angeguckt, Frank, und dann den Kopf geschüttelt. »Der passt doch gar nicht zu dir. Vergiss ihn, den Spießer!«, hat sie gesagt. Eine Weile hat sie mir dann versucht zu erklären, wie sich das anfühlt. *Vergessen*. Es ist ziemlich kompliziert. »Manchmal ist man froh, wenn man etwas vergisst, manchmal ist man deswegen auch traurig.« In ihrem Ordner hat kein Bild dafür gepasst. Für die wichtigsten Sachen gibt es kein Bild. Kein Bild für *Mögen* und keins für *Nichtmögen*.

Wegen mir macht Anna Überstunden. »Unbezahlt und aus Nächstenliebe«, sagt sie, aber ihre Augen lächeln. Sie drückt mir den Stiel des Spiegels in beide Hände. Der Spiegel kippt ein wenig. Trotzdem sehe ich in einer Ecke das … das *Neue*. Ich streiche vorsichtig darüber. Es sieht aus wie der Rasen vor dem Hospital, den ich von meinem Fenster aus sehen kann.

Anna richtet den Spiegel auf. »Klar, das ist platinblonder Rasen. Steht dir irre gut.«

Die Tür geht auf und Oberschwester Engelhard steht im Zimmer. Sie sieht mich, runzelt die Stirn, entdeckt Anna. »Was denken Sie sich denn? Also diese Schweinerei hier, das wird ein Nachspiel haben.« Sie schiebt das Bett mit einem Ruck wieder an die Wand. »Ihnen ist sicher bekannt, dass unsere Patienten nur von unserem Hausfriseur geschnitten werden dürfen, Fräulein Becker? Außerdem brauchen wir zu allem die Einverständniserklärung von Frau Kreilichs Mutter.«

Sie reißt mir den Spiegel aus der Hand.

»Finden Sie nicht auch, dass ihr die kurzen Haare ausgezeichnet stehen?«, fragt Anna und hält mir hinter Schwester Engelhards Rücken fünf Finger hin. Das bedeutet noch fünf Tage bis zu ihrem Urlaub. »Irgendwie nicht so brav wie vorher, oder?«

Schwester Engelhard sieht uns beide streng an. »Diesmal lasse ich die Sache nicht auf sich beruhen«, warnt sie Anna. »Diesmal sind Sie zu weit gegangen.« Sie knallt die Türe hinter sich zu.

Anna grinst.

Anna hat für alles ausgezeichnete Wörter. Oberschwester Engelhard zum Beispiel ist eine »total frustrierte, schmallippige Trockenpflaume, die mal wieder so richtig *durchgefeudelt* werden muss.« Anna malt auf einen Block einen Mann und eine Frau. Der Mann steckt einen Stock in Oberschwester Engelhard.

Ich bin Annas Lieblings-*Wernecke-Aphasie*. Die anderen Schlaganfall-Patienten, alle über fünfzig, mit denen könne sie über nichts Wichtiges reden. Denen müsste sie erst mal wieder beibringen, wie man sich die dritten Zähne einsetzt. Anna sagt, aus mir könne noch was werden. Sie zeigt mir den Ordner mit Bildern. *Baum* erkenne ich und *Wolken* und *Himmel*, aber dann fällt mir *Rasen* erst wieder ein, als ich mir über die Haare streiche.

»Das kommt alles wieder«, sagt meine Mutter und dann, weil sie denkt, dass ich es nicht höre, leise: »Man weiß bloß nicht, wie lange es dauert.«

Mir ist etwas passiert, was eigentlich gar nicht hätte passieren dürfen. Das erklären auch die Oberärzte. Ich bin noch nicht alt genug dafür. Ich rauche nicht. Ich habe die Pille nicht genommen. An den Schlag kann ich mich auch nicht erinnern.

Dabei habe ich Glück gehabt. Frank hat mir das Leben gerettet. Er ist früher nach Hause gekommen, weil wir in die Oper wollten. Meine Mutter sagt, er hat mich im Badezimmer gefunden. Jetzt, mit den kurzen Haaren, sieht man die frische Narbe. Ich bin mit dem Hinterkopf auf die Bodenfliesen geknallt. Einfach so.

Meine Mutter sitzt an meinem Bett, und aus ihren Augen kommt Wasser. Sie will es nicht, aber wenn mir die Gabel aus der Hand rutscht und alles aufs Laken kleckert, dann laufen diese feinen, nassen Linien an ihrem Gesicht runter. Wie funktioniert das bloß?

Anna packt sie am Arm und zieht sie aus dem Zimmer. Ich höre meine Mutter durch die Tür. »Ich kann nicht anders, wenn ich sie so sehe. Mein Kind. So hilflos. Mit dieser schrecklichen KZ-Frisur. Ich weiß nicht, was ich tue, wenn sie nicht wieder wird. Wenn sie so bleibt.«

Als er das erste Mal zu Besuch kommt, mit meiner Mutter, da sehe ich ihre Fingerknöchel weiß hervortreten, so fest hat sie seine Hand gepackt. Nur daran, und an dem ängstlichen Seitenblick meiner Mutter merke ich, dass er was mit meinem alten Leben zu tun haben muss. Ein Fremder. Schnauzer, schräge Augen, dunkelgrüner Parka. Er kommt auf mich zu und will mich küssen. Ich drehe den Kopf weg.

»Ich bin's, Schatz. Frank«, sagt er.

»Keine Angst«, sagt meine Mutter. »Den Liebsten

trägt man tief drinnen im Herz.« Sie gehen dann recht bald. Aber seitdem kommt Frank regelmäßig mit, wenn meine Mutter mich besucht. Er kommt nie alleine. Es ist, als brauche er sie, zum Schutz.

Heute sind sie wieder beide gekommen. Es regnet, und Frank schließt als Erstes das Fenster. Riesentropfen platzen auf den Asphalt, und die Büsche bewegen sich im Wind, als ob sie duschen wollten. Ich muss lachen.

Frank schweigt. Sein Blick bleibt auf meinem Malblock hängen. Auf Schwester Engelhard liegt der Mann mit dem Stock. Er guckt mich an. »Deine Logopädin, diese Anna, ist ja eine begabte Malerin. Sollen das wir sein?« Ich schüttele den Kopf. Franks Geruch ist nicht schlecht. Besser als Hygieneseife, der Geruch von Ärzten. »Du riechst nach …«

Volltreffer. Alles weg.

Wo bist du, Anna? Dir sind Zeltschnüre und nasse Sandhunde am Strand wichtiger?

Ich konzentriere mich auf all die kleinen Bildchen, die ich mir merken kann. Was könnte zu Frank passen?

Baum. Büsche. Erde. Erde fasst sich schön an. Ich war mit Anna unten und hab es ausprobiert.

Meine Mutter wirft mir dauernd aufmunternde Blicke zu und klopft Frank auf die Schulter. Sein Lächeln klebt so hilflos unter seinem Schnauzer, dass es jeden Moment runter fallen wird. »Du hast dich verändert … die Haare …« Sein Blick geht über mich hinweg.

Ich streiche mir über den Kopf. »Platinrasen.« Ich versuche mich an Annas Worte zu erinnern.

»Nun ja, Geschmackssache«, sagt meine Mutter kopfschüttelnd zu Frank, murmelt irgendwas von Blumenwasser und verlässt das Zimmer.

»Du riechst nach … Erde.« Erde ist gut. Erde ist beruhigend.

Franks Augen sind plötzlich noch schräger. »Danke, ich dachte eigentlich, ich hätte frisch geduscht!« Frank steckt die Nase in seinen Parka. Der Ton seiner Stimme kommt mir bekannt vor. Mein Magen wird ganz warm. Diese Stelle fühlt sich nicht gut an. An dieses Glühen kann ich mich erinnern. Ich lege meine Hand auf die Stelle. *Erinnern* ist etwas Warmes, das im Magen wehtut.

»Hey, ich hab doch bloß Spaß gemacht, du kennst mich doch.« Frank nimmt meine Hand und zieht ein bisschen daran. Er holt Bilder aus seiner Brieftasche hervor. »Hier, die Bilder, die wollte ich dir schon lange mitbringen. Wir beide, Kleines. Beim Skifahren. Da sind Moni, Dieter und Michael im Hintergrund. Weißt du noch? Hier, letztes Jahr, dieser uralte Porsche stand drei Wochen direkt vor meiner Haustür geparkt, bis du mich unbedingt davor fotografieren musstest. Noch gar nicht so lange her, weißt du noch? Das war im März, oder nein, guck, hier blüht ja alles schon, muss im Mai gewesen sein. Kurz bevor Inez ihren Sohn gekriegt hat. Und der Porsche war tatsächlich einen Tag nach dem Foto verschwunden.«

Ich nicke vorsichtig. Vielleicht hat er Recht. Dinge verschwinden dauernd.

»Henry, Inez' Baby, an das erinnerst du dich vielleicht. Er hätte …« Frank sucht nach Worten. »Also, Inez will natürlich immer noch, *äh*, wenn es dir wieder besser geht natürlich, dass Henry dein Patenkind wird.« Traurig starrt er auf all die Fotos. »Es wird bergauf gehen! Du musst nur ganz fest daran glauben … Deine Mutter berichtet mir immer von deinen Fortschritten.«

»Meine Fortschritte?«

Er nickt. »Ja, ich dachte nämlich zuerst, das ist dir vielleicht zu viel, wenn ich auch komme, und ich wusste auch nicht, weil …«

Das Gespräch zwischen uns kühlt aus. Er schweigt. Und ich gucke mir Gesichter auf den Fotos an. Augen, Münder, Namen. Alles bleibt still.

Beim nächsten Besuch zeigt Frank mir eine Einladung. »Heike und Frank haben sich verlobt.« Mir fällt auf, dass wir die gleichen Ringe tragen. Ich nehme seine kalte, fremde Hand. Er vergräbt seinen Kopf in meiner Bettdecke. Dann nimmt er die Einladung und zerreißt sie. Sein Gesicht ist nass. Sein grüner Parka riecht nach Erde. Mein Magen glüht jetzt nicht mehr, wenn ich ihn sehe.

Er kratzt sich an der Wange. Der Schnauzer ist ab. Er sieht aus wie ein kleiner Junge. Ich erzähle ihm von meinen Fortschritten. »Ich kann mich wieder an alle Süßigkeiten erinnern. Schokolade ist braun, sie schmilzt im Mund. Ich glaube, ich mochte früher Schokolade gerne. Aber ich weiß es nicht genau.«

Genau *da* hat der Schlag bei mir getroffen, sagt der Oberarzt. Wie ein Blitz im Kopf. Genau da, wo der Teil im Gehirn liegt, der alles steuert, was mit *Fühlen* zusammenhängt. Der Teil, der macht, dass man weiß, wie sich das anfühlt, etwas zu mögen. Jemanden. Oder auch nicht. Jetzt müssen wir andere Stellen im Gehirn trainieren, die lernen sollen, diese Funktion mit zu übernehmen.

Anna sagt, wegen der Männergeschichten wünsche sie

sich auch manchmal so einen Blitzschlag im Gehirn. Dann tue es nicht so weh, wenn man von jemandem nicht mehr gemocht wird. »Wenn einer nichts mehr für den anderen fühlt. Wenn einem das Herz blutet«, sie nimmt meine Hand und legt sie auf meine linke Brust, »dann sticht es wie wild. Genau hier.«

»Wie wenn man die Kanülen wechselt?«

»Nein«, sagt sie und lächelt nicht, »Herzbluten ist viel schlimmer. Der Schmerz ist viel schlimmer. Weil dein Herz ein Leck hat. Selbst wenn es nur ein klitzekleines ist. Man will es ignorieren. Aber es lässt sich nicht ignorieren. Es wird schlimmer und schlimmer, und dann hört es nicht mehr auf. Du denkst, du verblutest. Du denkst, du stirbst.«

»Du warst ganz versessen auf Schokolade. Du hast sie dir bloß nie gegönnt, wegen deiner Figur. Du hast ziemlich viel auf deine Figur gehalten. Jedenfalls hast du andauernd darüber geredet.« Frank spielt mit den Knöpfchen seines Telefons. »Hätte ich dir welche mitbringen sollen?«

Ich zucke mit den Schultern.

Ich weiß wieder, dass es Situationen gab, früher, wo es sich mit ihm gut angefühlt hat, zum Beispiel wenn wir samstags zusammen bummeln gegangen sind, und ich habe Jacken anprobiert und Mützen aufgesetzt, in Kaufhäusern. Dann stand er hinter mir und hat sich im Spiegel breit gemacht und seinen Schnauzer an meine Wange gedrückt, und das war so ein bestimmtes Gefühl. Ein Kitzeln an der Wange und ein Gefühl, wie nach einer Tomatensuppe im Bauch.

Mir ist kalt. Wir schweigen.

»Und, ist Anna immer noch im Urlaub?«

Er schielt auf seine Uhr.

Ich streife den Ring, den, der seinem so ähnlich ist, von meinem Finger und werfe ihn aus dem offenen Fenster. Er blinkt kurz in der Abendsonne auf, dann ist er weg. Oberschwester Engelhard kommt mit einem Tablett herein und schließt das Fenster. »So, Kanüle wechseln.« Frank schaut zum Fenster hinaus. Dann geht er. Oberschwester Engelhard lacht. »Der kann wohl auch kein Blut sehen … Männer!«

Frank ist seitdem nicht mehr wiedergekommen. Anna sagt, sei doch froh. Jetzt bist du frei.

Ich höre das Quietschen der Wägen, die die Nachtwache durch die Flure zieht. Ich ziehe mir die Decke über den Kopf. Wie jede Nacht.

Ich berühre das Telefon. Es klingelt. Ich nehme den Hörer ab. Ich höre lange nichts. Das gehört dazu. Dann ein Atmen. Dann höre ich eine heisere Stimme: »Sssag mir, was du anhast.«

Ich nehme die Taschenlampe und leuchte unter die Decke. »Ein T-Shirt …« Mein Herz klopft laut.

Der Anrufer stöhnt auf. Er freut sich.

»Sag mmmmir, wie ddu riechst.« Ich mag die Stimme des Anrufers. Er stottert leicht, aber er hat Geduld. Er wartet, bis ich die Worte finde. »Ich …. ich habe geduscht, mit Seife, aber heute Morgen. Den Geruch … der vom Morgen, der vom Schlafen ist weg und …«

Er atmet schneller. Ich presse den Hörer an mein Ohr. *Jemanden mögen.* Dafür gibt es eine Stimme.

»Faß dddeine Titten an … was fühlst dddu?«

»Was ist … Titten?«

Er atmet heftiger. Manchmal stottert er so sehr, dass ich nichts mehr verstehe. Aber das ist mir egal. Ich höre einfach weiter zu, bis er seine Worte wieder gefunden hat.

»Dddeine Bbrust, ddddeine Mmmöpse, waaa… wwwass weiß ich! Faaaass sie an, mmach schon.«

Ich lege die Hand auf meine Brust. Es fühlt sich warm an. »Wie Scho … Schokolade«, sage ich, und er murmelt: »Gut! Ggggut so … hör nicht, hhhör nicht auf zu reden, hörst du … mmir kommt's gleich.« Er atmet noch schneller. Er bekommt keine Luft mehr. Er hört sich an, als würde er sich gleich verabschieden.

»Meine Hand schmilzt wie Schokolade«, sage ich, weil sie feucht wird. Meine Brust ist ganz warm. Es ist wie Urlaub. Wie wenn man über Zeltschnüre stolpert oder wie ein streunender Hund am Strand.

»Mmmm … Schhokolade ist gggeil … Nmmimm mmeinen Schwanz in den Mund, *äh*, dddu weißt schon, den Ssstock …«

»Den Stock? Deinen Stock?«

»Ja, du Nnnaschkätzchen, der ist genau richtig für dddich. Gggut … ggggggut … mach weiter, rede mit mmmir, hör nnnicht auf zu reden …«

Ich kann seine Stimme kaum noch verstehen. Er kann nicht weiteratmen. Ich höre das Klicken in der Leitung.

Dann ist es still.

Und dunkel.

Jeden Abend denke ich, vielleicht ruft er nie wieder an. Vielleicht war heute das letzte Mal, denn bevor ich ihm sagen kann, dass er mich wieder anrufen soll, legt er auf. Er ist der Einzige, der mich versteht. Der an mich denkt, wenn ich aus dem Fenster starre und die ganze Nacht den Sirenen der Ambulanzen lausche. Nie schimpft er mit mir, wenn ich langsam bin oder nach Worten suche. Wegen ihm weiß ich wieder, wie schön sich Schokolade anfühlt und dass *schmelzen* heiß und feucht ist. Und dass ich das früher mochte.

Plötzlich sticht mein Herz wie wild. Heute ist es schlimmer als die Tage zuvor. Ein Schmerz, der immer größer wird. Ich höre vor Angst auf zu atmen. Ich denke an Annas Worte. Sie hat mit mir über diese Krankheit oft geredet. Wenn es einmal anfängt, da zu stechen, weil man jemanden mag, dann wird es schlimmer und schlimmer. Herzbluten. Dann hat man keine Chance mehr. Blut sickert aus mir heraus. Das Laken ist schon durchtränkt. Ich fühle den Schmerz immer deutlicher. Ich werde sterben.

Ich schlage die Decke zurück und nehme den Handspiegel. Mein Nachthemd ist feucht.

Ich knipse das Licht an.

Doch Anna hat gelogen.

Von Blut keine Spur.

Martina Lorey

Der Nichtschläfer

Ich bin frei!
Ich habe meine Strafe abgesessen. Fünf Jahre im Gefängnis. Zwölf Jahre in der Psychiatrie. Das ist vorbei. Ich habe gesühnt. Jetzt kann ich gehen, wohin ich will. Wann ich will. Und wie lange ich will.

Ich bin geheilt.

Deshalb haben sie mir diese Wohnung gegeben. Möbliert. Sie wurde mir zugeteilt. Wohnzimmer, Schlafzimmer, Küche, Bad. Mit Fernsehen. Und Badewanne. Leider ohne Balkon. Aber billig. Wenn ich etwas Besseres finde, kann ich kündigen und umziehen. Kein Problem.

Ich bin frei!

Man hat Vertrauen zu mir. Ich habe ein Konto bei der Bank und bekomme jeden Monat Geld. Es reicht gerade zum Leben. Wenn nicht, spiele ich Mundharmonika. In der Fußgängerzone oder am Dom. Dann geben mir Passanten Geld. Davon spare ich etwas. Man kann nie wissen.

Es geht mir gut.

Ich bin keine Gefahr für die Allgemeinheit. Ich bin nicht mehr gefährlich. Das ist vorbei. Ich werde nicht mehr töten. Nie wieder! Nie wieder!

Im Kühlschrank ist Wurst, Käse, Bier und Weißwein. Aus dem Supermarkt. Der Rotwein steht nicht im Kühlschrank.

Zwei Mal in der Woche gehe ich einkaufen. Dienstag

und Donnerstag. Am Nachmittag. An den Tagen sitzt immer Petra an der Kasse. Sie ist hübsch. Kastanienbraune Haare, rote, volle Lippen. Manchmal lächelt sie mich an, und manchmal zwinkert sie mir zu. Dann werde ich rot. Sie gefällt mir. Sie duzt mich und sagt immer »junger Mann« zu mir. Es ist schön, frei zu sein.

Gegenüber wohnt ein Mann in meinem Alter. Wenn ich aus dem Küchenfenster schaue, kann ich ihn sehen. Er steht jeden Abend auf dem Balkon. Gestern, vorgestern, heute. Ich trinke eine halbe Flasche Wein und gehe schlafen. Im Traum heirate ich Petra.

Als ich aufwache, habe ich Durst. Es ist halb vier. Ich gehe in die Küche und trinke Wasser. Der Mann steht immer noch da auf dem Balkon.

Ich beobachte ihn und warte.
Fünf vor sechs.
Er geht in die Wohnung.
Löscht das Licht.
Kurz darauf tritt er vor das Haus.
Er geht zur Mülltonne und wirft etwas hinein.
Dann lässt er den Deckel zufallen.
Das Geräusch kenne ich.
Manchmal, wenn ich morgens wach liege,
höre ich es.
Punkt sechs.
Der Mann geht wieder hinein.

Am nächsten Tag beobachte ich ihn wieder. Und auch am darauf folgenden Tag. Ich achte darauf, dass er mich nicht bemerkt.

Alles wiederholt sich. Auf die Minute genau. Tag für Tag. Von sechs Uhr morgens bis sechzehn Uhr ist er nicht zu sehen. Dann verlässt er das Haus. Um siebzehn Uhr dreißig kommt er zurück. Er hat eine Plastiktüte bei sich. Um zwanzig Uhr fünfzehn betritt er den Balkon. Nach der Tagesschau. Wenn Passanten vorbeigehen, wünscht er ihnen einen guten Abend und ein langes Leben. Er bleibt da stehen bis zum Morgen. Punkt sechs fällt der Deckel der Mülltonne zu.

Ich beobachte ihn jeden Tag. Immer das Gleiche. Ich nenne ihn Nichtschläfer, weil er die ganze Nacht auf dem Balkon steht.

Seit kurzem spüre ich einen unangenehmen Druck in der Brust. Was ist mit mir los?

Es ist Dienstag. Ich gehe in den Supermarkt. Petra lächelt und zwinkert mir zu. Ich werde rot – wie immer. Außer mir sind keine Kunden an der Kasse.

Sie will wissen, wie alt ich bin. Ich sage die Wahrheit, zweiundfünfzig. Petra ist dreiundzwanzig.

Sie sagt, um neunzehn Uhr dreißig habe sie Feierabend. Dann erwarte sie mich auf dem Parkplatz hinter dem Supermarkt.

Ich bin pünktlich. Es ist schon dunkel. Wir stehen zwischen zwei ausrangierten Imbisswagen.

Petra küsst mich auf die Wange. Sie fasst mir in den Schritt. Ich bin erregt. Sie lächelt. Dann zieht sie den Reißverschluss meiner Hose auf und streichelt mich da unten.

Hinterher sagt sie: »Das kostet dreißig Mark.«

Ich bezahle.

Sie sagt: »Für fünfzig nehme ich ihn auch in den Mund. Das nächste Mal.«

Ich sage: »Gut.«

Sie gibt mir noch einen Kuss auf die Wange, dann geht sie weg.

Ein Blick auf die Uhr. Ich muss mich beeilen.

Gerade rechtzeitig erreiche ich mein Küchenfenster und sehe, wie der Mann gegenüber seinen Balkon betritt. Viertel nach acht. Beinahe hätte ich ihn verpasst – beinahe. Ich muss aufpassen. Ich darf ihn nicht verpassen – niemals.

Der Druck in meiner Brust wird stärker. Der Arzt klopft mir auf Brust und Rücken. Er hört mich ab. Ich muss tief ein- und ausatmen. Dann fordert er mich auf, in ein elektronisches Gerät zu pusten.

Er sagt, mir fehle nichts.

Aber der Druck ist da.

Eine Woche lang spiele ich täglich auf der Domplatte Mundharmonika. Vormittags. Ich spiele gut und sehe gepflegt aus. Die Touristen sind spendabel.

Dann, am Nachmittag, folge ich dem Nichtschläfer. Er bemerkt mich nicht. Er geht zum Friedhof. Da kauert er sich vor ein Grab und murmelt vor sich hin. Auf dem Grabstein steht der Name einer Frau. Sie ist schon fast vierzig Jahre tot.

Auf dem Rückweg kauft er etwas Brot, eine Dose Fisch in Tomatensoße und eine Flasche Wasser. Dann geht er zurück in seine Wohnung.

Morgens, um Punkt sechs, wirft er die leere Fischdose in die Mülltonne.

Ich folge ihm jetzt täglich.

Petra sagt, ich darf sie nicht anfassen. Ich frage: »Was kostet es, wenn ich dich anfasse?« Sie sagt: »Hundert Mark. Für hundert Mark nehme ich ihn in den Mund und du darfst meine Brüste anfassen. Sie sind groß und fest. Möchtest du das?«

Ich sage: »Ja!«, und gebe ihr noch einen Fünfziger. Sie öffnet ihre Bluse und den BH. Sie sagt: »Aber nur die Brüste. Nicht den Po und nicht zwischen die Beine.« Sie lacht.

Ich sage: »Gut.«

Ihre Brüste sind wirklich groß und fest. Vielleicht ist das die Liebe.

Ich bin frei! Seit über einem Jahr. Aber ich kriege kaum noch Schlaf.

Ich warte darauf, dass der Nichtschläfer einen Fehler macht. Einen kleinen nur. Eine winzige Verspätung würde mir schon Erleichterung verschaffen. Ich bin sicher, wenn der Mülltonnendeckel nur ein einziges Mal nicht um sechs, sondern ein oder zwei Minuten nach sechs zufiele, dann würde das den Druck in meiner Brust mildern.

Aber nein. Der Deckel fällt um sechs zu. Punkt sechs.

Das ist schwer auszuhalten.

Präzise wie eine Uhr.

Punkt vier am Nachmittag verlässt der Nichtschläfer das Haus. Punkt siebzehn Uhr dreißig ist er wieder da. Von Viertel nach acht abends bis fünf vor sechs morgens steht er auf dem Balkon und wünscht den Vorübergehenden einen guten Abend und ein langes Leben. Tag für Tag, Monat für Monat, Sommer wie Winter. Er weicht nicht ab von seinem Zeitplan. Keine Sekunde. In einem ganzen Jahr nicht ein einziges Mal. Es ist fast unerträglich.

Ich stehe hinter der Gardine mit einer Uhr in der Hand. Nichts ist größer als der Wunsch, dass sich der Nichtschläfer verspätet. Einmal nur. Die Spannung ist kaum auszuhalten. Aber ich halte das aus. Dank Petra halte ich das aus. Sie verschafft mir Erleichterung. Aber das Geld wird knapp. Petra ist teuer. Ich treffe sie zweimal in der Woche auf dem Parkplatz. Ich zahle zweimal die Woche dreihundert Mark. Dafür darf ich sie überall anfassen, überall küssen und überall eindringen. Das ist wichtig.

Meine Lippen sind wund vom Mundharmonikaspielen. Ich fühle mich schwach. Mir ist oft schwindelig. Wenn der Nichtschläfer kurz nach sechs in seiner Wohnung verschwindet, lege ich mich drei Stunden hin. Oft habe ich Alpträume. Danach gehe ich auf die Domplatte zum Musizieren.

Nachmittags hoffe ich, dass die Tür des Nachbarhauses geschlossen bleibt. Aber sie öffnet sich genau um sechzehn Uhr, und wir gehen zum Friedhof. Der Nichtschläfer und ich.

Ich bin verwirrt. An der Kasse sitzt eine Fremde. Nicht Petra. Auf den Parkplatz kommt sie auch nicht. Auch am Donnerstag ist sie nicht da.

Ich frage den Filialleiter: »Wo ist Petra?«

Er sagt: »Im Urlaub. In drei Wochen ist sie wieder da.«

Ich glaube ihm nicht. Ich rufe sie, schreie nach ihr. Der Filialleiter droht mit der Polizei. Ich entschuldige mich, gehe auf den Parkplatz und übergebe mich.

Ich habe keine andere Wahl. Ich bin verzweifelt.

Ich kündige die Wohnung. Packe meinen Koffer. Am Abend kurz nach sieben gehe ich hinüber auf die andere Straßenseite. Ich klingele beim Nichtschläfer.

Er öffnet die Tür.

Ich trete ein, ohne ein Wort.

Sehe mich um.

Hier gibt es viele Uhren.

Hier werde ich jetzt wohnen.

Der Nichtschläfer sagt: »Ich kenne Sie. Sie haben mich beobachtet.«

»Ja!«

»Sie sind mir gefolgt.«

»Ja!«

Ich frage: »Wer ist die Frau auf dem Friedhof?«

Er sagt: »Ich weiß es nicht. Aber sie war sicher hübsch.«

»Sicher.«

»Was wollen Sie von mir?«

»Ich werde Sie töten.«

Der Nichtschläfer schaut mich traurig an. »Warum?«

»Weil ich sonst nicht weiterleben kann.«

Der Nichtschläfer nickt. Dann fängt er an zu lachen. Erst leise, dann hysterisch. Ich lege meine Hände um seinen Hals und drücke zu. Der Nichtschläfer wehrt sich kaum.

Als er sein Leben aushaucht, spüre ich, wie der Druck von meiner Brust weicht. Endlich.

Ich bin frei!

Ich habe mir schon immer einen Balkon gewünscht. Es ist schön, einen Balkon zu haben. Jeden Abend trete ich hinaus und wünsche den Vorübergehenden einen schönen Abend und ein langes Leben.

Petra habe ich nicht wieder gesehen.

Ich halte einen genauen Zeitplan ein. Dann kann nichts passieren. Das Mundharmonikaspielen habe ich aufgegeben. Meine alte Wohnung ist wieder bewohnt. Manchmal, wenn ich morgens hinausgehe, die leere Fischdose wegwerfe und Punkt sechs den Mülltonnendeckel fallen lasse, habe ich so ein seltsames Gefühl. Als würde ich beobachtet.

Marcel Häußler

Der Aufguss

Ich bin Bademeister, aber für Schwimmbäder interessiere ich mich nicht. Es gehört zu meinen täglichen Aufgaben, die Wassertemperaturen zu messen, Proben zu entnehmen und allgemein in der Schwimmhalle für Reinlichkeit und Ordnung zu sorgen. Aber das ist alles bloß Routine, man kann einen Affen drauf dressieren.

Früher stand ich mit meiner Trillerpfeife in einem städtischen Hallenbad am Beckenrand. Das ist keine Aufgabe für einen Bademeister, da sollte man besser einen pensionierten Feldwebel hinstellen. Das Schlimmste sind die Kinder, man bekommt sie einfach nicht in den Griff. Manche tun alles, um rauszufliegen. Sie springen vom Beckenrand, wo es nicht erlaubt ist, nehmen verbotenes Spielzeug mit ins Wasser oder benutzen gesperrte Einrichtungen. Hat man eine Rotznase am Kragen, verstopft die nächste in der Zeit die Abflüsse in den Duschen. Es war eine schlimme Zeit. Auch weil die Verwaltung nicht einsehen wollte, dass man notfalls eben zu härteren Maßnahmen greifen muss.

Manchmal, wenn es mir nicht gut geht, höre ich immer noch das Geschrei, tausendfach verstärkt vom Hall der gekachelten Wände. Dort wo ich jetzt arbeite, ist es still. Kinder gibt es hier kaum, und wenn, dann nur in Begleitung Erwachsener. Es ist eine anständige private Sauna. Keiner von diesen Schwulenclubs, überhaupt ist Anfassen hier nicht erlaubt. Die Leute kommen her, um sich zu entspannen. Sie wollen den Alltag vergessen und ihre Sorgen ausschwitzen. Da komme ich dann ins Spiel.

Das Wichtigste an der Sauna ist der Aufguss. Der Aufguss muss immer pünktlich erfolgen, damit die Leute sich darauf einstellen können. Während des Aufgusses bleibt die Tür geschlossen, niemand geht rein oder raus. Außerdem herrscht absolute Ruhe. Das sind die Grundvoraussetzungen, und mit den meisten meiner Gäste bin ich mir in diesem Punkt einig.

Der Aufguss selbst ist eine Kunst. Die Variationen sind unendlich, wie beim Schach. Nehme ich Wasser oder Eiswürfel, welche ätherischen Öle setze ich zu, reiche ich Salz oder Honig, das alles sind Fragen, die im Vorfeld geklärt werden müssen. Dann das Wedeln mit dem Handtuch: Es gibt unzählige Techniken! Ich habe begonnen, einige in einem Buch zu beschreiben, das sicher einmal zur Ausbildung des Nachwuchses nützlich sein wird. Es erfordert jahrelanges Training, sie alle sicher zu beherrschen, außerdem braucht man eine eiserne Kondition. Kurz gesagt: Hier kommen die wahren Qualitäten zum Vorschein, hier wird der Bademeister zum Zeremonienmeister.

Störenfriede gibt es überall. Neulich musste ich eine Frau entfernen, die einfach nicht einsehen wollte, dass kein Schweiß aufs Holz gehört. Sie stellte ihre nackten Füße auf die frisch geschrubbten Holzbohlen, weil ihr Handtuch zu klein war. Zwischen ihren Zehen sah ich, wie das Holz sich schon dunkel färbte. Als ich sie darauf aufmerksam machte, lachte sie und sagte, sie könne nichts dafür, ihr Handtuch sei zu klein. Also ehrlich, ich spucke auch nicht in der Kirche auf den Boden und sage: »Tschuldigung, habe meinen Spucknapf vergessen.«

Heute sieht alles ruhig aus. Ich drehe eine Runde, um die verschiedenen Einrichtungen zu inspizieren. An einer Stelle hat der Kachelboden nicht die richtige Neigung, es bildet sich eine kleine Pfütze neben dem kalten Tauchbecken. Ich erteile der Putzfrau Anweisung einzuschreiten. Es sind größtenteils Stammgäste da. In zehn Minuten ist der Acht-Uhr-Aufguss an der Reihe.

Ich bereite zwei Eimer vor, einen mit zerstoßenem Eis und einen mit Wasser und Orange-Bratapfel-Extrakt. Dann ziehe ich mein T-Shirt aus und mache mich auf den Weg. Die finnische Sauna ist voll belegt. Hauptsächlich dicke, alte Männer, die dem Schwitzbad mit Anstand und Respekt begegnen. Ein paar Frauen werfen bewundernde Blicke auf meinen muskulösen Oberkörper. Ich ziehe die Tür zu und begrüße die Gäste. Ganz oben sitzt so ein Dünner mit Tätowierungen auf der Brust und versucht, mit einem Mädchen anzubändeln. Ich bitte um Ruhe. Das allgemeine Gemurmel hört auf, bloß der Dünne schwätzt weiter. Seelenruhig stelle ich die Eimer ab und warte, bis er merkt, dass ich keinen Handschlag mache, ehe die gebührende Stille herrscht.

Zuerst kommen ein paar Kellen Wasser auf den Ofen, zum Vorglühen sozusagen. Einigen tropft jetzt schon der Schweiß von der Nasenspitze. Ich lege noch drei Kellen zu und verteile die heiße Luft mit dem Handtuch. Der Dünne bekommt einen extra Schlag in seine Richtung, damit ihm das Grinsen vergeht. Ich gehe in die Hocke, um Kraft zu sparen. Zwei Minuten lasse ich sie in ihrem Saft schmoren, dann läute ich Phase drei der ersten Runde ein. Zehn Mal lange ich zu. Jetzt wird jeder einzeln angewedelt. Ich fasse das schneeweiße Handtuch, das im Dämmerlicht leuchtet, mit beiden Händen und lasse es mit einer kurzen Bewegung aus dem Handgelenk nach vorne schnellen. Die Leute stöhnen vor Schmerz und Lust. Bloß der Dünne sitzt kerzengerade da und schaut mich höhnisch lächelnd an.

Jetzt dürfen die Gelegenheitsbesucher die Sauna verlassen. Ich kündige einen verschärften Aufguss an. Wer drinnen bleibt, muss bis zum Ende durchhalten. Etwa ein Drittel der Leute stellt sich der Herausforderung. Auf der oberen Etage sitzt bloß noch in der einen Ecke Herr Werner, ein Stammgast, der aussieht wie ein Sumoringer, und in der anderen Ecke hockt im Schneidersitz immer noch der Dünne. Er streicht sich seine fettigen, schwarzen Haare in den Nacken. Ich glaube, er ist ein Italiener oder so, die sind ja die Hitze von Haus aus gewohnt.

Zügig schaufle ich das zerstoßene Eis auf den Ofen, so dass sich ein kleiner Hügel bildet, der einen Aggregatzustand überspringt und zischend direkt von fest in gasförmig übergeht. Mit zwei Handtüchern wende ich die Helikoptertechnik an. Eines lasse ich über meinem Kopf kreisen, das zweite rotiert in der anderen Achse vor meinem Körper. Die Leute sind jetzt erledigt, es herrscht andächtiges Schweigen. »Das war's«, sage ich. Es folgt Applaus und ein vielstimmiges Dankeschön, des Künstlers Lohn.

Ich halte die Tür auf, damit die Gäste zügig die Sauna verlassen können. Die Leute strömen mit gesenkten Häuptern an mir vorbei, aber einer fehlt. Der Italiener fängt langsam an, frech zu werden. Auf seiner Olivenhaut glänzt nicht ein Tröpfchen Schweiß. Er grinst mich an und fragt, wann der Aufguss losgeht, übrigens in einwandfreiem Deutsch. Höflich sage ich, dass ich gerne eine dritte Phase anhängen kann.

Schnell gehe ich noch zwei Eimer Wasser holen, in die ich eine scharfe Pfefferminz-Eukalyptus-Mischung schütte. Mir tränen schon die Augen, wenn ich bloß dran denke, aber Renitenz muss bestraft werden. Als ich zurück in die Sauna gehe, drängt sich der dicke Herr Werner mit durch die Tür. Er hat sich abgekühlt und will schon wieder rein. Ich mache ihn darauf aufmerksam, dass mir seine Abkühlphase etwas kurz erscheint, aber er bleibt stur und setzt sich auf die mittlere Etage. Obwohl sie es ja wissen, sage ich nochmal, dass während des gesamten Aufgusses die Tür geschlossen bleibt.

Jetzt wird richtig eingeheizt. Sollen sie doch schmoren! Ich lege Kelle um Kelle auf, bis der erste Eimer leer ist. Dann wirble ich den heißen Dampf direkt in die Fratze des dünnen Italieners. Er zuckt nicht einmal, dabei müsste sich seine Haut eigentlich wie ein Schrumpfschlauch um die Knochen spannen. In meinem Eifer passe ich nicht richtig auf, und Herr Werner bekommt auch eine ordentliche Ladung ab. Er schnappt ziemlich hektisch nach Luft. Der Italiener grinst zwar noch, aber seine Stirn wird langsam feucht.

Während ich langsam beginne, den zweiten Eimer zu leeren, ohne dabei die Olive aus den Augen zu lassen, sehe ich, dass der Dicke doch tatsächlich die Tür aufmachen will. Schnell verstelle ich ihm den Weg und sage, wenn es ihm zu warm ist, soll er sich auf den Boden legen. Unmöglich kann ich jetzt, wo ich den Dünnen in der Zange habe, die heiße Luft rauslassen. Herr Werner versucht, mich wegzuschieben. Ich gebe ihm einen Stoß, und er fällt auf den Rücken. Der Schweiß spritzt hoch bis auf die mittlere Sitzbank. Er zappelt mit den Armen und röchelt. Ich bitte ihn, still zu sein, was er dann auch tut.

Der Italiener will aufstehen, aber ich hebe nur meine Kelle, und er setzt sich wieder. Ich gieße das restliche Wasser auf den Ofen und verteile den Dampf. Zufrieden stelle ich fest, dass ihm jetzt der Schweiß in Strömen über seine Tätowierung läuft. Der Aufguss ist beendet, und der Italiener glaubt, er kann einfach so hinausspazieren. Es fällt mir nicht schwer, ihn davon zu überzeugen, dass ein kleiner Applaus nicht zu viel verlangt ist. Dann öffne ich die Tür, und er taumelt aus der Sauna. Der Dicke will anscheinend noch bleiben. Soll er doch, ich habe genug, pünktlich in einer halben Stunde gibt es den nächsten Aufguss.

Nadine Nöhmaier

Gerlichs Stolz

Die Libelle jagt über die Wasseroberfläche. Günther Kieslich nimmt das metallene Surren ihrer Flügel wahr, die den blau schimmernden Körper vorantreiben. Als die Libelle noch nicht einmal an der gegenüberliegenden Seite des Fischweihers angelangt ist, können seine Augen ihr nicht mehr folgen. Er nimmt einen Schluck Bier aus seiner Flasche und denkt daran, wie er das Gewässer angelegt hat, damals, als er noch bei Gerlich angestellt war.

Günther blickt auf die Stelle, an der die Angelschnur in den Weiher taucht. Um sie herum bilden sich auf der Wasseroberfläche kleine Kreise, die langsam wachsen, bis sie schließlich selbst Oberfläche sind und von neuen Kreisen abgelöst werden. Für einen Moment fühlt Günther sich wie früher, als er für den Weiher und den Wald, die angrenzenden Felder und die Tiere zuständig war. »Du bist der Herr der Wiesen«, hat Katharina einmal zu ihm gesagt, als er nach getaner Arbeit stolz nach Hause gekommen ist. »Der Waldmeister.« Und dann hat sie gelacht.

Damals hat sie ihn im Sommer fast jeden Sonntag besucht, als er hier war, um zu angeln. Sie hat sich neben ihn in den Kies gesetzt und die Augen geschlossen, um die Sonne, die auf ihr Gesicht schien, besser zu spüren. Günther hat sie angesehen, bis sie ihre Augen wieder öffnete. Wie schön sie damals war.

Dem Gerlich war das recht, dass Günther gefischt hat. »Wenn du mir die Hälfte von deinem Fang gibst, angle, was du willst. Aber verzähl dich dabei nicht!«, hat er gemeint und sein schiefes Lächeln aufgesetzt.

Oft war Katharina den ganzen Nachmittag bei Günther am Wasser und hat darüber geredet, wie es wäre, wenn sie sich selbst ein Haus kaufen könnten, mit einem Garten, in dem sie sich einen Teich anlegen würden. Günther hat ihr zugehört und die Brote gegessen, die sie ihm mitgebracht hat. Jetzt muss er sich sein Essen selber machen.

Dicht unter der Oberfläche erkennt Günther den Schatten eines Karpfens. Er wundert sich, dass der Fisch nicht beißt. Dieses träge Tier, er könnte es beinahe mit dem Kescher aus dem Wasser holen, so langsam wie es sich bewegt. Günther zielt mit einem Stein auf den Fisch. Er verfehlt ihn nur knapp. Der Karpfen taucht tiefer in den Weiher hinab. Günther kann ihn nicht mehr sehen.

Eigentlich weiß er selbst nicht genau, was ihn immer ans Fischwasser treibt. Vielleicht, damit ihm Gerlich, nachdem er ihm alle Sicherheiten geraubt hat, nicht auch noch die Sonntage nimmt. Und was soll er auch die ganze Zeit zu Hause tun? Katharina ist schlecht gelaunt oder verschwunden. Vielleicht würde sie sich freuen, wenn er einen Fisch mitbringt.

Günther blickt auf die Stelle, von der er den Karpfen vertrieben hat. Die Wasseroberfläche schaukelt dort hin und her. Wenn sie nicht ruhig wird, bleiben die Fische im anderen Teil des Weihers. Günther zieht seine Angel aus dem Wasser und sieht nach, ob der Köder noch sitzt. Alles bestens.

Jetzt würde Katharina nicht mehr auf die Idee kommen, ihn zu besuchen, wenn er an den Sonntagen fischt.

»Du alter Depp«, hatte sie nur gesagt, als er seine Angelsachen und ein paar Biere zusammenpackte, um zum Weiher zu fahren.

»Heute beißen die Fische bestimmt«, erklärte er ihr.

»Komm nicht so besoffen heim«, rief sie ihm nach.

Plötzlich schreckt er hoch. Geräusche sind aus dem Wald zu hören. Schritte. Niemals zuvor ist ihm um diese Zeit jemand am Weiher begegnet. Hoffentlich treibt sich Gerlichs neuer Förster nicht hier herum. Günther legt seine Angel auf den steinigen Boden und versteckt sich im Unterholz. Kurze Zeit später taucht ein Mädchen auf, es mag vielleicht zwanzig Jahre alt sein. Es steuert direkt auf den Weiher zu. Günther stockt der Atem. Als das Mädchen die Angel bemerkt, bleibt es stehen.

»Ist da jemand?«, ruft es.

Günther beobachtet, wie sich das Mädchen umsieht. Er überlegt, woher es kommen könnte. Gesehen hat er es noch nie. Aber es wird ihn bestimmt nicht an Gerlich verraten. Und wenn schon, er könnte alles leugnen.

»Keine Angst!«, ruft Günther und tritt aus dem Unterholz hervor. Die junge Frau zuckt zusammen. Er kommt näher.

»Wirklich, keine Angst. Magst ein Bier?« Günther öffnet eine Flasche mit seinem Feuerzeug und hält sie ihr hin.

Sie zögert. Dann nimmt sie die Flasche und fragt: »Was tun Sie hier?«

»Ich wollt dich nicht erschrecken«, sagt er. »Ich angle hier nur. Ich sitze gern am Wasser. Und du, machst du einen Spaziergang?«

»Es ist das erste Mal heuer, dass schönes Wetter ist«, antwortet sie.

»Hast Recht«, sagt Günther und ärgert sich darüber, dass er kein Gefühl mehr für Jahreszeiten hat, kein Gefühl mehr für die Natur und die Fische. Seit er arbeitslos ist, hat er abgebaut. »Hab ich gar nicht bemerkt.«

Sie sieht ihn erstaunt an. Die Sonne glänzt in ihrem Haar. Goldene Haare. Wie bei einem Engel. Günther muss lächeln. Als er Katharina kennen gelernt hat, muss sie ungefähr im Alter dieser jungen Frau gewesen sein, eigentlich noch ein Mädchen. Jetzt hat sie graue Haare.

»Magst was essen?« fragt er.

»Danke, nein. Haben Sie was gefangen?«

»Leider nicht«, sagt Günther und überprüft nochmals, ob der Köder sitzt. Dann wirft er die Schnur wieder ins Wasser. »Vielleicht fange ich ja jetzt was – mit dir als Glücksfee.«

Sie lächelt. Günther freut sich. Lange hat ihn kein freundliches Gesicht mehr angesehen.

»Ich angle auch manchmal hier«, sagt sie. »Der Weiher gehört meinem Vater.«

Günther lässt vor Schreck die Angel fallen. Dann ist das die Lisa! Ein hübsches Mädchen ist sie geworden. Sie war ungefähr neun, als er sie zuletzt gesehen hat. Sie scheint sich nicht zu erinnern. Kein Wunder, er sieht anders aus als damals.

»Oh«, sagt Günther. »Dann geh ich wohl besser ...«

»Da ist doch nichts dabei, Sie können doch hier angeln. Meinen Vater stört's bestimmt nicht, wenn ein paar Fische fehlen.«

»Hm«, meint Günther und denkt daran, dass Gerlich mit einem Beil auf ihn losgehen würde, wenn er wüsste, dass er seine Karpfen aus seinem Weiher zieht. Er setzt sich auf den steinigen Boden, Lisa nimmt neben ihm Platz. Schweigend trinken sie ihr Bier und sehen aufs Wasser.

Mehr als zehn Jahre ist das nun her, überlegt Günther. Er ist frühmorgens durch den Wald gegangen und auf den Hochstand geklettert, um auf die Rehe zu warten. Irgendwas war anders gewesen. Unruhe herrschte im Wald. Als würden die Tiere gehetzt. Am liebsten hätte er sie gefragt, was passiert war. Dann hörte er das Bellen. Er erkannte Gerlichs Hund sofort. Er hatte schon immer geahnt, dass er wilderte, doch Gerlich hatte es bestritten. Mit seinem Fernglas sah Günther den Hund schließlich über die Lichtung jagen. Vor ihm galoppierte ein junges Reh. Sofort kletterte Günther die Holzleiter hinunter. So schnell es ihm gelang, nahm er die Verfolgung auf. Vielleicht konnte er das Kitz noch retten. Er stolperte und zerriss sich die Hose, seine Flinte rutschte ihm von der Schulter, er zog sie wieder hinauf. Er rannte weiter. Dann war er ganz nahe dran. Ein kurzes Stück vor ihm sah er, dass sich der Hund in das Reh verbissen hatte. Überall Blut. Voller Wut nahm Günther den Köter ins Visier und schoss. Er erwischte ihn sofort. Der Hund ließ vom Reh ab, jaulte und wollte sich in die Büsche schlagen. Günther sah auf das Kitz, es bewegte sich nicht mehr. Er richtete das Gewehr nochmals auf den Hund, drückte ab, einmal, zweimal, bis das Tier nicht mehr zuckte.

Lisa vertreibt mit der Hand eine Fliege, die sich auf ihrem nackten Knie niedergelassen hat.

»Bist du oft im Wald?«, fragt Günther.

»Als Kind war ich gern hier, aber nun nur noch selten.

Nur manchmal zum Angeln. Aber mein Vater …«, sagt sie und macht eine Pause.

»Was?«, fragt Günther.

»Ach, er wollte mich nicht fort lassen, und da bin ich in den Wald.«

Günther betrachtet die blonden Haare des Mädchens. Es ist dieselbe Haarfarbe, die jeder in Gerlichs Familie hat: Selbst Gerlichs Vater hatte im Alter noch dieses Blond.

»Verstehe«, sagt er. Beide starren auf die Angel, die sich leicht im Wind bewegt, und nehmen einen tiefen Schluck aus der Bierflasche.

Günther erinnert sich daran, wie er damals zu Gerlich gesagt hat, wo sein Hund begraben war. Und warum er ihn töten musste. Jeder Jäger hätte das tun müssen. *Raus!*, hatte Gerlich nur gebrüllt und sein schiefes Gesicht war zu einer Fratze verzerrt. *Raus! Und dass du dich nie wieder blicken lässt!*

»Wieso lässt dich dein Vater nicht fortgehen?«, fragt Günther in die Stille hinein.

»Ach, er sagt, dass ich zu jung bin. Nichts darf ich. Er behauptet, er meint es gut. Er hat mich letzte Woche mit meinem Freund erwischt«, sagt Lisa. »Und den mag er nicht.« Sie sieht ihn aus großen Augen an. Gerlichs Augen. Günther weicht dem Blick aus.

Dann trinken beide wieder schweigend und schauen aufs Wasser. Günther erinnert sich daran, dass Lisa am Hof immer für gute Laune gesorgt hat. Dauernd haben er und die anderen Arbeiter mit ihr gescherzt. Sie war Gerlichs ganzer Stolz.

»Kann ich noch ein Bier haben?« Lisa sieht zu der Tasche hinüber, aus der Günther die andere Flasche geholt hat.

»Sicher«, sagt Günther und greift in die Tasche. »Lass dich nicht unterkriegen von deinem Vater.« Er hält ihr das Bier hin. »So eine wie dich hat der gar nicht verdient.«

»Kennen Sie ihn?«, fragt Lisa erstaunt. *Sie hat die selben knochigen Finger wie Gerlich*, denkt Günther, als sie die Flasche nimmt. »Nein!«, sagt er, und dann: »Ja. Ich hab mal für ihn gearbeitet.«

»Wann denn?«, fragt Lisa.

Günther denkt daran, was Gerlich ihm alles genommen hat. Damals hat er sich auf seinen Streifzügen durch diese Gegend immer vorgestellt, all das wäre sein Reich. Er war zufrieden mit seinem Leben. Katharina hat schon Recht, aus ihm ist ein alter Depp geworden.

»Wann?«, fragt Lisa nochmals.

»Vor zwanzig Jahren. Ich hab für deinen Vater auf dem Markt gearbeitet«, lügt er.

Nachdem die Kündigung im Briefkasten lag, hat sich Katharina eine Arbeit suchen müssen. Und er muss seither zu Hause bleiben, aufräumen, putzen, kochen. Nicht einmal Kinder haben sie bekommen. Gern hätte er eine Tochter wie Lisa gehabt.

»Das ist ja ein Zufall«, sagt Lisa. »Das muss ich Vater erzählen, dass ich Sie kennen gelernt hab.«

»Kannst was für dich behalten?«, fragt Günther.

»Was?«, fragt Lisa und nimmt einen Schluck aus ihrer Flasche.

»Na, dass ich hier angle.«

»Ich weiß nicht, mein Vater ...«, sagt Lisa und dreht ihm ihr Gesicht zu.

Gerlichs Gesicht – diese Fratze.

Lisa steht auf. »Ich glaub, ich muss jetzt los. Wie heißen Sie eigentlich?« Sie lächelt und reicht ihm die Hand.

Günther kennt dieses Lächeln.

Er nimmt die Hand und drückt fest zu.

Das Mädchen schreit auf.

Günther zieht mit der Linken sein Fischermesser aus der Tasche und rammt es ihm in den Hals.

Ein lauter Schrei, das Mädchen fällt zusammen, Günther sticht ein paar Mal auf es ein.

Gerlichs Blut, denkt er.

Dann schneidet er ihm die Kehle durch, wie er das bei den Fischen immer macht, und wirft seinen Kopf in den Weiher. Anschließend wäscht er sich die Hände, packt seine Sachen zusammen und radelt nach Hause. Vielleicht freut sich Katharina, dass er nicht lange fort war.

Martyna Starosta

Spielplan

Oben haben sie ohne mich angefangen. Ich sitze da, die Finger streichen über die Tasche. Warte. Sie fangen immer ohne mich an.

Im Spiegel ein weißes Gesicht. Weiß wie Tigerzähne. Ein Gesicht, an das man sich nicht mehr erinnert, sollte man ihm wieder begegnen.

Ich setze mich auf Jasmins Platz, an ihren überfüllten Tisch, greife nach einem der Lippenstifte. Das Rot passt gut zu der hellen Schürze meines Kleides. Gestern sind sie von ihrer Reise zurückgekommen. Jasmin hat gesagt, es sei sehr schön gewesen. Alle Vorstellungen ausverkauft und das Publikum begeistert. Sie wäre müde von den vielen Verbeugungen. Müde, aber glücklich, so hat sie es beschrieben.

Ich habe nicht vergessen, wie ich sie gefragt habe. Heute ist es mir unangenehm. Ich habe gefragt, wann wir denn fahren würden. Erst ist es still geworden, dann hat sie das *wir* wiederholt – »also wir«. Hat eine Pause gemacht, um an mir vorbeizuschauen. »Weißt du, Teresa, also Marc meint, wir könnten die Waffe von Anfang an in die Schublade legen. Statt nach dir zu rufen, hole ich sie einfach zum richtigen Zeitpunkt hervor.«

Ich habe nichts gesagt.

»Versteh mich bitte nicht falsch, es ist natürlich nicht

dasselbe, es wird auch nicht denselben Eindruck machen wie sonst. Aber Marc sagt, es gehe nicht anders. Wir können die Kosten nicht unnötig in die Höhe treiben.«

Noch eine Pause. Und dann, ihre Stimme hat wie die einer Mutter geklungen: »Es ist nicht üblich, dass Statisten mitreisen auf auswärtige Aufführungen.«

Ich habe genickt. Mehrmals. Und leicht mit den Schultern gezuckt, es war nicht weiter wichtig.

Auf dem schwarzen Brett, an den Spiegel gelehnt, steht die kleine Handtasche und blickt mich an. Ich schaue zurück. Dunkelrot, mit kleinen Silbersteinchen bestickt. Weder sie noch ich sind besonders schön. Aber unsere Aufgabe haben wir beide immer ausgeführt. Die ist nicht so einfach, wie es auf den ersten Blick erscheint. Jedes Mal, wenn die Lady von der Untreue ihres Geliebten erfährt, ruft sie nach uns. Ich trage die Handtasche, die Handtasche selbst trägt eine Waffe in sich. Ich überreiche der Lady die Tasche, sie holt den Revolver hervor und erschießt John. Ich gehe ab, die Handtasche bleibt auf dem Tisch liegen. So war es bisher immer gewesen.

Haben wir nicht gut gearbeitet?

Waren wir nicht da, wenn die Lady uns rief?

Waren wir nicht jedes Mal da?

Es ist nicht dasselbe, jemandem eine Waffe zu bringen, wie zum Beispiel einen Tee oder eine Vase voll Wasser. Wir wissen ja von Anfang an, weshalb man uns ruft. Wissen, dass sie die Waffe erwartet. Wissen bereits vor dem Aufwachen morgens, dass sie ihn umbringen wird, und das mit unserer Hilfe. Wir wissen all dies und kommen dennoch jedes Mal, wenn sie uns ruft. Und dann ändern sie alles. Dann sagen sie, man könne den Revolver auch gleich in die Schublade des Tisches legen. Die Waffe könne sich von Anfang an auf der Bühne befinden. Das sagen sie jetzt, nachdem wir uns soviele Abende lang schon mitschuldig gemacht haben an einem Verbrechen, mit dem wir sonst nicht in Berührung gekommen wären.

Die Haarnadeln tun mir weh. Die Haare fallen die ganze Zeit raus. Das Kleid ist eng und viel zu kurz. Im Umkleideraum ist es stickig und es gibt wenig Licht. Obwohl es kein Fenster gibt, weiß ich, dass der Tag heute genauso lang ist wie die Nacht. Ich stehe auf und werfe ein letztes Lächeln in den Spiegel hinein. Es könnte Frühling sein. Es könnte Herbst sein.

»Ana, könntest du mir bitte meine Handtasche bringen?« Das ist mein Stichwort.

Vier Stufen.

Zwei Schritte.

Jedes Mal, wenn ich die Bühne betrete, werde ich für einige Augenblicke blind vor soviel Scheinwerferlicht.

Die Bühne ist groß, die Bühne ist überall. Aber ich kenne meine Schritte genau. Die Lady sitzt immer an derselben Stelle, vorne rechts auf ihrem Stuhl. Sie liest gerade den Brief, in dem sie erfährt, dass John eine Geliebte hat. Es ist immer wieder der gleiche Brief. Immer wieder dieselbe Geliebte. Ohne von dem Papier aufzuschauen, hält sie mir die weiße Hand hin. Sie sagt »Danke«, will schon nach der Tasche greifen, da fällt sie mir runter. Ich hebe sie auf, nun hat sich doch eine Strähne gelöst. Jetzt blickt sie mich an. Meine Wangen glühen.

Ich greife nach der Hand der Lady und lege sie mit der Außenfläche an mein Gesicht, um sie die Wärme spüren zu lassen. Sie zieht sie zurück. »Ana, bitte«, sie bleibt trotz allem in ihrer Rolle. Dann fasst sie die Handtasche, zieht an ihr, ich lasse nicht los. Sie gewinnt, ich bleibe mit einem Henkel in der Hand stehen. Drehe mich um, mein Auftritt ist beendet.

Kurz vor meinem Abgang kann ich der Versuchung nicht widerstehen, mich noch ein letztes Mal umzudrehen. Sie sitzt immer noch da, die Handtasche in Schoß. Ich höre die Stimme der Souffleuse: »Ich werde ihn umbringen.« Die Lady aber sagt nichts. Von unten wird derselbe Satz wiederholt, diesmal so laut, dass man ihn bereits in den ersten Reihen hören muss.

Auf der rechten Seite tritt jetzt John auf. Nichtsahnend, so als hätte er sich nach so vielen Auftritten nicht merken können, dass er an dieser Stelle von seiner eifersüchtigen Frau erschossen wird.

Die rotsilberne Handtasche aber ist leer.

Plötzlich wird die Lady für einen kurzen Augenblick wieder zu Jasmin, schaut in die Leere. Fängt sich dann wieder, improvisiert, sagt ihm, dass sie ihn liebe. Er reagiert spontan und umarmt sie. Eine Weile stehen sie so da und flüstern einander zu. Vielleicht erzählt sie ihm von der leeren Tasche, vielleicht ist es auch eine Übung aus der Schauspielschule. Er küsst sie auf die Stirn. Sie lächelt.

Ich bin schon wieder auf den Stufen, drehe mich dann aber um und gehe zurück auf die Bühnenmitte, stelle mich neben die Lady und sage halb zu ihr, halb zum Publikum gewandt: »Er hat Sie doch betrogen, wissen Sie das nicht mehr?« Einige vereinzelte Zuschauer beginnen Beifall zu klatschen. Sie aber greift nach meinem Arm, hält mich einen Moment fest, sucht nach Worten, mich zu warnen, mich aufzuhalten.

»Teresa«, flüstert sie.

»Mein Name ist Ana«, entgegne ich ihr. Reiße mich los und gehe zu John.

»Sie will dich umbringen«, verrate ich ihm, als ich ganz nah bei ihm stehe. Wieder Applaus, diesmal noch lauter.

Ohne das Paar weiter zu beachten, bücke ich mich nach der Handtasche und dem abgerissenen Henkel. Die Silbersteinchen auf dem roten Stoff glänzen weiß im Licht der Scheinwerfer.

In der Garderobe beginne ich mir die Klammern aus dem Haar zu ziehen. Ich nehme auch eine der Spangen ab und betrachte sie eine Weile. Seltsam, dass sie da oben weiter spielen, einige Zuschauer müssen das Stück doch bereits kennen. Das wäre das erste Mal, dass ein John überlebt.

Wenn ich die Klammer öffne, macht sie ein komisches Geräusch, das eine Weile vibriert, bevor es ausklingt. Meine Lippen sind ein wenig verschmiert. Ich schminke mich erneut. Diesmal so stark, dass das Rot über die Ränder tritt. Ich denke an die Lady und den lebenden John. Die Augen tusche ich mir schwarz.

Mein Blick fällt auf die Handtasche. In dem gelben Licht der Garderobe sieht sie gewöhnlich aus. Wir betrachten uns eine Weile. Sie gehört auf die Bühne. Wir gehören auf die Bühne.

Als wir die Bühne zum dritten Mal betreten, zum dritten Mal gegen das Licht blinzeln, wird es einen Moment lang still um uns. Sie liegen auf dem Bett, sprechen miteinander, ohne dass ihre Worte Sinn ergeben. Schauen an uns vorbei, so als wollten sie Zeit gewinnen. Ich gehe auf sie zu, bleibe bei der Lady stehen.

»Ich komme, um mich zu entschuldigen.«

Sie schaut auf, unterdrückt ihre Wut, weil sie keine Worte findet, die der Situation angemessen wären. Ich werfe ihr die Handtasche in die Arme. Sie fängt sie reflexartig auf, gewinnt sofort ihre Selbstbeherrschung wieder.

»Vielen Dank, Ana, aber du siehst, wir sind beschäftigt.«

Ich setze mich auf ihren Stuhl, auf ihren Platz.

»Öffnen Sie die Tasche.« Dann: »Was sehen Sie?«

»Nichts.«

Ich schlage langsam, sehr langsam die Beine übereinander. »Nichts?«

»Den Revolver.«

Ich fordere sie auf, die Waffe rauszunehmen. »Es ist noch nicht zu spät«, meine Stimme ist leise und angenehm. John sagt nichts. Die Lady sitzt im Bett, mit dem Revolver in der weißen Hand. Ich nehme mir ein Glas, es ist noch nicht benutzt, und schenke mir von dem Rotwein ein, der auf dem Tisch steht.

»Erschießen Sie ihn doch. War es nicht das, was Sie wollten?« Es ist tatsächlich richtiger Wein. »Das wollten Sie doch.«

Die Lady steht auf. Schaut mich an. Das Nachthemd reicht ihr nur bis zu den Knien. John sieht gleichgültig aus, so als würde er das Sterben mittlerweile der Improvisation vorziehen. Aus der Dunkelheit hört man jemanden »Umbringen!« rufen. Die Stimme vervielfacht sich. Die Rufe werden lauter, fordernder. Die Lady ist unentschlossen. John beginnt zu lachen. Ein Lachen derer, die nicht mehr weiter wissen.

Sie deutet ihm mit einer zögernden Geste an, das Bett zu verlassen. »Stell dich dort hin. Da beim Schrank.« Sie stehen sich gegenüber, jeder auf der anderen Seite des Bettes. Sie zielt auf ihn, blickt dann zu mir.

Ich nicke.

Sie drückt ab.

Der Schuss dauert einen Wimpernschlag lang. Er ist nicht annähernd so laut wie sonst. Das Publikum bricht die Stille. Der Applaus wird lauter, dichter, erfüllt den Raum. Der Vorhang wird zugezogen.

Der Vorhang öffnet sich. Die Lady kniet neben John. Weint, beweint ihn. Ich nähere mich ihr, um ihr über das Haar zu streichen.

»Warum weinen Sie denn? Sie haben es doch so gewollt.«

Sie reagiert nicht. Steht dann auf, geht langsam an den Rand der Bühne, fragt in die Dunkelheit des Zuschauerraumes hinein: »Warum kommt denn niemand?«

Markus Winzer

Taiga

Amen, brummt der Vater ungeduldig, denn er hat Hunger. Vor dem Krieg haben wir noch für diejenigen gebetet, denen es schlechter ging. Seit vier Jahren ist der Krieg vorbei und wir sind froh, satt zu werden. Wir haben einen Hof, es gibt Familien, die weniger haben. Aber wir beten nicht mehr für sie. Wir beten für niemanden mehr.

Plötzlich heulen die Sirenen. Zum ersten Mal seit Kriegsende. Wer hat die Feuerwache, knurrt der Vater, den Löffel so dicht am Mund, dass seine Worte die Suppe kräuseln. Samstags bist du dran, sagt die Mutter.

Mit Wucht schiebt der Vater den Tisch von sich. Mir schwappt Suppe auf die Hose. Suppenkasper, spottet die Schwester. Ich ziehe ihr an den Haaren, bis sie das verbotene Wort sagt und eine Ohrfeige von Mutter bekommt.

Herrgott noch mal, schreit der Vater, weil er seine Stiefel nicht finden kann. Die Tante ist schuld, sie hat sie verräumt.

Bleib doch zu Hause, du, brüllt er sie an. Er kann sie mal das, was sie sich nicht getraut zu sagen, vor all den Kindern am Tisch, der Herrgott entschuldige, und das auch noch kreuzweise, schreit sie zurück.

Endlich findet der Vater die Stiefel. Als er das Motorrad aus dem Hof jagt, überfährt er einen Pulk Hühner. Eines stirbt.

Mein Bruder Karl tut, als gehe ihn das alles gar nichts an.

Wie war es in der Schule, Kleiner, fragt er, ohne von seinem Buch aufzublicken. Mein Bruder ist stolz darauf, dass ich auf das Gymnasium in der Stadt gehe. Seine Freunde denken, er ist genauso klug wie ich und geht nur auf die Dorfschule, weil er den Hof übernehmen soll.

Ich bin nicht stolz darauf, auf das Gymnasium in der Stadt zu gehen. Lieber wäre ich wie Karl, würde auf dem Hof arbeiten und einen breiten Rücken bekommen.

Nachmittags kommt Herr Hassler, Karls Lehrer, auf den Hof, um für Brot und Wein bei der Arbeit zu helfen. Karl zeigt ihm, was es zu tun gibt, und wenn Herr Hassler sagt: Junge, ich komme doch gerade erst aus der Gefangenschaft, dann hilft ihm Karl.

Auf dem Gymnasium muss man die Lehrer mit Entschuldigung Herr Lehrer ansprechen. Heute berechnete Entschuldigung Herr Moltke, unser Physiklehrer, wie viel Zeit dazu nötig wäre, mich mit einem zwei Millimeter dicken Kupferdraht zu erdrosseln. Er kam auf vier Minuten und sieben Sekunden, glaube ich. Mit Silberdraht ginge es schneller, meinte er eifrig, doch die Pausenklingel rettete mich davor, zweimal hintereinander erwürgt zu werden.

Vor dem Krieg, als Entschuldigung Herr Moltke noch beide Arme hatte, war er Schreiner. Mein Freund Willi sagt, Herr Moltke ist sadistisch veranlagt. Ich kenne dieses Wort nicht. Wahrscheinlich bedeutet es, dass jemand, dem im Krieg der Arm abgeschossen wurde, gemein ist.

Nach Entschuldigung Herr Moltke hatten wir Biologie bei Entschuldigung Herr Angler, der wandernde Eisensplitter im Kopf hat. Die Granate hat ihm auch den oberen Teil der Nase und ein Auge zerfetzt.

Heute ist er gestorben. Entschuldigung Herr Angler putzte gerade die Tafel, da fing sein Körper an zu zucken, als würde er unter Strom stehen. Guten Tag, mein Herr, was für einen schönen Hut Sie tragen, sagte er zu dem Kartenständer. Dann starb er. Sein Glasauge fiel heraus und rollte mir zwischen die Füße.

Außer dass mich Herr Moltke zweimal umbringen wollte und außer dass Herr Angler gestorben ist und mir sein Glasauge zwischen die Füße rollte, ist noch etwas passiert. Ich habe mich verliebt. Plötzlich stand Entschuldigung Herr Riem, unser Rektor, im Klassenzimmer und stellte uns eine neue Schülerin vor. Sie hieß Jelena und kam aus dem Osten. Herr Riem nutzte die Gelegenheit, um ein Referat über die Flüchtlinge aus der Ostmark zu halten. In gebückter Haltung kreuzte er vor der Klasse wie ein Flagschiff vor der Küste. 81-mal sagte er Äh, 32-mal räusperte er sich und siebenmal wollte er wissen, wo er stehen geblieben war. Bei Stalin, sagte Willi, vielen Dank, sagte Herr Riem und schilderte, wie Stalin die Ostpreußen nach Sibirien verfrachtete und warum das Mädchen neben ihm als, äh, Deutsche im Sinne des, äh, zugegebenermaßen, äh, noch sehr jungen, äh, Grundgesetzes gilt, äh. Und das, äh, obwohl ihr Großvater, äh, gerade auf Zobeljagd, äh, durch die Taiga streift, äh.

Wir waren vierzehn Jahre alt. Die Hälfte unseres Lebens hatte Krieg geherrscht. Die Vergangenheit interessierte uns nicht. Wir lebten für die Gegenwart. Willi und ich hatten eine Fünf in Geschichte.

Siehst du auch, was ich sehe, fragte Willi, und ich linste

durch das Glasauge von Herrn Angler wie durch ein Fernrohr.

Das Mädchen setzte sich neben mich. Glückspilz, murmelte Willi.

Es ist schon dunkel, als der Vater nach Hause kommt und nach nasser Asche riecht. Neben ihm steht Jelena.

Die Flüchtlingsbaracke ist abgebrannt, sagt der Vater, das Mädchen schläft bei uns.

Als ich ins Haus komme, ist Jelena schon im Bett. In meinem.

Hol' dein Zeug, brummt der Vater, du wirst eine Weile bei Karl schlafen. Aber sei leise.

Als ich mich in das Zimmer schleiche, spielt mein Herz verrückt. Um das Mädchen nicht zu wecken, habe ich eine Lampe dabei. Ich leuchte das Bett ab. Es ist unberührt.

Ich bin hier.

Ihre Stimme kommt vom Fenster.

Bleib bei mir, sagt sie, ich habe Angst.

Ich schaue über ihre Schulter in die Nacht hinaus. Am Horizont glüht der Himmel.

Es brennt immer noch, sagt sie.

Ihr Haar ist nass von dem Bad, das sie genommen hat, aber es riecht noch immer verbrannt. Halt mich, flüstert sie mir ins Ohr. Ich umarme sie. Da passiert etwas Seltsames. Zuerst verschwindet das Mädchen, dann das Zimmer und zuletzt das Haus. Plötzlich stehe ich alleine in der Weite der sibirischen Taiga. Es ist eine sternenklare Winternacht. Ich denke über die Dinge nach, die heute passiert sind, und suche nach ihrem Sinn. Doch ich finde keinen. Da sehe ich den Zobel. Sein Fell glänzt silbern im Mondschein. Ohne Spuren zu hinterlassen hüpft er über die Schneedecke. Als er den Wald erreicht, dreht er sich um und schaut zu mir her. Dann verschwindet er und der seltsame Moment geht zu Ende. Das Haus kehrt zurück, dann das Zimmer und schließlich Jelena. Ich halte sie noch eine Weile fest in den Armen, während ich aus dem Fenster sehe. Am Horizont lodert die Feuersbrunst wie ein neu erwachender Morgen.

Kerstin Vögt

Weiß wie Schnee, Rot wie Blut …

Groß und fest. Langsam streicht Barbara über die zarte Haut, fährt mit ihren Fingern behutsam über die Spitze. Und der Durchmesser? Na ja, ganz ordentlich! Sie drückt das empfindliche Fleisch zusammen. Zum Anbeißen. Ein Schauer läuft ihr über den Rücken. Barbara merkt, wie die Erregung langsam ihren Bauch hinunterwandert, ihre Haut kitzelt und zwischen ihren Schenkeln ein Feuer entfacht.

»Kind, nu leg ma' die Jagdwurst aus der Hand! Die Theke putzt sich nich' von alleen.«

Barbara kann es kaum erwarten. Nervös sieht sie auf die Uhr an der weiß gekachelten Wand zwischen Rindersalami und Blutwurst am Stück. Der Zeiger springt auf 17:35 Uhr. Noch 15 Minuten. Marlene scheint ihre Gedanken zu lesen.

»Na, ob er wohl heute kommt, dein Traumprinz?«, fragt sie spitz. Leichte Röte überzieht augenblicklich Barbaras Gesicht.

»Na klar, ist doch Donnerstag.«

Dann fährt sie fort, die Theke zu wienern, bis diese glänzt wie Chrom in der Sonne. Selbst den letzten Rest Hühnerbrust pult sie mit ihren Fingernägeln aus der Fugenritze, in der sich immer lästiger Schmant festsetzt.

Heute ist Donnerstag, da muss alles sauber sein. Thomas mag es nämlich ordentlich. Sein Sortiment an Putzmitteln ist kaum zu übertreffen. Vom grinsenden Glatzriesen-Scheuermittel bis zu den Blitz-Blitzblank-Perlkugelbällchen ist alles in seinem Putzschrank zu finden. Ihm, der jedes Reinigungsmittel bereits zwei Tage nach Markteinführung in seinem Einkaufswagen hat, sind Dreck und Schmutz ein Gräuel.

Thomas!

Ach ja ...

Bei dem Gedanken an ihn muss Barbara tief seufzen. Und deshalb seufzt Barbara auch, für ihre Kolleginnen zumeist scheinbar grundlos, oft und eigentlich ständig.

Noch 13 Minuten.

Gedankenverloren schneidet sie drei dünne Scheiben vom Hinterkochschinken. Seit genau sieben Monaten und zwölf Tagen kennt sie Thomas nun schon. Damals kam er das erste Mal in *Müllers Discount Supermarkt*. Er war stundenlang durch die Gänge geirrt, hatte im ersten Regal die Dosensuppe eingepackt, sich zu den Taschentüchern in Gang vier in der Querreihe vorne links vorgearbeitet, nur um dann wieder zum Anfangspunkt zurückzukehren, um Suppenwürfel zu entnehmen. Sein erster Einkauf mit einem Warenwert von 17,35 DM nahm insgesamt eine Stunde und 23 Minuten in Anspruch. Barbara hatte mitgestoppt. Damals war sie lediglich amüsiert gewesen und ahnte noch nichts von den tiefen Gefühlen, die kurz darauf in ihr zu lodern beginnen würden.

Es hatte mit einer Wette zwischen Marlene, Ingrid von der Käsetheke und ihr angefangen. Und sie hatte gewonnen. Barbara hatte als Einzige getippt, dass Thomas länger als eine Stunde für seine Besorgungen brauchen würde. Ihr Lohn war nicht mit Gold aufzuwiegen: Zwei Wochen lang war sie davon befreit gewesen, die Reste-Eimer mit Fett und Därmen in den großen stinkenden Container im Hinterhof auszuleeren. Ein Hochdruckgebiet hing über Bottrop, für deutsche Verhältnisse sehr penetrant und ausdauernd. In diesen Tagen entwickelte sich ein Eigenleben im Container. Barbara hatte das Gefühl gehabt, dass die Gedärme, wenn sie die Augen ein wenig zusammenkniff, über- und untereinander krochen. Vielleicht war es aber auch nur die flirrende Hitze, die einen modrigen Gestank von Zerfall und Verwesung in ihre Nase trieb und ihre Sinne vernebelte, sobald sie den Deckel geöffnet hatte. Und dann: Zwei Wochen Darmfrieden! Barbara genoss jeden einzelnen Tag ihrer gewonnenen Wette, und der edle Ritter Thomas ahnte noch nicht einmal von seiner Heldentat.

Er erschien genau eine Woche später, am Donnerstag, dem 22. Juli. Wieder Punkt 17:50 Uhr. Anerkennend bemerkte Barbara, dass Thomas langsam die Orientierung im Geschäft gewann. Ein wenig zögerlich zwar noch, aber schon weitaus sicherer als beim letzten Besuch steuerte er auf das Regal mit den Backwaren zu und griff zielstrebig nach dem Vollkorntoastbrot im zweiten Fach von unten. Dabei strich er sich ganz nebenbei eine Strähne seines hellblonden, fast schon weißen Haares aus der Stirn. Ein kurzer Blick auf seinen Einkaufszettel. Plötzlich schwenkte er den Kopf herum, und es passierte: Seine blauen Augen trafen auf Barbaras braune, bohrten sich in ihr Gedächtnis und brannten sich in ihr Herz. Die Wurstfachverkäuferin war verliebt bis über beide Ohren. Zum ersten Mal in ihrem Leben fühlte sie sich als Frau!

Noch 10 Minuten …

»Barbara, wat is’n nun mit der neuen Ladung Lammkoteletts in der Kühlhalle? Hat Gnädigste heute Urlaub, oder wat? Ab zum Kleinhacken!«

»Aber …«

»Nix, aber«, Marlene kneift die Augen zusammen, »augenblicklich bewegste jetzt deinen Hintern zum Nordpol. Sofort!« Und etwas sanfter: »Vergiss nich’ dat scharfe Messer, Kind. Mit dem inner Kühlhalle kannste höchstens Butterkuchen schneiden.«

Barbara schiebt ab Richtung Kühlhaus, die wuchtige 35-Zentimeter-Klinge in der Hand. *Verdammt!* Ausgerechnet heute hat Marlene ihren Zickigen. Das wird knapp, aber sie wird sich ranhalten. Wäre Thomas nicht so verdammt pünktlich und zuverlässig! In dieser ganzen Zeit hat er es kein einziges Mal versäumt, Barbara im Supermarkt zu besuchen. Jeden Donnerstag, immer zur gleichen Zeit. Selbst eine dicke Erkältung konnte ihn nicht von seinem geregelten Einkauf abhalten. Die Pünktlichkeit hing bestimmt mit seinem Job zusammen. Thomas arbeitete nämlich bei der Feuerwehr. Manchmal kam er in seiner schicken roten Uniform an die Theke. Das sah sehr hübsch aus.

Geschmack hat er ja sowieso, der Thomas. Vor drei Wochen erwarb er blaue Kerzen, zusammen mit schmucken silbernen Kerzenleuchtern. Barbara hatte ganz interessiert in den Einkaufswagen gelinst, als Thomas es bemerkte und charmant nachfragte, ob die Kerzen wohl zu den Haltern passen würden.

»Ich würde die roten nehmen«, hatte sie schüchtern geantwortet. »Das ist meine Lieblingsfarbe.«

Dann hatte sie schnell weggesehen, so verlegen war sie gewesen. Fassungslos verfolgte sie aus den Augenwinkeln, wie er, nachdem die Leberwurst in Empfang genommen war, seinen Wagen zu dem Regal mit den Haushaltswaren schob und die blauen gegen rote Kerzen austauschte. Ein Zeichen!

Irgendetwas liegt in der Luft, da ist sich Barbara sicher. Während sie beim Zerkleinern des Fleisches dem sanften Krachen der Kotelettknochen lauscht, schweifen ihre Gedanken ab. Vor zwei Wochen folgte dann der Kauf der Exquisit-Tischdecke im Sonderangebot für 12,95 DM und einer Flasche Rotkäppchen-Sekt mitsamt zwei Sektgläsern (eine Werbeaktion des Supermarktes, die bei den Kunden auf durchweg positive Resonanz stieß). Etwas hat sich verändert ...

Für einen Moment setzt Barbara das Messer ab. Der Knochen ist zu stark. Mit einer schnellen Bewegung ergreift sie eine kleine Axt und durchtrennt ihn mit einem geübt- kräftigen Hieb. So, weiter kann's gehen ...

Seit einiger Zeit benahm Thomas sich so anders. Er lächelte Barbara stets glücklich an, hatte immer einen frechen Spruch auf den Lippen, was ja sonst eher nicht so seine Art war. Und da machte Barbara vergangene Woche in seinem Einkaufskorb eine Entdeckung, die endlich alle Fragen aus dem Weg räumte: Eine weiße Boxershorts in roter Karooptik für satte 25,99 DM, weder herabgesetzt noch ein Aktionsartikel.

Fast hätte Barbara die Boxershorts übersehen, weil Thomas den Wäscheartikel dezent unter die Präsent-Pralinenpackung geschoben hatte. Aber ein kleiner verräterischer Zipfel lugte doch hervor. Den ganzen Freitag hatte Barbara gegrübelt, woher sie dieses Muster kannte. Dann war es ihr wieder eingefallen, und die Erkenntnis traf sie wie ein Schlag.

Ihr Lieblingsmuster!

Ihre Lieblingsfarbe!

Alle Zeichen deuteten eindeutig darauf hin: Thomas erwiderte ihre Liebe!

Die Glückseligkeit, die sie nach dieser Erleuchtung ergriffen hatte, war nicht in Worte zu fassen. Über die Monate hatte sich in ihr eine nicht zu beschreibende Liebe entwickelt, die nun endlich ans Licht treten durfte. Vorbei die Zeiten des heimlichen Träumens, des stillen Leidens und der kurzweiligen Entzückung, ihn in ihrer Nähe spüren zu dürfen.

Das knirschende Geräusch von durchtrennten Sehnen fährt durch die Kühlhalle.

Oh, wie sie sich nach ihm verzehrte. Sie wollte endlich über seine Haut streichen, die er mit Avocado-Bodylotion einzuschmieren pflegte, mit ihren Fingern durch die gegelten Haare fahren (wobei sie aufpassen musste: Thomas benutzte üblicherweise Haarlack *Extra Strong*) und schließlich seinen maskulinen Duft einatmen. Sie stellte sich vor, wie er die silbernen Kerzenleuchter mit einer großen kräftigen Bewegung von der Exquisit-Tischdecke fegen würde, sie rücklings darauf warf und mit seiner harten Männlichkeit in sie drang …

Moment!

Sie musste vorbereitet sein. An das Thema Verhütung konnte nicht früh genug gedacht werden. Thomas war in dieser Beziehung eher nachlässig. Kondome waren wohl nicht so sein Ding. Barbara behielt den Gang mit der Monatshygiene und den Präservativen fest im Blick. In der gesamten Zeit hatte Thomas weder den einen noch den anderen Artikel gekauft (Was für sie ein untrügliches und durchaus willkommenes Zeichen gewesen war: ein

Single!). Da würde wohl Barbara selbst Vorsorge treffen müssen. Gleich morgen würde sie einen Termin beim Frauenarzt machen. Oder halt! Vielleicht sollte sie nicht so voreilig sein. Schließlich war sie 23, also im gebärfähigen Alter. Wer wusste schon, welche Familienpläne bereits in Thomas Kopf gereift waren? Sie verwirft den Gedanken der Schwangerschaftsverhütung.

Barbara ist bereit.

Während ihre Finger das saftig-blutige Fleisch umschließen und einzeln in die desinfizierte weiße Plastikwanne legen, fährt vor ihren Augen erneut ein letztes Mal der Film ab, der sie schon seit Monaten begleitet und nun endlich, nach einem scheinbar nie enden wollenden Verzehren, wahr werden soll. Thomas, in seiner Feuerwehruniform, steht vor der Theke, sehnsüchtig nach Barbara Ausschau haltend. Und endlich kommt sie um die Ecke, die wehende weiße Schürze einem Hochzeitskleid gleich. Schreitet auf seine ausgestreckten Arme zu, die sie umschließen, sie umarmen und halten. Sie scheinbar nie wieder loslassen wollen.

»Barbara«, heiser erklingt seine vor Erregung gepresste Stimme an ihrem Ohr. »Oh, meine Barbara! Nie wieder will ich ohne dich sein. Niemals!«

17:52 Uhr.

Oh, verdammt! Wie konnte ihr das nur passieren?

Barbara rennt los ohne nachzudenken. Der Moment ihres Lebens – und sie wird ihn verpassen! Das darf nicht wahr sein.

Das blutige Kotelett in ihrer linken Hand tropft eine unregelmäßige Spur über die Bodenkacheln, während sie durch das wuchtige Fleischermesser in ihrer Rechten derart eingeschränkt wird, dass sie die schwere Isolationstür zum Kühlraum kaum geöffnet bekommt. Wenn Thomas nur wartet! Gleich, gleich schon ist sie bei ihm!

Sie keucht ob der ungewohnten Anstrengung, eine Schweißperle rinnt ihr die Nase herab. Noch die Stufen zu den Verkaufsräumen hochgesprintet.

Geschafft!

Thomas!

Dort steht er, bedient von Marlene. Gerade nimmt er sein Paket mit den fünf Scheiben Schinken und den obligatorischen 100 Gramm Leberwurst in Empfang. Lächelnd.

Und da plötzlich passiert es: *Sie* tritt hinter ihm hervor. Groß, brünett, schlank. Legt ihre Hand auf Thomas' Schulter, tizianrote Lippenstiftlippen drücken einen Kuss auf seine Wange. Und mit einem Blick auf das Wurstpaket: »Das gewöhnen wir dir auch noch ab, was, Schatz?«

Er lacht verlegen, geradezu entschuldigend.

Das weiße Hochzeitskleid wird zu einem befleckten Wurstkittel. Betrug. Lüge. Aus.

In Barbara beginnt es zu brodeln. Sie spürt einen Zorn, der ihr die Kehle zuzudrücken droht. Ein nie gekannter Hass, der, kochender Lava gleich, ausbricht. In einem Schrei, der alle Menschlichkeit entbehrt, oder vielmehr: enthält. Sie brüllt gellend und schrill ihre purpurne Wut quer durch *Müllers Discount Supermarkt*. Unterlaufene Augen bohren sich in die von Thomas, aus denen grenzenlose Verwirrung spricht.

Einen Augenblick lang Stille, ein kurzer Vakuum-Moment zwischen den Universen. Dann stürzt Barbara vor und rammt mit gigantischer Kraft die 35-Zentimeter-Klinge bis zum Anschlag in seine Stirn.

Christine Thiemt

Gedächtnisprotokoll

Lächerlich, seine Haltung. Er liegt auf den Fersen, die Knie leicht auseinander gespreizt. Das Echo hat den Knochen durchschlagen. Es fräst sich unter die Schädeldecke, in die Mundhöhle. Wie vorgetrieben der Bauch, das graue Jackett spannt darüber. Die natürliche Haltung von jemandem, der mit gefesselten Händen nach hinten stürzt.

Geblutet hat er auf den ersten Blick erstaunlich wenig, nur ein einziger Fleck ist an der Wand zu sehen, neben den Einschusslöchern, ein dunkles Loch neben so vielen hellen. Aber er trägt einen pelzgefütterten Mantel, das Fell hat viel von seinem Blut aufgesaugt, wie dicke schwarze Erde.

Elena muss es schlecht geworden sein, oder sie ist in Ohnmacht gefallen, als sie die Kommandos gehört hat. Sie verliert das Gleichgewicht, ihr Kopf schlägt auf, die Haut platzt. Es fließt klebrig langsam aus der Wunde, zwischen die fahlen Zementplatten, klebrig und kalt, es ist Dezember, eine Kugel zerreißt ihr wohl die Halsschlagader, ihre Wangen und ihr Haar liegen in einer trägen roten Pfütze.

In die Fugen läuft Blut. Wasser sickert durch die Mauerritzen, auch das Dach ist undicht, außen droht in pockennarbigen Buchstaben *Zona Intercisa* von dem Gebäude, wo sie Virgiliu hinbringen. Der erste Fausthieb gegen seine Schläfe betäubt ihn, die Schläge danach spürt er fast nicht mehr. Wasser schwappt über seine Füße.

Es ist kalt im Dezember in Bukarest, es glitzert in Dans Haaren, eisige Fäden, Draht. Nachts wird Fleisch verkauft, noch gefroren zu Blöcken zersägt. Die Angst steht in Blöcken auf den Boulevards, fassbar und klar, Eis aus Luft, die Angst füllt die Straßen aus. Bewegen mögen sich die Menschen darin, trotzdem sind sie fest umschlossen von der Angst, so wie das gefrorene Wasser die dürren Fetzen Hühnerhaut und die Hühnerkrallen umschließt, nach denen man ansteht in der Nacht. Mehr gibt es in den Geschäften nicht, und selbst dafür muss man früh genug kommen. Es ist selbstverständlich, nachts Schlange zu stehen, es ist selbstverständlich, kalte Krallen in den Händen zu spüren. Es ist selbstverständlich, Angst zu spüren. Man schluckt Angst bei jedem Atemzug, Eis aus Luft.

Erstaunlicherweise kann man sogar in diesen Eisblöcken leben, sogar dann, wenn man Angst schluckt, Angst atmet. Man kann sich an den Sternen freuen, heiraten, geboren werden, ans Meer fahren. Man kann Bücher schreiben.

Das Leben zischt in kurzen Blitzen in den Raum hinter den Augen, Gedankenfetzen. Als flösse Strom durch lose Kabelenden. Der große junge Dichter Mircea Dinescu hat von Zügen geschrieben, an die er sich anlehnt. Die Welt zerfließt sofort, verdunstet, sobald sie derjenige vergisst, in dessen Schädel sie entstanden ist, wenn er abgelenkt wird, weil ihn jemand anspricht oder weil das Telefon klingelt. Oder wenn er verschwindet auf dem Weg zum Nachbarhaus und selbst die Familie oder der beste

Freund trotz allen Nachfragens nicht erfahren, wo er ist. Aber es gibt diejenigen, die Stift und Papier dabeihaben. Sie können die Gefahr bannen, dass die Welt mit einem Mal nicht mehr existiert.

Die Präsidentin der rumänischen Akademie, die in ganz Europa Ehrendoktorate gesammelt hat für ihre bahnbrechenden Forschungen und Erkenntnisse auf dem Gebiet der Chemie, ist nicht in der Lage, eine Analysetabelle zu lesen oder den Artikel über ein Experiment. Sie blättert in Hochglanzzeitschriften, zerreißt die Bilder von Frauen, die schöner sind als sie, starrt mit verkniffenen Lippen auf die Welt, die zu begreifen sie nicht imstande ist.

Jeder weiß, dass er lebt, wenn er Stift und Papier in der Nähe hat, oder wenn man um die Ecke in die wunderschöne alte Klosterkirche gehen kann, die Kirche aus dem gestreiften Stein, deren Mosaike in Doinas staunenden Augen leuchten, stolze, in fließende Gewänder gekleidete Gestalten vor goldenem Hintergrund, Bilder wie Erinnerungen, Fontänen goldfarbener stäubender Splitter, wie aus einem Kaleidoskop. Doina ist sieben Jahre alt, als sie die Königin in der Bukarester Klosterkirche zum ersten Mal sieht, eine Königin in weißer Toga, wie die vornehmen Römerinnen, Doinas Vorfahrinnen ganz bestimmt. Sie trägt eine Perlenkrone auf dem Kopf und einen Palmzweig in der Hand, und ob es nun die Himmelskönigin Maria sein soll oder die dakische Fürstin Stanca auf dem Hauptplatz von Fagaras – Doinas Mutter stammt von dort –, eines Tages, weiß das kleine Mädchen, wird es selbst so aussehen. Es hat das gleiche Kinn und ähnlich weit auseinander stehende Augen, und Doina trippelt an der Hand ihres Großvaters aus der Kirche und trägt das Bild mit sich.

Auch damals war es Winter gewesen. Im Frühling, nach dem Erdbeben, lässt sich Elena fünfmal um eine der alten Kirchen herumfahren, um das Ausmaß des Schadens abzuschätzen. Ein paar Risse in den Mauern kann man erkennen, zwei oder drei Dachziegel fehlen, nichts, was nicht reparabel gewesen wäre. Sie ordnet an, das Gebäude abzureißen. Doinas Kirche entgeht diesem Schicksal. Als die Bulldozer auch dort anrücken sollen, ist der Protest lauter als erwartet. Man schiebt die Kirche in eine andere Straße, mitten unter eine Ansammlung Plattenbauten, die der Diktator und die Akademiepräsidentin dort haben hinstellen lassen in ihrem Wahn, das Gedächtnis ihres Volkes auszulöschen, indem das alte Bukarest ausgelöscht werden soll auf ihren Befehl.

Es war bestimmt auch Dinescu, der über die weißen Worte geschrieben hat, die aus den Mauern heraustreten, es klingt ganz nach ihm. Eis, das taut, ist nicht mehr durchsichtig wie Glas, es wird milchig und weiß.

Virgiliu hat sich auf den Weg zur Kundgebung gemacht. Er bemerkt das fleckige, in den Haken hin und her knarrende Schild, bleibt unschlüssig stehen, fährt sich mit der Hand durch die struppige Mähne. Schließlich betritt er den Laden, vielleicht nur, um dem Wind eine Zeit lang zu entkommen, der ihn erschauern lässt, gerade weil er nicht in festen Stößen unter seinen Parka fährt, sondern sich anschleicht, innehält, raschelt wie auf der Lauer. Er muss ein paar Stufen abwärts gehen, die Glasscheibe in der Tür ist trüb, das Licht flackert. In dem einen Friseurstuhl sitzt bereits ein Kunde, die kalten Drahtfäden in seinen Haaren sind dabei zu tauen, es ist hier immerhin um eine Kleinigkeit wärmer als draußen. Die Friseuse dreht ihr Kinn in Richtung des besetzten Stuhls und bedeutet Virgiliu, Platz zu nehmen und zu warten. Virgiliu sieht, wie ihn seine Augen aus dem altmodischen Mahagonispiegel anstarren. Auch die beiden abgenutzten Schubladenschränke zu beiden Seiten des Waschtischs sind aus Mahagoni.

Doina holt ein gelbliches Handtuch aus der mittleren Schublade und legt es Dan um, dessen tauender Kopf fast augenblicklich die charakteristischen Züge verliert. Auf Doinas gemurmelte Frage antwortet Dan etwas, das wie »Ach, egal« klingt. Doina blickt kurz und konzentriert auf Kopf und Spiegel, den Nagel am kleinen Finger ihrer linken Hand hat sie sich lang wachsen lassen, damit zieht sie ihre Gefechtslinien durch die fahlblonden Strähnen, teilt den Kopf in Planquadrate ein. Mit der Maschine ginge es viel schneller, aber Doina benutzt nur Kamm und Schere und ihren kleinen Finger, vielleicht wegen der unzuverlässigen Stromversorgung, oder sie will Dan Zeit lassen, sich an seinen nackten Hals und die schutzlosen Ohren zu gewöhnen. Er wird in Zukunft den Luftzug von Türen deutlicher spüren, Geräusche hinter ihm werden lauter sein. Sie schneidet Dans Haar ganz kurz, zu einem blonden Fell, auf das Handtuch und Dans Handgelenke fällt Stroh oder Korn, wie von einem Kornfeld, in dem niemand mehr Abhörmikrofone befürchten muss. Der Kopf wird rund, taucht aus den Falten des Handtuchs auf wie der Kopf eines Schwimmers im Meer, der nach oben stößt nach dem ersten langen Armzug unter Wasser. Dan bezahlt mit Papiergeld, Doina steckt es beiläufig in die Tasche, der Schein hängt zur Hälfte heraus, sie zählt Dan das

Wechselgeld in die Hand. Das Fell zieht die Blicke nach oben in Dans Gesicht, und Virgiliu sagt ebenfalls leise: »Ach, egal.«

Doina sieht auf ihren Kittel und in seine Spiegelaugen, dann zieht sie sekundenschnell zwei scharfe Striche über Virgilius Stirn nach hinten, ob mit dem Kamm oder mit dem Fingernagel, bekommt Virgiliu nicht mit, er starrt auf seine Hände und wartet, dass die geschwärzten, gequälten Kornfelder seiner Heimat auf die Armlehnen fallen. Virgiliu ist dunkelhaarig. Aber auf seine Arme rieseln nur kurze Haarenden, Kohlenstaub.

Es geht das Gerücht, ein paar besonders Eilfertige – oder vielleicht hatten sie auch nur Angst – hätten die ergrauten Bäume mit grünem Lack bespritzt, als sich der Conducator zum Arbeitsbesuch ansagte.

Einmal bleibt der Strom tatsächlich kurz weg, aber Doina lässt sich davon nicht beirren und bringt eine Lampe mit Gaskartusche. Dann legt sie ihre Schere beiseite und bittet Virgiliu, den Kopf zu schütteln, und gemeinsam betrachten sie im Spiegel das Porträt Eminescus, des Schriftstellers, wie es auf der Leinote aus Doinas Kitteltasche ragt.

An und für sich wäre schon vorher alles da gewesen, die zwölf Grad zum Beispiel, auf die eine Privatwohnung mitten im Winter geheizt werden darf, das Gefühl, dass es im nächsten Jahr Sinn haben soll, wenn in den kleinen Rondellen auf den Boulevards die Rosen blühen. Niemand weiß hinterher mehr so genau, warum es ausgerechnet an diesem Abend möglich ist, auf den Universitätsplatz zu gehen, angelockt von der vorsichtigen Wärme dort, die Faust zu ballen und »Nieder mit dem Schuster!« zu schreien. Dann passiert Unglaubliches. Eine Kugel fährt knapp an Virgilius Ohr vorbei. Vielleicht fühlen noch andere außer ihm ein Klirren wie von berstendem Glas, die Kugel hat die Angst getroffen, was wohl der Grund ist, dass Virgiliu selbst – als er nicht weit weg zwei oder drei junge Männer niederfallen sieht – die Arme bewegen kann, die Beine bewegen kann. Das Fernsehbild faltet sich zu einer Ziehharmonika.

Panzer fahren auf. Viele der Menschen auf dem Platz hasten die bröckelnden Stufen hinunter in die Metrostationen, irgendwann wird eine Bahn vorbeikommen, sie werden fliehen zwischen den müden Arbeitern, die nach Hause fahren, aber die Bahnen werden leer sein, höhnisch wird das Licht aus den Abteilen auf die Bahnsteige fallen wie aus den Schreibtischlampen in den Polizeiwachtzimmern. Niemand fährt mit der U-Bahn, wenn in der Stadt die Hölle los ist. Wer nicht im Tumult steckt, kauert in seiner Wohnung zwischen Schrank und Zimmerecke und lauscht klopfenden Herzens der Stimme aus dem Radio.

Virgiliu würde sich nicht in der U-Bahn verstecken, er läuft los, hilft einem stolpernden Mädchen hoch, er gelangt bis auf die Piata Romana, dort beginnen sie mit den Verhaftungen.

Zona Intercisa. Sie zerren den benommenen Virgiliu mit sich. Er kann nichts mehr sehen, sie brüllen ihm ins Ohr, wie er zu laufen hat, links, rechts, drei Stufen, bücken, geradeaus, rechts, er tritt in Wasserlachen. In den Kellerraum haben sie vor ihm schon vierzig, fünfzig Leute gebracht, die meisten sind in schlimmerem Zustand als er. An manchen Stellen steht das Wasser knöcheltief, sie lassen hier die Gefangenen oft stundenlang stehen, tagelang, man kann sich ausrechnen, was sich sonst noch in dem Wasser befindet. Vor dem Gitterfenster hängen armdicke Ketten, hufeisenförmig, mit Leichtigkeit kann man damit den Häftlingen die Handgelenke zertrümmern. Virgiliu ist einer der wenigen, die sie nicht gefesselt haben. Er hört den Wachhund jaulen, das Winseln klingt gepresst, unterwürfig, aber es muss ein großer Hund sein, der ein kraftvolles Bellen durchaus zustande bringen könnte. Dem alten Mann neben ihm rinnt Blut in den Hemdkragen. Virgiliu sucht nach seinem Taschentuch. Anfeuchten kann er es nicht, nicht in dem nach Fäkalien stinkenden Wasser, er wischt dem Alten mit dem trockenen Tuch über das Gesicht. Das Auge hängt heraus.

Der Versuch, dem Land seine Geschichte zu nehmen, seine Erinnerung. Das Leben, das aus Worten besteht, dem Gedächtnis der Augen. Das zerstörte Auge, das die Schönheit des Landes gesehen haben muss. Bauern, die sich Heu auf lange Tragstangen laden, heimwärts streben, gefolgt von ihren Pferdewagen im Sonnenlicht, das nach reifen Pflaumen duftet, das Vieh, das auf den Hügeln der Moldau grast, das kleine Mädchen, das kichernd eine siebenbürgische Altstadtstraße hinunterläuft, oder das Meer.

Virgiliu wagt nicht zu fragen. Stattdessen nennt er dem alten Mann seinen Namen und fügt hinzu, ich sehe ein bisschen wie Eminescu aus. Der Alte lächelt. Virgiliu hofft, er könne noch sehen.

Als das unterbrochene Fernsehprogramm wiederkommt und Mircea Dinescu zu seinen Landsleuten von der Flucht des Diktators und von der Freiheit spricht, ist bestimmt einigen so zumute, als seien sie gerade in einem seiner schwerer verständlichen Gedichte aufgewacht. Der General Stanculescu nimmt sich den Gips von seinem völlig unverletzten Bein. Ein paar Tage zuvor hat er in Temesvár noch auf die Aufständischen schießen lassen – wofür man ihn zehn Jahre danach zu fünfzehn Jahren Haft verurteilen wird –, dann ist er mit dem Bein in Gips nach Bukarest zurückgekehrt und hat den Diktator und seine Frau zur Flucht im Hubschrauber überredet. In Tîrgovişte werden die Ceauşescus verhaftet. Am Weihnachtstag folgt ihnen der General, ebenfalls im Hubschrauber, in Begleitung von Fallschirmjägern.

Das Videoband läuft. Nicht alle Mitglieder des Tribunals tragen Uniform, einer zupft während der Befragung nervös an seiner Anzugweste und an der Armbinde in den Landesfarben. Der Hauptmann an der Tür weiß über die beiden Leichentücher Bescheid, die im Hubschrauber mitgekommen sind.

Sie protestieren schrill, als befohlen wird, sie einzeln abzuführen, sie verlangen, gemeinsam zu sterben. Soldaten fesseln beiden die Hände auf dem Rücken und bringen sie ins Freie, stellen sie nebeneinander vor einen Gebäudeflügel der Kaserne, die Wand ist sorgfältig ausgewählt, von den Nachbargebäuden aus nicht einsehbar.

Schnellfeuer einstellen. Laden.

Merkwürdig – oder womöglich eine subtile Rache – ist, dass die frommen Eltern Ceauşescus, der Kirchen hasste, in einem Wandgemälde in der Kirche von Scornicesti dargestellt sind. Mitten unter den heiligen Bauern und stolz darauf. Der stattliche weißhaarige Mann trägt einen gerade eben nicht städtischen Mantel und die graue Astrachankappe, neben ihm geht die Frau im weißen Umschlagtuch über Land, ihre gefalteten Hände über der dicken schwarzen Erde.

Entsichern.

Die Bilder werden immer lauter.

Feuer.

Das Echo durchschlägt den Knochen, das Echo der Stimmen, der Gedanken, der Erinnerungen tausender Erniedrigter, unter die Schädeldecke fräsen sich die niederstürzenden Trümmer der alten Stadtviertel, das durch die Mauerritzen schießende Meerwasser, die halbwahnsinnige Sehnsucht, mit der Eminescu einst die Sterne besang.

Die erste Salve ist ihm in die Beine gefahren, erst die zweite in den Bauch und in den Brustkorb. Das erklärt seine Haltung. Er ist nach hinten gestürzt, mit den Knien nach vorn. Elena ist bereits am Boden gelegen, bevor sie getroffen wurde, ein Projektil hat ihr die Halsschlagader aufgerissen, deshalb das viele Blut, das langsam in den Fugen versickert.

Der Prozess ist gefilmt worden, die Hinrichtung nicht. Ja. Der Kameramann hatte keine Batterien in seinem Gerät. Selbst jemand wie Stanculescu kann nicht an alles denken, Batterien sind ohnehin Mangelware. Bis der Kameramann eine Steckdose gefunden hatte, war es vorbei.

Vielleicht haben deswegen manche behauptet, Ceauşescu wäre gar nicht tot? Weil es keine Bilder gibt?

Man kann Menschen erschießen. Aber nicht das Gedächtnis an sie. Was sie waren. Und was sie getan haben. Der Prozess wird noch lange dauern, sagt der Hauptmann. Ein ganzes Leben.

Daniel Klaus

Wollen wir tanzen?

Es gibt grüne und blaue. Es gibt sie auch in Gelb und Rot, auf manchen sind sogar kleine Bilder drauf: Ein Stern, eine Sonne oder ein Gesicht, das einen anlacht. Es gibt sie in den verschiedensten Farben.

Verena weiß nicht, ob die Farben etwas zu bedeuten haben. Es sind eben Farben, denkt sie, und Farben sind bunt, das ist alles. Und dann nimmt sie noch eine. Eine gelbe. Oder war es eine grüne? Sie hat es vergessen. Es ist auch egal.

Sie will es nicht glauben. »Ich will, dass ich mir das einbilde«, sagt sie. Sie sagt das vor sich hin, ohne die Lippen zu bewegen.

Verena tanzt. Sie denkt: Ich tanze, ich bewege meine Füße. Innen drin zittert was. Vielleicht die Musik. Vielleicht ist es auch das Licht. Es zuckt, es windet sich.

Sie schließt die Augen. Sie sieht: sich. Sie sieht sich zu, wie sie tanzt. Für einen Moment vergisst sie alles. Wie schön das ist, denkt sie. Dann kommt die Erinnerung wieder. Die Erinnerung, dass sie ein Leben hat. Vielleicht sogar zwei.

Sie lässt ihr Herz klopfen. Sie lässt ihr Herz im Takt zur Musik klopfen. Das kann nur sie. Das kann sonst niemand. Die Musik ist so laut wie eine Betäubung. Außer ihr hört man nichts. Die Menge um sie herum ist so still wie ein Ozean. Das Rauschen ist ohrenbetäubend. Nirgendwo auf der Welt ist es so still wie hier. Soviel Menschen, denkt Verena, und keiner sagt was.

Neben ihr tanzt Natascha. Natascha und Tillmann. Tillmann hat die Augen ganz weit offen, seit Stunden schon. Er sieht aus, als ob er keine Liddeckel mehr hat, soweit sind seine Augen aufgerissen. Verena weiß nicht, was Natascha an Tillmann findet. Sie kann Natascha nicht verstehen. Natascha könnte doch jeden haben. Verena schaut sie an. Sie betrachtet sich – so wie sie sich gern sehen würde.

Verena wirft ihren Kopf nach hinten, und ihr Haar fließt in den Nacken wie ein Videoclip. In kurzen, schnellen Bewegungen fließt ihr Haar den Rücken hinunter. Sie findet sich hübsch, aber sie ist nicht Natascha. Meine Brüste, denkt sie, das sind nicht meine Brüste, das sind Nataschas Brüste, und der Bauchnabel, das ist auch ein anderer. Und dann denkt sie an den Bauch. Ihr ist übel. Und ihr Mund ist trocken.

Verena zeigt zur Bar und deutet an, wie sie ein Glas an die Lippen hebt. Natascha nickt. Sie sagt: »Ich komme gleich, einen Moment, noch dieses Lied, dann komme ich.« Sie sagt das mit den Augen. Verena könnte es von ihren Augen ablesen. Aber Verena ist schon vorgegangen. Sie hat Durst.

Der Barkeeper lehnt sich über den Tresen. Es ist laut. Auch hier. Man kann mit den Armen gestikulieren, mit den Blicken. Und wenn man ganz nah rangeht, ans Ohr, wenn man die Hand wie einen Trichter über das Ohr hält und dann schreit, wenn man dann einen Satz im Telegrammstil schreit, dann kann es sein, dass man verstanden wird.

Der Barkeeper hält ihr sein Ohr hin. Verena überlegt, ob sie ihn küssen soll. Sie hat vergessen, ihn anzuschauen. Sie weiß nicht, wie er aussieht. Sie sieht nur sein Ohr. Er hat einen Ring im Ohr. Ein kleiner Goldring. Sie küsst ihn nicht. Sie sagt: »Wasser.« Verena hält ihre Hände wie einen Trichter an sein Ohr und sagt: »Wasser.« Sie sagt es so laut sie kann, sie will nicht schreien. Das Ohr bewegt sich, eine Hand fasst sie an der Schulter, und sie hört seine Stimme, jetzt an ihrem Ohr, er sagt: »Land«, und lacht. Sie denkt: Ja. Beides. Wasser, um nicht zu verdursten, und Land, um nicht zu ertrinken. Aber sie sagt es nicht. Es ist zu laut.

Der Barkeeper geht weg. Verena hat wieder vergessen, sein Gesicht zu betrachten. Sie wartet. Das Atmen fällt ihr schwer. Jeder Luftzug ist bereits so viele Male ein- und ausgeatmet, dass sie kaum Sauerstoff bekommt. Wasser, denkt sie, ich muss trinken, sonst verdurste ich. Es ist so trocken in mir.

An ihren Vater will sie gar nicht denken.

Verena hat ein komisches Gefühl im Magen. Alles fühlt sich so komisch an, denkt sie, wenn man Angst hat. Sie will schreien, tut es aber nicht. Nicht hier.

Sie geht auf die Toilette. Sie muss warten, weil alle Kabinen besetzt sind. Es dauert. Sie verlagert das Gewicht von dem linken auf den rechten Fuß und umgekehrt. Dann wird eine Kabine frei. Sie geht hinein, schließt die Tür von innen. Sie öffnet ihre Hose. Sie zieht ihre Hose nach unten und greift sich zwischen die Beine. Sie greift sich mit der Hand, der Hand mit den Fingern dran, zwischen die Beine. Dann holt sie ihre Hand wieder hervor, betrachtet sie. Sie denkt: Blut. Und sieht: nichts. Immer noch nichts.

Ihr ist schlecht. Die ganze Zeit schon. Sie will nicht, dass ihr schlecht ist. Und dann kotzt sie.

Verena kotzt neben das Klo. Sie will nicht kotzen. Aber sie muss. Aus Rache kotzt sie neben das Klo. Deshalb.

Natascha trinkt. Verena sieht Natascha an der Bar stehen und trinken. Sie sieht ihre Schluckbewegungen. Sie denkt: ihr Kehlkopf. Man müsste die Lippen auf ihren Kehlkopf legen, um sie zu verstehen. Dann könnte man in sie hineinhören. Dann könnte man alles verstehen, was sie sagt.

Natascha winkt Verena zu, und Verena zeigt auf den Ausgang. Sie zeigt auf den Ausgang und geht raus. Natascha folgt ihr. Verena setzt sich auf den Boden. Sie lehnt sich an die Wand. Sie atmet. Sie atmet durch die Nase ein und durch den Mund aus. Luft.

»Was ist?«, sagt Natascha.

»Ich hab gekotzt«, sagt Verena, »ich hab neben das Klo gekotzt.«

»Und?«, fragt Natascha weiter.

»Nichts und«, sagt Verena.

Natascha trinkt einen Schluck. Sie hat ihr Glas mit rausgenommen. Sie trinkt einen Schluck und nimmt eine mit Stern drauf. Natascha nimmt nur die. Sonst keine. Sie nimmt sie, weil dieser Stern drauf ist, alles andere ist ihr egal. Ihr ist nur dieser Stern wichtig. Sie sagt: »Siehst du?« Nataschas Gesicht glitzert. Nataschas Gesicht glitzert vom Tanzen.

»Du strahlst«, sagt Verena. Sie atmet immer noch.

»Das ist der Stern«, sagt Natascha, »mein Stern. Er leuchtet für mich.« Sie lacht. Sie sieht glücklich aus.

Verena sagt: »Umarmst du mich?«

Natascha tut es.

»Ich hab nur dich«, sagt Verena.

»Und Nils«, sagt Natascha.

Verena sagt nichts.

Natascha sagt noch mal: »Und Nils?« Diesmal ist es eine Frage. Verena bleibt stumm. Sie hält sich an Natascha fest, ohne etwas zu sagen. Sie will sprechen. Aber ihr Mund ist leer. Die Worte, die sie sagen wollte, sind weg. Sie muss sie verloren haben.

»Da kommt Nils«, sagt Natascha. Dann steht sie auf und geht rein.

Nils steht vor ihr. Er trägt sein blaues T-Shirt. Das mit den Schriftzeichen drauf, die sie nicht versteht. Er setzt sich zu ihr. Verena sitzt mit dem Rücken zur Wand. Er legt ihr seinen Arm um die Schulter. Verena zittert.

Sie küsst Nils. Sie küsst Nils, um sich zu beruhigen. Sie lässt ihr Herz immer noch klopfen. Es ist jetzt wahnsinnig schnell. Schneller als ihr Atem.

»Nils«, sagt sie, und er schaut sie an. Nils schaut Verena an. Verena spricht. Sie hat die Worte wiedergefunden. »Hör mir zu«, sagt sie, und dann sagt sie es ihm. Sie weiß nicht, warum sie das tut. Sie wollte es ihm nicht sagen. Sie wollte es Natascha sagen. Aber Natascha ist weg. Sie sagt es Nils, weil Natascha nicht da ist.

Verena ist fertig. Sie spürt keine Erleichterung. Sie schaut ihn an. Sie schaut Nils an.

»Du lügst«, sagt er, »Verena, du lügst, darüber macht man keine Witze. Hör auf damit.«

»Ich lüge nicht«, sagt sie.

Er schüttelt mit dem Kopf. Nils steht auf, er schüttelt mit dem Kopf, und er sagt wieder: »Du lügst«, während er aufsteht. Er tritt gegen die Tür, bevor er sie öffnet und hineingeht.

Verena sitzt alleine draußen. Mit dem Rücken zur Wand. Irgendetwas platzt in ihrem Kopf. Vielleicht eine Ader, vielleicht ein Gedanke. Schwer zu sagen. Sie fühlt sich unwohl. Sie will schreien, sie will nur noch schreien. Alles andere hat sie vergessen.

Dann ist Natascha wieder neben ihr. Verena hat sie nicht bemerkt.

»Was ist«, sagt Natascha, »wollen wir tanzen?«

Verena schaut hoch. Sie hebt ihren Kopf. Ihr Kopf hat in ihren Händen gelegen. Sie wollte ihn ganz tief vergraben. Der Kopf macht die meisten Probleme, denkt sie. Aus ihm kommen die Gedanken. Ohne Kopf wäre es leichter.

Natascha fasst sie an den Händen. Natascha fasst sie an den Händen, in denen sie ihren Kopf vergraben hatte, und zieht sie hoch. Sie stellt Verena wieder auf die Beine.

Die Musik tut gut. Wie ein warmer Mantel. Verena kann sie spüren. Die Bässe treffen sie direkt in den Bauch. Da, wo es wehtut. Richtig kleine Schläge sind das. Wenigstens spüre ich das, denkt Verena.

Nils ist wieder da. Er legt ihr seine Hand auf die Hüfte. Vielleicht will er sich entschuldigen, aber Verena stößt ihn weg.

»Lass das«, sagt sie, »ich schlag dir die Zähne ein, wenn du mich noch einmal anfasst«, aber sie hört ihre eigene Stimme nicht. Es ist viel zu laut.

Sie hofft, dass er sie noch einmal anfasst. Sie hat Lust, ihm die Zähne einzuschlagen. Sie hat Lust, ihm eine Szene zu machen, aber er tut es nicht. Er fasst sie nicht mehr an.

Verena ist auf der Tanzfläche. Wenn ich tanze, denkt sie, wenn ich tanze, löst sich alles. Das kann nie verkehrt sein. Vielleicht fange ich endlich an zu bluten. Sie stellt sich vor: Ein ganzer Fluss voll Blut. Ihr Blut. Und Nils. Nils, der in ihrem Blut schwimmt, der fast darin ertrinkt.

Direkt vor ihr tanzt Natascha. Natascha tanzt mit den Armen oben. Sie hat die Achseln rasiert. Die Haut unter ihren Achseln ist ganz dünn. Man kann fast durch sie durchsehen. Sie schwitzt. Kleine, nasse Perlen sitzen unter ihren Armen. Das sieht gut aus, denkt Verena. Sie sagt: »Natascha.« Es ist zu laut. Es ist so laut, dass man nichts versteht. Natascha schaut sie an. Verena sagt: »Natascha, ich würde gerne deine Achseln auslecken.« Natascha lacht. Sie zuckt mit den Achseln. Sie zuckt mit den Achseln, die Verena auslecken will. Sie hat kein Wort verstanden. Dann tanzen sie. Sie tanzen, als ob danach alles vorbei wäre.

Später raucht Verena Gras, um ruhig zu werden. Sie will schreien. Ihr einziger Gedanke. Sie raucht soviel Gras, bis sie sitzen bleiben kann, bis sie nicht mehr tanzen muss. Sie raucht, um sich zu beruhigen. Sie raucht sonst nie. Sie hat noch nie eine Zigarette geraucht. Verena schließt die Augen. Immer wieder. Irgendwann, als sie sie öffnet, hat die Sonne eine andere Farbe, obwohl es Nacht ist. Man kann sie gar nicht sehen. Aber sie weiß: Die Sonne hat eine andere Farbe. Das reicht ihr. Es gibt ihr Sicherheit. Für einen Moment gibt es ihr Sicherheit.

Irgendwer fährt dann das Auto. Vielleicht ist es Nils, sie weiß es nicht, sie sitzt hinten auf der Rückbank. Es ist ihr auch egal. Sie denkt an Äpfel und Wunden. An Bisswunden, den Abdruck der Zähne, der langsam braun wird. Wenn man es schafft und die Geduld aufbringt, kann man zusehen, wie er braun wird. Daran denkt sie. Sie weiß nicht warum.

Natascha hat ihr T-Shirt ausgezogen. Ihren BH auch. Sie kurbelt das Fenster nach unten. Sie streckt ihre Brüste raus und ruft was von Freiheit und Liebe. Sie ruft das auf Englisch. Auf Englisch hört es sich besser an, denkt Verena, in jeder anderen Sprache wäre es albern, aber auf Englisch ist es okay. Dann ruft Natascha: »Mach die Musik lauter, mach die Scheißmusik lauter, das Lied ist so geil!« Verena hört genau hin. Sie hört keine Musik. Nataschas Stimme ist das Einzige, was sie hört. Sie kann sich irren. Verena irrt sich oft, aber sie hört keine Musik.

Neben ihr sitzt Tillmann. Er sieht fertig aus. Er ist ganz still, er ist noch stiller als Verena, er bewegt sich nicht einmal. Mit seinen Augen bohrt er ein Loch in die Rücklehne, direkt in Nataschas Nacken hinein.

»Tillmann schläft«, sagt Verena, »aber er kriegt die Augen nicht zu. Schaut euch das an.«

Und dann sind sie da. Irgendwo angekommen. Die Wiese liegt vor ihnen wie ein ausgerollter Teppich. Es ist immer noch Nacht, aber es gibt den Mond und die Scheinwerfer. Natascha springt aus dem Auto. Sie ist die Erste. Sie springt mit ihren Brüsten zuerst aus dem Auto. Natascha wälzt sich über die Wiese. Mit ihren Brüsten und dem ganzen Körper. Verena weiß nicht, was das soll. Natascha hat schöne Brüste, aber Verena weiß nicht, warum sie das macht. Natascha ruft: »Tanz mit mir!«, aber niemand weiß, wen sie meint.

Verena steigt auch aus dem Auto. Ihr ist schon wieder schlecht. Sie klettert auf das Dach. Sie spürt einen Schmerz in der Magengegend. Ein scharfes Ziehen. Sie betastet ihren Bauch. Er ist ganz hart. Und dann schreit sie. Sie schreit, ohne die Wörter zu ordnen. Sie weiß nicht, wie lange sie schreit, aber es tut gut. Solange sie schreit, sitzt ihr ganzer Körper in ihrer Stimme, und sie spürt, wie sie die Nacht ausfüllt, wie sie anwächst und größer wird. Es ist ein beruhigendes Gefühl, und sie will nicht damit aufhören. Sie will nicht mehr aufhören zu schreien.

Anja Ulbig

Die rechte Hand der Nemesis

Ihr Haus gefällt mir, hat mir auf den ersten Blick gefallen. Es gefällt mir so sehr, dass ich meine, es müsste entweder mir gehören oder niemandem. Dass es ausgerechnet ihr gehört, ist ein Irrtum, der korrigiert werden muss und korrigiert werden wird.

Wenn sie auf ihr Haus zugeht, leuchten die Klinkersteine ihr als eine warme Begrüßung entgegen, und die Steinlöwen rechts und links der Treppe scheinen die schweren Köpfe zu heben. Sie aber ist ständig mit Einkaufstüten und Getränkekisten beladen und schenkt ihnen keinen einzigen Blick.

Der runde Tisch im Eingangsbereich lädt sie ein, eine Weile zu verschnaufen und ihre Augen an dem griechisch anmutenden Innenhof zu weiden. Sie jedoch geht achtlos vorüber.

Die hübsch geschwungene Wendeltreppe schlägt vor, nach oben zu gehen, um dann von der holzgeschnitzten Empore hinunter ins Wohnzimmer zu schreiten. Nicht ein einziges Mal ist sie darauf eingegangen.

So kann es nicht weitergehen.

Das Haus fühlt sich missachtet und abgewiesen, wird ihr Verhalten nicht länger hinnehmen. Das Haus hat mich erwählt, Gerechtigkeit zu üben, das Gleichgewicht wieder herzustellen.

Es geht nicht anders, die hübsch geschwungene Wendeltreppe und die holzgeschnitzte Empore müssen zu Asche werden. Die schneeweiße Farbe des Innenhofes muss heißer und heißer werden und schließlich von den Wänden platzen. Auch dem runden Tisch kann die Verwandlung in stinkende Kohle nicht erspart werden. Die vorerst nur warmen Klinker werden glühen, den Steinlöwen werden die Zungen röchelnd aus dem Halse hängen.

Montags bis freitags von acht bis siebzehn Uhr ist sie im Büro. Kann nicht aufpassen auf ihr schönes Haus. Das Haus hat ein Küchenfenster, in das die Sonne von acht bis zwölf Uhr ihre versengenden Strahlen schickt.

Ich habe eine Vase, eine besondere Vase.

Vom ästhetischen Gesichtspunkt her hat die Vase eine anmutige, leicht bauchige Form. In physikalischer Hinsicht jedoch ist sie nichts anderes als ein Hohlspiegel. Sie ist imstande, Strahlen zu bündeln, unendlich viele Sonnenstrahlen anzustiften, sich genau im Fokus zu treffen.

Fokus klingt so kalt. Das deutsche Wort *Brennpunkt* gefällt mir wesentlich besser.

Ich wickle die Vase liebevoll in Geschenkpapier, winde Kräuselband um ihren schmalen Hals, nehme eine Schere und ziehe es mit Hingabe in anmutige Locken.

Am Sonntagabend werde ich ihr die Vase schenken und erwähnen, wie gut sie im Küchenfenster – und nur dort – zur Geltung käme. Die gebündelten Sonnenstrahlen werden die zierlich gebauschte Gardine anpeilen und treffen.

Ich muss darauf bestehen, dass sie die Vase sogleich ins

Küchenfenster stellt. Denn, wie gesagt, schon Montag ist sie von acht bis siebzehn Uhr im Büro.

Für mich bleibt dann nichts mehr zu tun. Ich werde mich ins Bett legen und mir die Ohren zuhalten, um die Schreie des Hauses nicht hören zu müssen.

Birgit Schüler

Schönheit

Seit über einer Woche fummelte er an dieser Frau. Er kannte von ihr jede Pore, jedes Fältchen, jeden noch so winzigen Pigmentfleck. Von morgens um neun bis spät abends kitzelte er das Letzte aus ihr heraus. Nur mittags ließ er sie eine Weile allein, um mit seinen Kollegen essen zu gehen. Aber heute Abend würde er mit ihr fertig werden, würde das Dokument schließen und sie ein für alle Mal wegschicken. Fort in die Litho. Er würde das Dokument mit ihr, das über 30 MB auf seiner Festplatte einnahm, löschen. Aber würde er sie auch aus seinem Gedächtnis verbannen können? Oder würde sie ihn wie in den Tagen zuvor bis nach Hause in seine Wohnung verfolgen, wie ein unsichtbarer Schatten zwischen ihm und seiner Freundin stehen und ihn um seinen wohlverdienten Schlaf bringen?

Nur um ihr Haar musste er sich noch kümmern. Um diese üppige goldblonde Pracht, die man ihr streng und straff nach hinten gekämmt hatte, damit ihre hohe, von keiner Sorgenfalte getrübte Stirn voll zu Geltung kam. Da musste noch Tiefe rein. Die Goldtöne mussten noch brillanter, die Honigtöne noch fließender werden. Das waren die Worte des Art Directors gewesen, der täglich mehrmals in sein Büro stürmte und schrie: »Wie geht's meiner Schönen?«

Dieser Mensch, Jean-Jacques, selbst ernannter Künstler und Herrscher über Stil und Schönheit, tyrannisierte ihn seit langem. Und mit dieser Frau hatte er ihn, den besten Bildbearbeiter der Agentur, fast in den Wahnsinn getrieben. Tagelang, manchmal bis spät in die Nacht, hatte er an ihren Lippen gefeilt und gehangen. Er hatte mit hunderten unterschiedlicher Rot- und Brauntöne hantiert, hatte Konturen mal verwischt, dann wieder hervorgehoben, hatte ihren Mund glänzender und dann wieder matter gemacht. Er hatte stundenlang auf ihre vollen Lippen gestarrt, die ihn von seinem 21-Zoll-Bildschirm riesengroß und schmollend anlächelten. Am Ende sah er nur noch Knutschflecken auf seinem Monitor.

Aber Jean-Jacques war kein Rot rot genug. »Stell dir vor, sie wäre deine Freundin. Welchen Lippenstift würdest du ihr kaufen?«

»Gar keinen.« Yvette verwendete grundsätzlich keinen Lippenstift.

»Das ist kein Kussrot. Das ist Schlachterrot. Kommunistenrot. Barrikadenkacke. Mehr Cyan! Sowas kauft keine moderne, finanziell unabhängige Frau. Denk an die Zielgruppe!«

Jean-Jacques hatte ihn so sehr gequält, dass er, als er spät aus der Agentur gegangen war, aus der Damentoilette einen Lippenstift hatte mitgehen lassen. Zu Hause hatte er ihn seiner auf der Couch fernsehenden Freundin in die Hand gedrückt: »Komm, mal dir die Lippen an. Und blas mir einen.« Yvette hatte ihm das Ding an den Kopf geschleudert, hatte unter wüsten Verwünschungen das Wohnzimmer verlassen und ihm die Schlafzimmertür vor der Nase zugeknallt. Und er hatte zwei Nächte auf der Couch geschlafen.

Doch nicht nur ihr Mund, auch ihre Augen, ihre Wangen! Die ganze Frau brachte sein geruhsames Leben mit Yvette durcheinander. Dabei hatte er diese Frau selbst gemacht. Er hatte sie *geschaffen*. Sie war sein Werk. Im wirklichen Leben war sie – wenn er Jean-Jacques glauben durfte – eine siebzehnjährige Schülerin aus Dnepropetrovsk mit Namen Olga. Jean-Jacques hatte sie für zwei Wochen zu Kosmetikaufnahmen nach Paris geholt. Zuvor hatte sie außer für Schulfotos noch nie vor einer Kamera gestanden. Doch wenn dieses Foto nächsten Monat den Titel der *Vogue* zierte, würde dieses Mädchen mit einem Schlag aus der ukrainischen Provinz hinaus auf die Laufstege von Mailand, Paris und New York katapultiert. Er fragte sich, wie sie wohl den Aufprall überstehen würde?

Ihre Augen hatte sie von ihm: Das geheimnisvolle Grau, Ton in Ton mit dem reinseidenen, mit silbernen Blüten bestickten Top von *Dolce & Gabbana*. Die von schneeweißen Lichtreflexen umtanzten Pupillen, die ihrem Blick etwas Unergründliches und Beherrschendes gaben.

Und dann daheim – Yvettes wässrig-grüne Augen in Verbindung mit einem billigen T-Shirt in schmutzigem Orange. Da passte nichts, aber auch gar nichts zusammen. Ihre Haarspange aus gelbem Kunststoff. Das glanzlose Hennarot ihrer ungekämmten Haare. Yvette war eine optische Katastrophe. Selbst ein genialer Bildbearbeiter wie er hätte nichts aus ihr herausholen können. Er hatte den Fernseher eingeschaltet, um nicht mehr länger ihre Unvollkommenheit ansehen zu müssen. Dabei hatte er sich gerade deswegen in sie verliebt. Weil sie so natürlich und unprätentiös war. Weil sie mit diesem ganzen Werbevolk, mit dem er den ganzen Tag herumhing, überhaupt nichts zu tun hatte. Sie arbeitete als Gärtnerin im Park von Versailles, und seine ganzen Turnschuh- und Tamponkampagnen interessierten sie nicht die Bohne. Zu ihr konnte er nach Hause kommen und abschalten. Mit ihr Essen, ins Kino oder in die Disco gehen. Mit ihr und ihren Freundinnen herumalbern, eine Ausstellung besuchen und die Kunstwerke zielgruppenunabhängig ganz persönlich gut oder schlecht finden. Er konnte mit ihr ganz ungezwungen Sex haben, ohne sich vorher in einer Talk-Show über die neuesten Erotik-Trends informiert zu haben.

Und jetzt liebte er sie nicht mehr wegen ein paar Mitessern auf der Nase?

Am andern Morgen die elegant geschwungenen Augenbrauen Olgas, denen er noch mehr Schwung und Anmut verliehen hatte. Die hohen Wangen mit einem Hauch von Rosé, so als hätte sie soeben die Muse geküsst. Und erst der Teint, so rein, so zart, so frisch und unverbraucht, dass er zu Hause keinerlei Lust mehr verspürt hatte, die von den Spuren des Alters heimgesuchte, fleischliche Hülle Yvettes auch nur zu berühren.

Diese Frau da auf seinem Bildschirm, der er gerade mit der Maus ein dünne Haarsträhne saharabeige einfärbte, war perfekt. So perfekt, dass er inzwischen gar nicht mehr wusste, wie sie anfangs ausgesehen hatte, als ihm Jean-Jacques die unbearbeitete Bilddatei auf seinen Schreibtisch geschoben hatte. Im Anhang die lapidare Anweisung: *Mach bis zum 15. aus ihr die schönste Frau der Welt.* Heute war der 14.

Er glättete eine letzte Strähne. Von seinem Bildschirm

sah sie ihn an: die schönste Frau des Universums. Er war fertig.

Er brannte die Frau auf eine CD, legte sie auf Jean-Jacques Schreibtisch und ging hinaus in die Nacht. Es war bereits 11 Uhr, die Luft war lau und roch nach Frühling. Er hatte keine Lust, nach Hause zu gehen. Dort lag Yvette im Halbdunkel auf der Couch vor dem Fernseher, seit drei Tagen mit einem hartnäckigen Pickel auf der Stirn, und wartete darauf, von ihm beschlafen zu werden. Er beschloss, auf ein Bier ins *Chez Michel* zu gehen.

In der Kneipe waren nur wenig Leute. Er setzte sich an die Theke und bestellte ein Glas Artois. Diese Frau ging ihm nicht aus dem Kopf. Sie hatte sein Glück mit Yvette in Frage gestellt. Seit er an dieser Frau gearbeitet hatte, hatte er mit Yvette keinerlei sexuellen Kontakt mehr gehabt. Seit zwei Wochen hatte er sie mit dem Satz »Ich bin müde von der Arbeit« abgewiesen. Dabei mochte er sie immer noch – aber sie war einfach nicht mehr nach seinem Geschmack. Yvette war felsenfest davon überzeugt, dass er eine Geliebte hatte. Das Zusammenleben mit ihr wurde immer schwieriger.

Ob er sich in Olga verliebt hatte?

Ob er sie für ihre Schönheit liebte?

Ob er sie für ihre Unvollkommenheit verachtete?

Er wusste nur, dass er pausenlos an sie denken musste. Auch jetzt an Michels Theke, vor seinem Bier, ging sie ihm nicht aus dem Kopf.

In der Ecke am Fenster saß ein Mädchen. Sie saß da ganz allein mit ihrem Glas Cola, beobachtete die Passanten auf der Straße und schaute sich ab und an mit schüchterner Neugierde im Lokal um. Als er sie direkt ansah, senkte sie beschämt die Lider. Offensichtlich kam sie aus der Provinz. Ein Kindermädchen, das seinen freien Abend hatte.

Er sah wieder weg, starrte weiter in sein Bier. In Gedanken bei der schönsten Frau des Universums. Doch er spürte die Blicke des Provinzmädchens im Rücken. Er schielte zu ihr hin. Tatsächlich, sie sah ihn wieder an. Aber wo hätte sie auch sonst hinsehen sollen? Die übrigen Gäste waren alles alte Männer beim Kartenspiel.

Sie hatte schöne Augen. Aber die Farbe ihres Lippenstiftes passte ganz und gar nicht zu ihrem handgestrickten, hellblauen Pullover. Der Lippenstift war von einem hellen, mit viel Gelb vermischten Rot. Mit Sicherheit hätte Jean-Jacques diese Farbe in Grund und Boden verdammt. Aber ihre Lippen waren schön und voll. Da hätte selbst Jean-Jacques nichts auszusetzen gehabt. Überhaupt, jetzt wo er sich näher mit ihr beschäftigte, fand er sie ganz annehmbar. Hübsch, schlank, guter Teint, wenn auch ihre Stirn ein wenig glänzte. Vermutlich hatte sie etwas fettige Haut. Aber Pickel hatte sie immerhin keine.

Immer wenn er zu ihr hinsah, sah sie ganz schnell weg. Nein, sie war nicht nur hübsch, sie war richtig süß. Ihr Stil hinkte zwar mindestens zwei Saisons hinterher, war farblich völlig aus der Mode, aber vermutlich gab es in der Provinz gar nichts anderes zu kaufen.

Er starrte wieder in sein Bier, als ob dort auf dem Grunde des Glases die Antworten auf alle seine Fragen lagen. Natürlich war das Mädchen dort mit der schönen Olga nicht zu vergleichen, aber attraktiver als Yvette war sie allemal. Ob er sie ansprechen sollte? Doch als er sich wieder zu ihr hindrehte, war ihr Platz leer. Er fragte den Kellner nach ihr. »Kennst du die?«

»Ach, irgendein unglückliches Mädchen. Spricht kaum Französisch. Kommt aus Russland. Sitzt hier immer ganz allein, das arme Ding.«

Drei Wochen lang saß er Abend für Abend bei *Michel* und wartete, dass sie wieder käme. Er hatte sowieso keinen Grund mehr, nach der Arbeit pünktlich nach Hause zu gehen. Yvette war mit all ihren Sachen ausgezogen. Aber in Michels Bistro sah er seine schöne Olga nie mehr. Nur noch in der *Vogue*, in *Elle*, in *Harper's Bazar.*

Christina van Laak

Der letzte Besuch

Meine Hände liegen auf den weißen Stickdeckchenschonern. Ich weiß nicht, wie lange ich schon den roten Stecknadelkopf herausziehe, um ihn dann immer wieder und wieder in das ausgeleierte Polster der Armlehne zu bohren. Wie viele Male habe ich hier schon gesessen, trockenen Kuchen gegessen, in vergilbten Alben geblättert und Kaffee aus den grün geblümten Porzellantassen getrunken. Ich kann mich nicht erinnern.

»Es tut mir Leid«, hat sie geflüstert. »Ich brauche viel Kraft.« Ich habe ihr versucht klarzumachen, dass sie jetzt nicht einfach gehen kann und dass ich sie doch brauche. Floskeln, die jeder aus schlechten Vorabendserien kennt. »Nein, das tust du nicht. Hab keine Angst.«

Dann hat sie ihre Augen zugemacht. Einfach so.

Das Telefon klingelt. Nein, es schreit förmlich. Die Verwandten haben die Klingel hier ins Wohnzimmer verlegt, und jetzt dröhnt sie krachend an meine Ohren. Ich bleibe sitzen. Ich kann nicht mehr. Längst hätte ich anrufen müssen, aber was mache ich? Bleibe stumpf in ihrem Sessel sitzen und wische mir mit beiden Händen über mein verquollenes Gesicht. Ihre alte Spieluhr steht da wie eh und je auf dem Fernseher. Früher habe ich bei jedem Besuch mit kindlichem Entzücken das Drehen der Holzengelchen bestaunt. Jetzt erscheint sie mir wie ein beliebiger Gegenstand in einer nach Altenschweiß müffelnden Wohnung.

Das Telefon schrillt. Es gelingt mir wieder nicht. Meine Beine pappen am Boden und lassen sich einfach nicht bewegen. Draußen schlagen die Glocken der Marienkirche. Ich will noch mal zu ihr.

»Judith!«, hatte sie gerufen, »komm mal bitte in mein Schlafzimmer.« Ich habe sofort gespürt, dass sie sich irgendwie anders anhörte. Da lag sie blass in ihrem Bett und schlug mit ihrer linken Hand auf das weiße Betttuch. Ich setzte mich. Mit ihrem Daumen streichelte sie meinen Handrücken und schaute mich aus ihren müden Augen an. Ich fing an zu weinen.

Sie liegt immer noch da, nur das Lächeln ist weg.

Ich setze mich wieder. Mein Oberkörper sackt zusammen, und ich falle neben sie und spüre ihre faserigen Haare auf meiner Stirn.

Das Marienbild an der Wand verschwimmt vor meinen Augen, und ich denke an die Not-Telefonliste auf ihrem verstaubten Nachttisch. Gleich werde ich anrufen.

Ich muss geschlafen haben. Ich reibe mir die Augen. Meine tote Oma liegt neben mir, und ich muss endlich etwas unternehmen. Draußen wird es schon dunkel. Da hat sie manchmal schon die Rollläden runtergelassen.

Was ich jetzt bemerke, glaubt mir sowieso keiner. Ich könnte schreien, panisch durch die Wohnung laufen, die Fenster aufreißen, um Hilfe rufen, mir Schmerzen zufügen oder aber einfach ruhig bleiben. Ich bleibe ruhig. Ich bleibe tatsächlich ruhig, es ist unfassbar.

Das Telefon schreit. Nur schwerfällig kann ich mich aufraffen und mit gebeugtem Oberkörper einen Schritt vor den anderen setzen. Ich melde mich mit einem

»Hallo?« und bemerke fast gleichgültig, dass ich mich wie meine Oma anhöre.

»Mensch, Mutti, wo warst du denn die ganze Zeit? Gehst du etwa mit Judith den ganzen Tag spazieren?«

Ich muss antworten. Was sage ich bloß. Ich sage, dass wir einfach keine Lust hatten, ans Telefon zu gehen. Die Antwort war natürlich falsch.

»Mutti, geht es dir nicht gut? Ist Judith bei dir?«

Was soll ich ihr sagen. Vielleicht, dass Oma tot ist. Dass ich Judith bin. Und dass ich in ihrem Körper stecke und nicht weiß, wie das alles gekommen ist.

»Mutti, was ist denn los mit dir, gib mir mal Judith, bitte.« Schnell antworte ich, dass Judith nicht da ist und zu einem wichtigen Termin musste.

»Was für ein Termin, sie wollte doch noch bis heute Abend bei dir bleiben.« Meine Mutter ist jetzt aufgeregt. Sie tut mir ein bisschen Leid. Ich schweige.

»Was ist denn los, Mutti, geht es dir auch wirklich gut?«

Ich beende das Telefonat, indem ich meiner Mutter zu verstehen gebe, dass alles in Ordnung ist, mich für ihren Anruf bedanke und auflege. Ich lege auf, ich lege tatsächlich mit einem breiten Grinsen auf. Nicht dass das jetzt außergewöhnlich wäre, meine Oma hat ihre Telefonate immer ganz abrupt und vehement beendet, erstaunlich ist nur, dass ich als Oma Lischko auflege und mich dabei kaputtlachen könnte. Wie viel Zeit mir wohl noch bleibt? Es wird nicht lange dauern, da werden sie hier alle auf der Matte stehen.

Das lila Wollkostüm kratzt. Ich höre mich schreien, ich weiß nicht mehr, was ich schreie, doch gebe ich das Schreien schnell wieder auf, da ich an Frau Jores von unten denke. Die bekommt immer alles mit und weiß, dass meine Oma nicht laut herumkrakeelt.

Ich schlurfe ins Schlafzimmer zurück und schaue auf ihr Bett. Einen Moment habe ich gedacht, sie wäre vielleicht wieder da und würde sagen, dass es ihr Leid tut. Sie hätte schon immer den Wunsch gehegt, sich mal wieder wie eine junge Frau zu fühlen, und dafür hätte sie sich mal kurz meinen Körper ausgeborgt. Aber jetzt ist sie ja wieder da, und wir könnten uns jetzt erst mal eine schöne Flasche Sherry aufmachen.

Sie ist natürlich nicht da und sitzt jetzt womöglich auf einer Wolke oder schwebt im Universum herum, aber das tut sie alles in meinem Körper! Ich schreie wieder.

Das Telefon klingelt. Ich sehe in den großen Schrankspiegel. Das Gesicht meiner Oma erschrickt mich nicht, dafür habe ich zu oft in ihre warmen, meist vor Lebensfreude blitzenden Augen gesehen, ihre hohe Stirn betrachtet, den rosigen, faltenlosen Mund geküsst, die wirklich große Nase bestaunt und ihre vielen Falten, die sich in ihrer weißen weichen Haut eingenistet haben, gezählt.

Ihren Körper habe ich nie gesehen.

Ich ziehe mich aus. Meine Bewegungen sind irgendwie eckig, und es dauert eine Weile, bis ich dieses bescheuerte Kostüm ausgezogen habe. Die goldene Gemme verfängt sich immer wieder in den Wollfusseln, und ich überlege, wie lange sie dieses Kostüm wohl schon hat. Ich habe nie begriffen, wie man sich freiwillig diese gelöcherten, bräunlichen und gesunden Damenschuhe kaufen kann, nur noch in diesen steifen, hellen und gedeckten Windjacken rumlaufen will, das Schminken unterlässt und jegliches sexuelles Verlangen abstellt. Was ich jetzt sehe, kann ich nicht glauben. Nicht, dass ich einen Slip und einen Spitzen-BH erwartet hättet, aber was ich da sehen muss, übertrifft meine Vorstellungskraft. Mein Oberkörper ist irgendwie in ein steifes, hautfarbenes, korsettartiges und ranziges Teil gepresst. Eine überdimensional große, vielleicht zwei Töne dunklere hautfarbene Unterhose überspannt den Bauch und reicht bis zum Brustkorb. Die Beine stecken in einer sandfarbenen Stützstrumpfhose, die noch ein Stückchen oberhalb der Unterhose endet.

Ich schließe die Augen und ziehe mir die Strumpfhose aus, die sich nur schwierig von der Haut löst. Lasse sie unten an den Füßen liegen und muss an eine gescheiterte Verführung denken. Ertaste die Häkchen am Oberteil, löse eins nach dem anderen, werde mir dieser kalten und nassen Finger bewusst, die sich mühsam nach unten bewegen. Die Korsage fällt mit einem Klacken auf den Teppich. Fröstelnd erspüre ich die elastische Unterhose und ziehe sie mit einem Ruck runter.

Es klingelt an der Tür. Nein, bitte nicht, jetzt nicht. Ich reiße die Augen auf. Es klingelt wieder.

»Frau Lischko, ist alles in Ordnung? Frau Lischko, hören Sie mich? Machen Sie bitte auf, Frau Lischko.« Es ist Frau Jores von unten. Ich gucke in den Spiegel. Soll sie doch rufen. Es ist mir egal.

»Frau Lischko«, jetzt fängt Frau Jores an zu schreien und pocht mit einer Faust an die Wohnungstür, »machen Sie bitte auf, sonst muss ich den Schlüssel nehmen, den Sie mir gegeben haben.«

Mir wird schwindelig.

»Frau Lischko, machen Sie auf, ich rufe Sie ein letztes Mal.«

Ich werde wütend. In die Klamotten komme ich jetzt

nicht mehr rein, und wo der blöde Bademantel ist, weiß ich auch nicht.

»Frau Lischko, so machen Sie doch auf«, ihr Rufen klingt jetzt hysterisch.

Ich gehe zur Tür und versuche ihr klarzumachen, dass ich nur ein kleines Nickerchen gemacht habe.

»Ach Frau Lischko«, säuselt es erleichtert durch die Tür, »da bin ich ja froh. Aber Sie schlafen doch sonst nicht so lange, es ist doch schon 18.00 Uhr, warum machen Sie denn nicht auf, Frau Lischko?« Ihr alter misstrauischer Unterton ist wieder da. Ich teile ihr schlicht mit, dass ich nackt bin, und gehe davon aus, dass die blöde Kuh wieder verschwindet.

»Aber Frau Lischko, ich bin doch auch eine Frau, nun machen Sie doch mal die Tür auf«, ertönt es in einem mütterlich hartnäckigen Ton. Jetzt bin ich wütend, reiße die Tür auf und höre mich schreien, dass es mir gut geht und ich mich für ihre Sorge bedanke. Ich weiß genau, was sie denkt: Hier steht eine nackte greise Frau im Hausflur, die bis in den frühen Abend pennt und in ihrer Wohnung wie eine Irre herumschreit.

Das Telefon schrillt wieder.

»Frau Lischko, Ihr Telefon. Ich geh mal ran, und Sie ziehen sich in aller Ruhe an.«

Ich nicke widerwillig, verziehe mich ins Schlafzimmer und spüre bei jedem Schritt die weiche Haut an den Oberschenkeln, die sich bei jeder Bewegung mitzubewegen scheint. Die Sachen kann ich nicht wieder anziehen, das geht einfach nicht, ich zwänge mich doch nicht wieder in diese Luft abschnürenden Dinger.

Ich reiße den Schrank auf und durchwühle hektisch die Anziehsachen meiner Oma. Mir wird wieder schwindelig.

Ich versuche mich am Trimmrad festzukrallen, verliere aber irgendwie das Gleichgewicht und falle zu Boden. Hier bleibe ich jetzt liegen und stehe nicht mehr auf.

»Frau Lischko«, wieder diese aufgeregte Stimme, »was machen Sie denn, warten Sie, ich helfe Ihnen.« Ich merke, wie sich zwei Unterarme unter meine Achseln schieben und mich versuchen hochzuziehen. Die Vorstellung, dass Frau Jores' Arme gleich nach dem Schweiß meiner Oma riechen werden, finde ich abstoßend. Ich mache mich schwer.

»Frau Lischko, nun machen Sie mal mit, Sie können das doch, Sie sind doch sonst so fit wie ein Turnschuh.« Ihr Lachen ist gekünstelt. Sie hievt mich auf das Eichenbett und tätschelt meinen Unterarm. »Na, das kriegen wir schon hin, was, Frau Lischko«, strahlt sie mich an und lächelt aufmunternd. Ich werde wieder wütend. »So, jetzt schauen wir mal, was wir anziehen, hm?«

Ich gebe ihr zu verstehen, dass es mir wieder gut geht und dass sie jetzt wieder gehen kann. Sie ist etwas verunsichert.

»Geht es auch wirklich? Na gut, Frau Lischko, gleich kommt sowieso Ihre Tochter, ich gehe jetzt erst mal wieder runter und wenn was ist, rufen Sie mich, ja?«

Ich nicke genervt. Nachdem sie die Sachen vom Fußboden aufgehoben und ordentlich auf das Bett gelegt hat, geht sie tatsächlich. Ich höre noch das Schlagen der Tür und rutsche zu Boden.

Isabella Straub

Glaskörper

Während Franz eine Halogenlampe in der Vorratskammer montiert, wische ich den Globus mit einem antistatischen Tuch ab, von der Sowjetunion nach Australien. Unter meiner linken Hand liegen Libyen, Mosambik und alles dazwischen, mit der Rechten staube ich die Malediven und Seychellen ab – kleine Pusteln, wie Ausschläge auf der makellosen Meereshaut. Die Erde ist keine Kugel, sondern eine aufgeblähte Scheibe, und wenn ich sie drehe und wende, dann hebe ich sie aus den Angeln, diese Welt. Nichts als heiße Luft drin. Das sagt Franz auch immer. Und einige andre Sachen mehr.

Franz ist Elektriker. »Du bist wie Starkstrom«, sagt er, wenn seine Hand unter meinen Pulli fährt. »Du haust mich um«, flüstert er an meinem Ohr. »Du bist warm und weich«, haucht er und knetet meine Oberarme wie Brotteig. Ich schließe die Augen und denke mit aller Kraft an den Kuss zwischen dem Bergdoktor und seiner Assistentin Marianne, während das *Vileda*-Staubtuch auf den Laminatboden segelt.

Montags putze ich bei Familie Kraus-Vobach. Der fünfzehnjährige Sohn Hubsi ist zurückgeblieben: Zu wenig Sauerstoff bei der Geburt, sagte Milli Kraus-Vobach. Wenn ich ins Wohnzimmer trete, sitzt Hubsi mit zur

Seite geneigtem Kopf im Lehnstuhl. Sein Oberkörper schaukelt beständig vor und zurück wie in einem geheimnisvollen Ritual; unter den geschlossenen Lidern bewegen sich seine Pupillen. Zuerst kehre ich den Parkettboden, dann wische ich die Vitrine und das Klavier mit einem feuchten Lappen. Ich bin nicht gerne hier. Das Haus, an dessen Fassade sich der Wein emporrankt wie eine chronische Krankheit, macht mich traurig und kraftlos. Im Wohnzimmer riecht es nach Moder und hundert Jahren Einsamkeit. Um drei darf ich in die Küche gehen und den Kaffee trinken, den mir Frau Kraus-Vobach auf die Anrichte gestellt hat. Stark ist er und bitter. Danach bügle ich Bett- und Tischwäsche, und für die Hemden des Herrn Kraus-Vobach verwende ich *Siwa*-Bügelstärke, bis sie von alleine stehen könnten. Wenn ich später die schweren Perserteppiche sauge, ruckt Hubsi seinen Kopf für einen Augenblick in meine Richtung, so als wollte er mir etwas mitteilen. Das einzige Wort, das ich ihn jemals sagen hörte, war *Salz*.

Dienstags, donnerstags und freitags putze ich in der Pension Edelweiß am Weißensee. Nobel ist die Pension nicht, und die Gäste sind es ebenso wenig. Alles lassen sie herumliegen: Unterwäsche, Unterlagen und gebrauchte Kondome mit Knoten. Einmal, als ich die Tür zum grün gekachelten Badezimmer öffnen will, steht ein Mann mit nacktem Oberkörper vor mir. Er wirkt nicht überrascht, sondern kratzt sich bloß die Brust und grinst.

»Na, Hübsche, magst?«, fragt er und hält mir einen Spiegel und einen zusammengerollten Geldschein unter die Nase. Auf dem Spiegel liegen zwei schmale Hügel mit weißem Pulver, wie mit dem Lineal gezeichnet. Ich werde rot, etwas in meinen Knien gibt nach. »Nein, danke«, sage ich mit schriller Stimme und schließe schnell die Tür.

»Was hast du denn?«, fragt mich Franz an diesem Abend, als ich mit wütender Geste den Abwasch schrubbe. Da sehe ich sie zum ersten Mal.

Kleine Punkte, Kringel und Spiralen, die durch mein Gesichtsfeld flitzen wie aufgescheuchte Insekten. Sie folgen meinem Blick, aber wenn ich bewusst geradeaus schaue, entwickeln sie ein Eigenleben: Dann flimmern sie kreuz und quer, als hätten sie eine Choreographie einstudiert.

»Was hast denn?«, fragt Franz ungeduldig und hält mir eine kalten Bierflasche an den Rücken. Ich drehe mich um, sehe ihn an. Seine dunklen, speckigen Locken, sein breites Lachen, seine gelben Zähne. Er legt seine Hände auf meine Hüften, presst seinen Unterleib gegen mein Hauskleid. »Wie wär's mit uns, Fräulein?«, flüstert er und zwickt mir mehrmals in den Hintern. Über seine Schulter blicke ich auf die Küchenwand mit den alten Aufklebern und dem vergilbten Poster mit seinen zweiundvierzig Variationen italienischer Teigwaren. Und während mein Körper steif und kalt wird wie eine Metallplatte, tanzen die Insekten in meinen Augen Tango.

Bevor Viola zu Besuch kommt, bürste ich den Teppich im Flur mit einem tensidfreien und biologisch abbaubaren Teppich-Shampoo. Ich knie auf einer alten Zeitung, damit man später keine roten Flecken an den Beinen sieht. Franz geht an mir vorbei und zu seiner elektrischen Arbeit ohne zu grüßen.

Während der Einwirkphase läutet es an der Tür. »Ich hab eine Überraschung«, lacht Viola und schwenkt ihre Tasche.

»Vorsicht!«, rufe ich und halte sie am Arm fest. »Der Teppich ist feucht!«

»Putzteufel!«, zischt Viola.

Wir nehmen Platz im Wohnzimmer, und Viola lässt sich auf das Sofa fallen. »Für dich«, sagt sie und legt ein Buch mit blauem Umschlag auf den Couchtisch. *Himmlische Bestellungen. Anleitung zur kosmischen Wunscherfüllung*. »Was soll das?«, frage ich Viola. »Bist du unter die Hexen gegangen?«

Viola lächelt verschwörerisch und zupft an ihrem Seidentuch. »Ich hab mir vom Himmel einen Parkplatz im Schatten gewünscht, und dass Ferdinand bei der Mathematik-Prüfung durchkommt.«

»Und?«

»Funktioniert einwandfrei«, sagt Viola. »Aber du musst deine Bestellung an den Himmel aufgeben wie ein Kind, ganz naiv. Du musst überzeugt sein, dass es funktioniert, und wenn du den Wunsch aufgegeben hast, musst du ihn loslassen. Einfach nicht mehr dran denken.«

»Und dann?«

»Dann brauchst du deine Bestellung nur mehr abzuholen. Das heißt: Du musst zur richtigen Zeit am richtigen Ort sein. Wenn du die Zeichen nicht erkennst, kann der Himmel nichts dafür. Das wäre so, als ob du das Paket vom Versandhaus am Postamt liegen lässt. Da kannst du dich ja dann auch nicht beim Versandhaus beschweren.«

»Ich wünsche mir jetzt einen Espresso«, sage ich und stehe auf.

Nachmittags um zwei sitze ich in einem orangen Plastik-Schalensessel im Sprechzimmer von Dr. Georg Engelbrecht. Die Patienten, alte Frauen mit grauem und grünem Star, werden namentlich durch den Lautsprecher aufgerufen. Meistens mehrmals, da die Damen offenbar nicht nur an einer Seh-, sondern auch an einer ausgeprägten Hörschwäche leiden.

Eine dünnlippige Assistentin tropft mir eine brennende Flüssigkeit in die Augen und rät mir, die Augen zu schließen, damit sich die Pupillen schneller weiten.

Ich schließe die Augen.

Ich wünsche mir.

Ich wünsche mir einen Liebhaber.

Ich wünsche mir einen Liebhaber, der Alexander heißt und zum Beispiel in der Wertpapierabteilung einer großen Bank arbeitet.

Gut aussehend, wenn ich bitten darf.

Kein Bart.

Keine Erbkrankheiten.

Dann wünsche ich mir ein Kind. Und ein schwedisches *Strömsund*-Niedrigenergie-Fertighaus mit Komplettküche und Wintergarten. Hast du gehört, Himmel? Wenn keine Wünsche mehr offen sind, werde ich Alexander heiraten, in cremefarbener Spitze, und Viola wird Reis nach uns werfen. Ich werde Liebe einatmen und Liebe ausatmen, und das Glück wird sich anfühlen wie ein warmer, weicher Knoten im Bauch. Wenn mein Mann mich küsst, wird es sein, als schwanke der Erdboden unter meinen Füßen. Und wenn der Boden zu sehr schwanken sollte, dann werde ich mich vertrauensvoll an seine Schulter lehnen, und seine Schultern werden mich stützen, denn ich werde wissen, dass diese Schultern, diese Arme nur da sind, um mich zu halten, mich aufzufangen. Er wird mir nicht *sagen*, dass ich etwas Besonderes bin. Er wird es mich *fühlen* lassen.

Dann werde ich aufgerufen.

Dr. Engelbrecht hört Popmusik. Auf dem Radio liegt eine dicke Staubschicht. Ich setze mich und muss durch eine Apparatur sehen, die entfernt an ein Fernrohr erinnert. Ich schaue durchs eine, Dr. Engelbrecht schaut durchs andere Ende. Er tropft mir noch mal eine Flüssigkeit in die Augen, und augenblicklich tritt eine Lähmung der Augenmuskulatur ein. Ich kann nur noch mit Mühe zwinkern, deshalb lasse ich es gleich bleiben. Mit offenen Augen starre ich auf den Arzt, der ein kleines Prismen-Glas zur Hand nimmt und Anstalten macht, es auf meinem Auge zu platzieren. »Die Untersuchung ist nicht schmerzhaft«, sagt er.

Als ich durch das Glas hindurch die Verzweigungen der Adern in starker Vergrößerung bewundern kann, fängt das Zimmer an zu schwanken, aber nicht aus Liebe. Und an Dr. Engelbrechts Schultern kann ich mich nicht lehnen, nicht einmal wenn ich wollte, denn da ist immer noch dieses Glas zwischen uns. Ich rufe nach Kreislauftropfen, und Dr. Engelbrecht ruft nach der dünnlippigen Assistentin.

Abends staube ich die Bücher ab. *Brehms Tierleben. Sagen aus dem Mittelalter. Durch die Wüste. Vom Winde verweht.* Ich schlage die erste Seite auf. Aber ich sehe nur tanzende Mücken, die sich über die Buchstaben legen wie Staubkörner.

Franz kommt zurück von seiner elektrischen Arbeit und macht sich auf die Suche nach der Fernbedienung.

Zwischendurch greift er an meine Brüste und hält sie prüfend in den Händen, als wollte er sie wiegen.

»Was Schlimmes?«, will er wissen.

»Nein«, antworte ich. »Glaskörpertrübungen. Das haben viele. Keine Aussicht auf Besserung. Keine Behandlungsmöglichkeit. Nicht tragisch.«

»Gut«, sagt er und nickt ein paar Mal zufrieden, bevor er sich an meinem Hauskleid zu schaffen macht.

Nachts träume ich von Viola, die Reiskörner in meine Augen wirft, so als übe sie Zielschießen. Meine Augen sind sperrangelweit geöffnet, und ich kann sie nicht schließen. Ich will »Nein!« rufen und: »Hör auf damit!«, versuche es mit aller Kraft, aber aus meinem Hals kommt nur ein heiseres Krächzen. Offenbar sind meine Stimmbänder ebenfalls gelähmt. Da erscheint ein Mann an der Tür. Es ist der mir Angetraute, doch er sieht aus wie der halbnackte Mann im Hotelbadezimmer.

Dann ist wieder Montag, und der Regen fällt vom Himmel wie ein Vorhang. Milli Kraus-Vobach ist in Bachs *Goldberg-Variationen* vertieft. Sie hält ihren Kopf gesenkt und die Hände kunstvoll verschränkt, als würde sie meditieren. Hubsi pendelt wie ein Metronom vor und zurück. Als ich während des Abstaubens der Klaviertasten unvorsichtigerweise zu viel Druck anwende, pfusche ich Glenn Gould ins Handwerk, und Milli Kraus-Vobach sendet mir einen schneidenden Blick, als hätte ich ein Kapitalverbrechen begangen.

Zu den schwarzen Punkten haben sich andere Formen gesellt: Runde, durchsichtige Kugeln, die alles um mich herum reflektieren wie ein Spiegelkabinett. Rote Kreuze und Vierecke mit zackigen Konturen. Manchmal ist es, als fiele ein schmutziger Regen durch meine Pupillen. Ich reibe meine Augen, aber dieser Staub ist hartnäckig. Das soll mich nicht stören: Ich bügle und putze wie im Schlaf. Alles Gleichförmige gibt mir Sicherheit. Putzen ist gleichförmig und hoffnungslos zugleich, weil es der permanente Versuch der Wiederherstellung eines Zustandes ist und nichts, absolut nichts hinzufügt zum Gleichgewicht der Welt. Ganz im Gegenteil: Putzen ist immer Subtraktion. Ich entferne Staub, Dreck, Flecken. Ich poliere, ich bürste, ich reibe, ich schrubbe. Und alles, was ich berühre, wird immer weniger, immer leichter.

Und dann spüre ich meine Hände nicht mehr, und es trifft mich unvermutet wie ein Schlag, nein, wie viele Schläge, denn die Verwunderung nimmt kein Ende. Das *Vileda*-Staubtuch fällt mir in der Pension aus der Hand, der Kugelschreiber rutscht mir aus den Fingern, die gelbe Vase von Milli Kraus-Vobach ist unrettbar verloren. Zu Hause entgleitet mir die Welt. Als ich eines Nachmittags mit Asien fertig bin, fällt er zu Boden, der Globus. Zum Glück ist er aus Kunststoff. Südamerika hat eine Delle.

Milli Kraus-Vobach nennt mir den Namen eines Neurologen, »eine Kapazität« nennt sie ihn, oft sei sie mit Hubsi bei ihm gewesen. Franz fährt mich hin. Ich bin ganz ruhig und leicht und warm und ganz bei mir und ganz verbunden mit allem. Wenn ich sie drehe und wende und wenn ich es nur will, dann hebe ich sie aus den Angeln, diese Welt. Franz am Steuer zieht nervös an seiner Zigarette, als wollte er ihr verborgene Inhalte entlocken.

Dr. Alexander Nagel ist auf dem Türschild zu lesen. »Sie

haben einen Termin?«, fragt die Assistentin lächelnd. Mein Bauch kribbelt, meine Stirn, meine Wangen kribbeln, ich fühle mich wie ein Schmetterling kurz vorm Entpuppen. »Ja«, antworte ich und lächle zurück. »Ich habe einen Termin.«

Martina Behm

Realitätsverlust

Es ist lange her, dass mir diese Geschichte passiert ist, etwa vor vier Jahrzehnten, zu Beginn dieses Jahrtausends. Vielleicht glauben Sie mir nicht, weil Sie von der Stadt, in der sie passierte, noch nie etwas gehört haben. Das wundert mich nicht. Die Stadt verschwand vor ein paar Jahren. Aus den Büchern, den Landkarten und den Köpfen der Menschen. Ich verrate lieber nicht, wo es genau passierte, denn ich bin an der ganzen Sache schuld und ich fürchte, jemand könnte mich zur Verantwortung ziehen. Aber wie es aussieht, bin ich sowieso die Einzige, die sich daran erinnert.

An einem kalten Tag im Dezember verlor ich die Realität. Kurz zuvor war sie noch da, ein faustgroßes Staubknäuel in meiner Manteltasche. Sie wog nicht viel, eigentlich konnte ich sie kaum spüren, als ich sie mit mir herumtrug. Trotzdem war es beruhigend, sie dabeizuhaben. Ich musste sie nicht sehen, sie nicht fühlen und nicht vor ihr erschrecken. Aber ich wusste, sie war immer noch da und ich hätte sie jederzeit hervorholen können, damit sie sich wieder wie eine Flut von alten, grauen Gardinen über die Stadt ausbreitete.

Aber an diesem Dezembertag war sie mir verloren gegangen, und ich spürte langsam die Panik in mir aufsteigen. Damals wusste ich noch nicht, dass meine Unachtsamkeit dazu führen sollte, dass eine ganze Stadt einfach so verschwand. Im Nichts.

Ich dachte an die vielen Stunden, die ich damit verbracht hatte, sie einzusammeln. Es hatte sieben Monate und 11 Tage gedauert, bis ich jeden Fetzen Realität in dieser Stadt gefunden und meinem immer größer werdenden grau-gummiartigen Staubball hinzugefügt hatte.

Wie es dazu kam? Es begann im März, als mir auf dem Weg zur Arbeit in einem Hauseingang zwischen einem chinesischen Imbiss und einem arabischen Obstladen ein graugrünliches Zipfelchen auffiel. Es sah aus wie die Ecke von einer Folie, die jemand auf den Boden und die Wand geklebt hatte. Sie löste sich langsam ab, und Dreck sammelte sich darunter, es war hässlich.

Ich sah mir diesen Zipfel genauer an. Zum Glück bemerkte niemand, wie ich in diesem Hauseingang auf dem Boden kniete und mich an dem Schmutz in einer Ecke zu schaffen machte. Ich zog und zupfte ein wenig, und dann war es ganz leicht: Eine graue Gaze löste sich von den Steinen, transparent, aber sehr groß; ich musste sie zusammenknüllen, um ihrer Herr zu werden. Und da war er, der Anfang meines Knäuels. Ich befühlte es und warf es ein wenig in die Luft, um sein Gewicht zu prüfen; ich staunte, dass es sich immer weiter zusammenknüllen ließ, bis auf die Größe einer Murmel. Der befreite Hauseingang sah nicht anders aus als vorher, aber ich fand, es roch plötzlich ein wenig nach Zitrone. Frisch.

Als ich am nächsten Tag dort vorbeikam, fiel mir auf, dass der Eingang sauber geputzt war. Die Türklinke war blank poliert und die abgenutzten Fliesen glänzten. Ich blieb eine Weile stehen. Die Menschen, die aus der Tür hinaustraten, lächelten. Das Knäuel in meiner Tasche fühlte sich klebrig an.

Immer, wenn ich in der Stadt zu tun hatte, versuchte ich, auf dem Weg noch mehr Ecken des grauen Schleiers zu finden, von dem ich bereits einen kleinen Teil zusammengeknüllt in der Tasche trug. Es war nicht so einfach, denn ich fand nur noch zwei andere so deutlich sichtbare Zipfel: Den einen am Fuß eines Altpapiercontainers, den anderen in der Ecke eines Bushaltestellenhäuschens. Und wieder konnte ich erst keine Veränderung erkennen, aber am nächsten Tag: fröhliche Menschen, Sauberkeit und Zitronenduft.

Ich wurde neugierig, was passieren würde, wenn es mir gelänge, die ganze Stadt von dem Grauschleier zu befreien: Was würde anders sein, außer dass die Stadt nicht mehr so dreckig wäre? Würde es den Menschen besser gehen als jetzt? Keine Ahnung. Vielleicht. Warum sollten sonst die Leute in meinen Versuchsecken so entspannt aussehen? Auf jeden Fall sorgte ich dafür, dass die Straßenkehrleute längere Zigarettenpausen machen konnten. Und das war ja auch schon mal was.

Ich suchte weiter, war aber wochenlang erfolglos. Bis ich darauf kam, andere leichte, graue Kleinigkeiten von der Straße aufzusammeln. Taubenfedern, zertretene Kaugummipapiere, Zeitungsschnipsel. Diese waren viel schwerer zu entfernen als die zusammenhängenden Grauschleier, weil es so viele waren, und sie waren so leicht, dass sie mir oft bei einem kleinen Luftzug wieder entwischten. Ich musste gut auf sie aufpassen, aber die Wirkung war dieselbe: aus Dreck wurden Bonbonfarben, aus Gestank ein leichter Zitronenduft. Das Knäuel in meiner Manteltasche war inzwischen auf die Größe eines Tischtennisballs angewachsen.

Ich ging nun systematisch vor: von Südosten nach Nordwesten. Es war eine mühsame Arbeit, aber ich fand, sie lohnte sich. Ich war gespannt, was passieren würde, wenn ich die ganze Stadt befreit hätte.

Irgendwann war es soweit. Den genauen Zeitpunkt weiß ich nicht mehr, denn der Wandel war langsam, aber stetig vonstatten gegangen. Die Tauben verschwanden allmählich ganz aus der Stadt. Häuser wurden frisch gestrichen und Balkons mit Blumen bepflanzt. Die örtliche Polizei verzeichnete weniger Diebstähle und Prügeleien. Autofahrer hielten sich an Tempo 30 und nickten den Fußgängern auf den Zebrastreifen freundlich zu. Der Obdachlose, dem ich sonst auf dem Weg ins Büro immer etwas Kleingeld geschenkt hatte, jobbte jetzt im türkischen Gemüseladen und erzählte stolz von seiner neuen WG. Das Weinen in der Wohnung bei mir nebenan hörte ich immer seltener. Auch an mir selbst bemerkte ich Veränderungen: Die grundlose Traurigkeit, die mich manchmal überfiel, wenn ich abends allein in meiner Wohnung saß, war verschwunden. Ich fühlte mich leicht.

Erst da wurde mir klar, woraus dieses Knäuel in meiner Tasche bestand: Wirklichkeit. All das, was unsere Stadt von einer perfekten Welt unterschied, war weg: Der Dreck, die Mühe, die Traurigkeit. Ich hatte die Realität eingesammelt und aus den Straßen entfernt. Die Menschen waren, soweit ich es einschätzen konnte, froh darüber. Obwohl ich nicht wirklich weiß, ob sie es überhaupt bemerkten.

Ich lebte in meiner neuen, sauberen Welt und war froh und stolz, dass sie mein Werk war. Aber das Knäuel hatte ich immer bei mir. Für alle Fälle. Wenn ich nicht mehr wusste, ob ich träumte oder wach war, steckte ich die Hand in die Manteltasche zu meinem klebrigen Ball, und das Schweben hörte für kurze Zeit auf.

Das tat mir gut, denn ich fühlte mich, seit ich die Realität aus der Stadt entfernt hatte, ein wenig taub. Ich merkte zwar, dass ich immer ein Lächeln im Gesicht hatte und dass ich mich nicht mehr stritt. Früher erntete ich oft verdutzte Blicke, wenn ich das, was mir in den Sinn kam, einfach aussprach. Ich dachte vorher nie groß darüber nach, ob es anderen gefallen könnte, was ich da sagte. Ich war unsensibel, und das war mir manchmal peinlich. Im Büro kamen meine unüberlegten Sätze auch nicht so gut an. Das war jetzt vorbei. Ich weiß nicht, ob es daran lag, dass ich Dinge, die anderen nicht gefallen könnten, nicht mehr aussprach, oder ob die Menschen einfach nicht mehr darauf reagierten. Wahrscheinlich beides. Es war angenehm. Aber auch ein wenig langweilig.

Etwas merkwürdig war es auch mit meinem Freund. Wir sahen uns genauso oft wie vorher, aber unsere Treffen machten uns beide nicht glücklich. Jedenfalls nicht glücklicher, als wir sowieso schon waren. Es tat einfach nicht mehr weh, wenn wir getrennt waren, denn der Schmerz war anscheinend zusammen mit der Realität aus der Stadt verschwunden. Was für einen Unterschied machte es dann, ob wir zusammen waren oder nicht? Irgendwann vergaß ich, ihn anzurufen. Und er vergaß meinen Geburtstag. Ich war nicht sauer darüber. Ich fühlte mich wie immer. Nur, wenn ich die Finger in meine Staubkugel steckte, schossen mir die Tränen in die Augen.

Wenn ich mich mit Leuten unterhielt, erzählten sie

mir ähnliche Geschichten: sie wussten nicht mehr, ob sie verliebt waren, denn keiner war mehr unglücklich, wenn er nicht zurückgeliebt wurde. Sie vergaßen, worin der Unterschied zwischen Küssen und Kekseessen lag. Das klingt traurig, hatte aber auch sein Gutes: Niemand musste mehr zu peinlichen Single-Partys gehen, sich in der Öffentlichkeit beschwipst geben oder zu laut lachen, um auf sich aufmerksam zu machen und so das Alleinsein zu beenden. Und der Absatz von Sportwagen war auch rückläufig, jetzt, wo die Junggesellen die Mädels nicht mehr mit ihnen ködern wollten: ihnen ging es auch ohne Frauen gut. Gut genug, zumindest. Der Porschehändler war übrigens der Erste, der seinen Laden dichtmachte und die Stadt verließ.

Natürlich war abzusehen, dass die Bevölkerung schrumpfen musste: Wenn sich niemand mehr verliebte und sich niemand mehr ein Kind wünschte, weil er auch ohne zufrieden war, würde es bald keine Babys mehr geben. Auch aus ganz praktischen Gründen: Die Leute hatten keinen Sex mehr! Als Nächstes wurde daher die *Beate-Uhse*-Filiale unten bei mir im Haus geschlossen. Kondome und Vibratoren wurden in der Stadt nicht mehr gebraucht, ebenso wie Game-Boys, Espressomaschinen oder Zigaretten. Das war irgendwie ärgerlich für die Stadtkasse, da jetzt, wo so viele Ladenbesitzer schließen mussten und so viele die Stadt verließen, weniger Steuern reinkamen. Aber im Grunde war auch das kein Problem, schließlich hatte man gerade den gesamten Straßenkehrertrupp entlassen: Es gab in unserer Stadt keinen Dreck mehr, den sie hätten wegfegen müssen.

Irgendwann wusste ich nicht mehr, was mein Lieblingsessen war. Es war mir egal, was für Kleider ich trug:

Was auch immer ich anzog, ich fühlte mich leicht, die Menschen mochten mich. Die Bücher, die ich las, waren weder gut noch schlecht. Die Musik im Radio auch. Schalala, schubidu.

Ich hatte auch keine sonstigen Vorlieben mehr. Meine Wünsche verschwanden. Ich hörte auf, vor den Schaufenstern zu stehen und all die schönen Dinge anzuschauen, von denen ich noch ein paar Wochen zuvor dachte: Wenn du mal richtig Kohle hast, dann kaufst du dir das. Oder, wenn ich in einem Film oder Werbespot eine Wohnung mit Dachterrasse sah – vor meiner Sammelaktion dachte ich dann immer: Ja, eine Dachterrasse, das wäre schön. Man könnte oben auf dem Dach frühstücken, man könnte viele Kübel mit Pflanzen hinstellen. Und keiner würde sehen, was ich dort oben tat. Aber selbst der Wunsch nach einer Dachterrasse war aus meinem Denken gelöscht. Damit hätte ich noch leben können, schließlich ist es ja nicht so schlecht, wenn man zufrieden ist. Ich hätte ins Kloster gehen können, das wäre gar kein Problem gewesen. Dinge zu besitzen oder anzuschauen änderte an meinem Gemütszustand nichts mehr.

Aber worin unterschied ich mich überhaupt noch von anderen? Früher hatte jeder seinen eigenen Geschmack: Bücher von Max Frisch, Nabokov nicht so gerne, Musik von den Red Hot Chili Peppers, aber nicht von den Cranberries. Manche mochten Menschen, mit denen man lachen, andere solche, mit denen man streiten konnte. Jetzt schien jeder jeden und jeder alles zu mögen.

Immer öfter wachte ich morgens auf und wusste nicht, ob ich aufstehen sollte oder nicht. Ich suchte das Staubknäuel in meiner Tasche und hielt es eine Weile umklammert, und dann ging es wieder. Ich stand auf, duschte und zog mich an. Ich musste nach draußen, um zu sehen, was weiter passieren würde. Aber es schien, dass sich nicht mehr viele Leute außer mir dafür interessierten. Mit jedem Tag wurden die Straßen leerer. Meine Kolleginnen kamen immer seltener zur Arbeit. Wozu die Mühe? Sie waren ja auch allein zu Hause zufrieden. Es schien, als wäre ihre Neugier auf die Welt gestorben. Den Chef kümmerte das nicht. Er hatte für uns nur lobende Worte und schien auch nicht beunruhigt darüber, dass eigentlich keine von uns mehr etwas zu tun hatte. Das Geschäft lief schleppend, monatelang hatten wir kaum noch Aufträge. Irgendwann kam auch der Chef nicht mehr; er, der sonst oft schon um sieben Uhr früh im Büro war und meistens vor neuen Ideen nur so sprühte. Ich saß allein hinter meinem Schreibtisch und wusste nicht, was ich im Büro noch sollte. Im Internet zu surfen war langweilig geworden. Die Nachrichtenseiten, mit denen ich mir früher bei der Arbeit die Zeit vertrieben hatte, zeigten nur noch Klatschspalten und Werbebanner. Der Rest blieb weiß. Ich rief meinen Chef zu Hause an. Ich ließ es lange klingeln, irgendwann hob er ab. Er war verwundert zu hören, dass ich aus dem Büro anrief, und fragte, was ich dort wolle. Ich solle nach Hause gehen und das Leben genießen. Ich fragte ihn, welches Leben er meinte. Er verstand meine Frage nicht. »Für ihren weiteren Lebensweg alles Gute!«, sagte er stattdessen und legte auf. Ich glaube, das war in unserer realitätslosen Welt die Formulierung für eine Kündigung.

Ich war jetzt zwar arbeitslos, aber das war nicht weiter schlimm, im Gegenteil. Ich hatte jetzt einfach mehr Freizeit, alles andere änderte sich nicht. Natürlich war es langweiliger als vorher, denn eigentlich hatte ich meinen Job gemocht. Aber Geld hatte ich immer noch auf meinem Konto. Die Gehaltszahlungen hörten zwar auf, aber mein Kontostand blieb gleich, egal, wie viel Geld ich mir aus dem Automaten zog. Keine Ahnung, wie das funktionierte.

Früher hatte ich oft von einem Lottogewinn geträumt, und von all den Dingen, die ich dann hätte tun können: nur noch Teilzeit arbeiten. Viel Sport machen. Vielleicht irgendwann den Berlin-Marathon mitlaufen. Tagsüber in Cafés sitzen und die *Zeit* lesen. Oder ein Buch schreiben über den Schmerz, den man fühlt, wenn man verliebt ist. Der einen wissen lässt: du bist am Leben.

Aber zu all dem hatte ich jetzt keine Lust mehr. Eigentlich konnte ich mich gar nicht daran erinnern, dass ich diese Dinge mal tun wollte. Der Griff in meine Manteltasche zu meinem Wirklichkeitsknäuel half dagegen nur für Minuten.

Inzwischen war es Dezember. Ich war seit zwei Wochen nicht mehr vor die Tür gegangen, aber jetzt wollte ich doch wissen, ob sich draußen noch etwas tat. Ich zog meinen Wollmantel über und fuhr mit dem Fahrstuhl nach unten. Im Hauseingang öffnete ich kurz meinen Briefkasten, eine alte Gewohnheit. Er war natürlich leer, ich hatte schon seit Monaten keine Briefträger mehr in der Stadt gesehen. Sie blieben zu Hause wie alle anderen auch.

Die Straße war vollkommen leer. Sie war immer noch sauber und es roch nach Zitronenputzmittel, aber das nützte in diesem Moment nur mir allein. Ich lief zum Bahnhof, denn dort hatte ich vorher immer Menschen gefunden. Jetzt nicht mehr. Der Bahnhof glich einem Museum: Die Schalter waren unbesetzt, und auf den Bahnsteigen warteten keine Passagiere. Ein Wunder, dass die Züge noch hielten und nicht einfach vorbeirasten. Es wollte niemand hier aussteigen.

In der Innenstadt traf ich nicht einen Menschen. Eigentlich hatte ich schon vorher gewusst, dass niemand da sein würde, aber ich hatte gehofft, dass die Menschen auch jetzt noch Weihnachten feiern wollten und dafür Besorgungen in der Stadt machen mussten. Aber das taten sie nicht. Sie hockten in ihren Wohnungen, zufrieden mit sich und der Welt, und wollten nichts mehr. Auch kein Weihnachtsessen, keine Kerzenbeleuchtung oder gar Geschenke.

Ich blickte in die Schaufenster mit den verstaubten Waren und veralteten Dekorationen. Niemand hatte es für nötig befunden, die Ostersträuße herauszunehmen.

Ich steckte meine Hand in die Manteltasche und befühlte meinen Staubball. Vielleicht sollte ich ihn einfach wieder auspacken, und alles würde so sein wie früher? Genau! Ich musste nur noch überlegen, wie ich die Fetzen am besten über die Stadt verteilen könnte. So gleichmäßig wie vorher würde ich sie sicher nicht wieder hinbekommen, aber ich könnte es ja versuchen.

Ich trat ein paar Schritte von dem Schaufenster zurück und erschrak. In dem Fenster spiegelte sich etwas Zotteliges, Abgemagertes mit riesigen schwarzen Augenhöhlen.

Ein Monster.

Und das war ich.

Mir wurde schwindelig, ich stolperte und blieb mit dem Absatz in einem Gullideckel hängen. Ich fiel hin und blieb flach auf der Erde liegen. Meine rechte Schulter und mein Handgelenk schmerzten, etwas Haut war abgeschrammt. Mir wurde heiß, ich bekam keine Luft mehr.

Irgendwann schaffte ich es, mich wieder aufzurichten. Wie konnte es sein, dass ich nicht bemerkt hatte, wie schwach ich in den letzten Wochen geworden war? Ich musste dringend nach Hause, ins Bett. Ich stolperte die Straße entlang zurück in meine Wohnung. Gleich geschafft.

Ich fiel auf mein Bett und schlief sofort ein.

Am nächsten Morgen wachte ich auf und erinnerte mich langsam. Für meinen Zustand gab es natürlich eine einfache Erklärung: Ich hatte nie mehr Appetit verspürt und schlicht vergessen, etwas zu essen. Ob es wohl vielen Leuten so ging? Wahrscheinlich war die Hälfte der Bevölkerung unserer Stadt schon längst verhungert! Ich musste dringend etwas tun. Ich musste den Menschen die Wirklichkeit zurückgeben. Also holte ich meinen Mantel und fasste in die rechte Tasche.

Da war nichts außer ein paar Taubenfedern. Mir wurde heiß und kalt.

Ich fasste in die andere Tasche, in die Innentasche, ich zog den Mantel an und wiederholte das Ganze noch ein paar Mal.

Aber sie war weg.

WEG!

Ich hatte den Menschen die Realität nicht nur weggenommen, ich hatte sie auch noch verloren! Alles, was ich denken konnte, war *NEIN! NEIN!*, und ich hatte Mühe, nicht gleich loszuheulen. Ich musste mich zusammenreißen. Mein Realitätsknäuel, ich hatte es entwischen lassen. Wahrscheinlich gestern, als ich stolperte und fiel. Noch im Schlafanzug hetzte ich nach draußen und kam atemlos an der Stelle an, wo ich am Tag davor zusammengebrochen war. Mein Knäuel war nicht dort. Wie denn auch? Es wehte ein ständiger eiskalter Wind durch die Stadt. Wahrscheinlich war das Knäuel irgendwo hingetrieben worden, wo ich es nicht finden würde. Oder es war durch den Gulli in den Abwasserkanal verschwunden.

Ich suchte die Häuserwände ab und die Ecken, gab die Suche aber bald auf. Ich wusste, dass ich meine Kräfte noch für etwas anderes brauchen würde. Ich musste die Stadt verlassen.

Ich klingelte bei meinen Nachbarn, um wenigstens sie mitzunehmen. Aber sie öffneten nicht. Ich rief meine Freundinnen an, aber keine ging ans Telefon, und mir fehlte die Kraft, es noch bei anderen Bekannten oder meinen Kolleginnen zu versuchen. Ich hatte ein schlechtes Gewissen, sie alle zurückzulassen, aber es ging nicht anders. Außerdem hatte ich die leise Hoffnung, dass sich irgendwann die Wirklichkeit, die ich in der Stadt verloren hatte, wieder ausbreiten würde, wie ein Schleier, der die Häuser und Straßen bedeckt. Vielleicht würde alles so werden wie früher. Aber so lange konnte ich nicht warten.

Da meine Energiereserven immer kleiner wurden, packte ich nur ein paar Dinge in meinen Rucksack. Er durfte nicht schwer werden. Ich steckte ein paar Kekse ein; sie waren alles, was ich noch zum Essen im Haus hatte. Meinen Pass, meine Zeugnisse. Taschentücher. Eine Wasserflasche. Ich schloss meine Wohnungstür hinter mir ab und ging langsam zum Bahnhof.

Auf einem menschenleeren Bahnsteig wartete ich auf einen Zug Richtung Norden. Nach nur ein paar Minuten kam einer. Ich stieg ein und setzte mich hin. Die anderen

Fahrgäste starrten mich ungläubig an, runzelten die Stirn und fingen an zu murmeln. Ich wusste plötzlich ganz genau warum. Ich ging zur Toilette und wusch mir das Gesicht. Ich kämmte meine Haare. Ich war hungrig.

Ich weiß nicht, was mit den anderen Bewohnern der Stadt passiert ist. Ich vermute, die meisten sind an Unterernährung gestorben, ohne es zu merken. Andere haben, so hoffe ich, die Stadt doch noch verlassen können, bevor sie sich in Nichts auflöste. Aber ich habe nie mehr jemand anderen von dort getroffen, geschweige denn etwas von der Stadt gehört. Das Schicksal ihrer Bewohner schien niemanden zu interessieren. Wenn ich gefragt wurde, woher ich kam, fiel mir der Name der Stadt oft nicht mehr ein. Und wenn doch, wussten nur wenige, wo sie lag. Die Stadt verschwand.

Es tut mir Leid, was dort passiert ist. Ich weiß nicht, wie viele Menschen der Realitätslosigkeit zum Opfer fielen, aber das ist auch unerheblich. An meiner Schuld ändert eine Zahl nichts.

Sie müssen mir glauben, ich wollte niemandem wehtun, als ich die Realität in einem Knäuel sammelte und verschwinden ließ. Ich wollte die Leute auch nicht im Stich lassen, als ich ging. Aber ich musste es tun. Ich konnte ohne Wirklichkeit nicht leben.

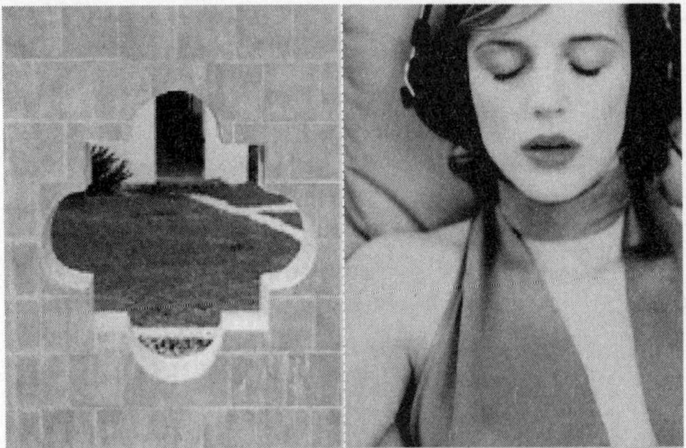

DIE AUTORINNEN UND AUTOREN

Allegra

Martina Behm, geboren 1974, wuchs in Bad Bramstedt auf, einer kleinen Stadt in Schleswig-Holstein. Mit 16 tauschte sie das norddeutsche Flachland für ein Jahr gegen Goiânia, eine brasilianischen Großstadt mitten in der Pampa. Sie studierte Volkswirtschaftslehre an der Universität Konstanz und an der University of Oxford, wo sie ihr Studium 1999 abschloss. Als begeisterte Volkswirtin ist sie seitdem mit ihrer Doktorarbeit beschäftigt. Martina Behm forscht und schreibt in Mannheim – einer, wie sie findet, sehr inspirierenden Stadt.

Sibylle Berg wurde vermutlich 1966 in Weimar geboren. Sie arbeitete als Lexikonverkäuferin und Puppenspielerin. Seit 1996 Autorin für *Tempo*, *Die Zeit*, *Die Woche* und *Stern*. Veröffentlichte Romane und Geschichten (*Ein paar Leute suchen das Glück und lachen sich tot*, Leipzig: Reclam, 1997; *Sex II*, Leipzig: Reclam, 1999; *America*, Hamburg: Hoffmann & Campe, 1999, *Gold*, Hamburg: Hoffmann & Campe, 2000; *Das Unerfreuliche zuerst. Herrengeschichten*, Köln: Kiepenheuer & Witsch, 2001). Frau Berg wohnt in Zürich.

Simone Buchholz, geboren 1972 im Hessischen, ist demnach jetzt so um die dreißig. Sie sollte vielen Menschen dankbar sein, dass sie bis heute überlebt hat, vor allem aber der *Allegra*. Mit deren Hilfe legte sie eine ganz außergewöhnliche Karriere hin, von der Gosse über die Love&Sex-Schreiberin über die Wirtschaftsredakteurin bis hin zu einem freien Büro in Hamburg-St.Pauli mit drei anderen Arbeitslosen. Und wer jetzt behauptet: »Da ist die doch aber wieder im Rinnstein gelandet...«, der lügt. Denn sie arbeitet als Autorin für *Allegra*, *brand eins* und das *jetzt*-magazin. In froher Hoffnung, immer ihre Pflicht zu erfüllen. Und in tiefer Dankbarkeit.

Verena Carl, geboren 1969 in Freiburg, studierte in München BWL. Danach machte sie ein Volontariat beim Burda-Verlag und einer Lokalzeitung, um dann als freie Journalistin unter anderem für Reisezeitschriften (*Globo*), Frauenzeitschriften (*freundin*, *Marie Claire*) und überregionale Zeitungen (*Welt am Sonntag*), später als Redakteurin bei *Fit for fun* zu arbeiten. Auftritte auf Poetry Slams in München, Hamburg, Köln, Weimar, aber auch New York und San Francisco. Slam-Tournee durch die Schweiz zusammen mit Michael Lentz (München) und Till Müller-Klug (Berlin). Teilnahme an diversen Lesungen. Verena Carl veröffentlichte bisher das Jugend-Sachbuch *Herzklopfen im Cyberspace* (München: dtv junior, 1999) sowie im November 2001 den Roman *Lady Liberty* (München: dtv) und wurde bereits mit dem *Literaturförderpreis des Landes Baden-Württemberg*, Kategorie Kinder- und Jugendliteratur, und dem *Literaturförderpreis des Freien und Hansestadt Hamburg* ausgezeichnet. Sie lebt heute in Hamburg und arbeitet als Redakteurin für die Zeitschrift *Petra*.

Nina George, geboren 1973 in Bielefeld, fabuliert zwar am liebsten, aber nicht nur über die schönste Nebensache der Welt. In ihrem Debütroman *Kein Sex, kein Bier und jede Menge Tote* (München: Knaur Lemon, 2000) gibt es noch nicht mal eine wilde Knutscherei. Dafür lebt sie ihre dunklen Seiten mit ihrem Alter Ego Anne West aus – nach dem Bestseller *Gute Mädchen tun's im Bett, böse überall* (München: Knaur, 1998) folgt nun der zweite Erotikratgeber *Sag Luder zu mir* (München: Knaur, 2001). Die freie Autorin für Print und TV (Crime, Comedy, Aktuelles) lebt in Hamburg und arbeitet zur Zeit an einem Roman übers Erwachsenwerden, was verständlicherweise auch nicht gerade einfach ist.

Gernot Gricksch wurde 1964 in Nicaragua als Sohn einer Diplom-Sandinistin und eines desertierten Fremdenlegionärs geboren. Nach einem Studium der Elementarteilchenphysik an der Sorbonne arbeitete er kurzfristig als Typberater in der Medienbranche und bestieg 1996 den K2 ohne Sauerstoffmaske, Proviant und festes Schuhwerk. Gricksch isst aus religiösen Gründen nur Dinge, deren Namen mit einem P beginnen, war zweimal mit Cameron Diaz verheiratet und leidet unter starkem Realitätsverlust. Nur ausgemachte Langweiler bezeichnen ihn bloß als freien Journalisten und Autor der Romane *Die Herren Hansen erobern die Welt* (München: Knaur, 1999) und *Die denkwürdige Geschichte der Kirschkernspuckerbande* (München: Knaur, 2001) sowie des hilfreichen Sachbuchs *Als die wunderbarste Frau der Welt sagte: Liebling, wir sind schwanger!* (München: Schneekluth, 2001).

Marcel Häußler, geboren 1970 in Essen. Sein Studium der Theater-, Film- und Fernsehwissenschaft in Bochum brach er nach einigen Semestern ab, um als Kameraassistent und Cutter zu arbeiten. Heute lebt Marcel Häußler in Köln, arbeitet als freier Kameraassistent und schreibt Kurzgeschichten und Drehbücher.

Jan Jepsen, geboren 1962 in Hamburg, ab da selige Kindheit mit den Füßen in der Elbe, schwierige Schulzeit, zweimal sitzen geblieben, 1986 trotzdem Studiumsversuch an der FU Berlin, nach anderthalb Semestern Abbruch zugunsten einer Weltreise. Erste Schreibversuche. 1988 Praktikum bei *Tempo*, ab da umtriebig als freier Text- und Bildreporter für diverse Magazine, 1994 erster Roman *Wie die Wilden* (Kindheit – Hamburg: Hoffmann & Campe), 1999 *Heimspiel* (Pubertät – Hamburg: Hoffmann & Campe), 2002 *Die kleine Klookröte* (Infantilität – Hamburg: Carlsen).

Daniel Klaus, geboren 1972 in Wiesbaden, wuchs in Niedernhausen am Taunus auf. In Mainz und Berlin studierte er Evangelische

Theologie und lebte dann für ein Jahr in Paris. Daniel Klaus ist Walter-Serner-Preisträger 2000 und hat bereits in verschiedenen Literaturzeitschriften und Anthologien veröffentlicht, unter anderem in *erostepost*, *Zeichen & Wunder*, *Fisch*, *Ventile*, *LIMA*.

Martina Lorey, geboren 1957 in Braunschweig, studierte Grund- und Hauptschulpädagogik und machte eine Ausbildung zur Damenschneiderin. Seit 2000 arbeitet die Mutter eines Sohnes in Köln als Grundschullehrerin.

Eckhart Nickel, vermutlich 1966 in Frankfurt am Main geboren, lebt als freier Schriftsteller in Heidelberg und Palma de Mallorca. Zu seinen Veröffentlichungen zählen *Ferien für immer* (Köln: Kiepenheuer & Witsch, 1997), *Was ich davon halte* (Berlin: Quadriga, 2000) und *Gebrauchsanweisung für Portugal* (München: Piper, 2001). Zur Zeit arbeitet er an seinem Roman *Die Wespe*.

Mascha Nicksch, geboren 1978, wuchs in Hamburg auf. Nach Abitur und der Phase: »Ich weiß nicht, was ich will, also verdiene ich erstmal ein bisschen Geld!«, studiert sie seit 2000 an der Universität Hildesheim Kreatives Schreiben und Kulturjournalismus.

Nadine Nöhmaier, geboren 1976 in Eggenfelden/Niederbayern, wohnt in München, wo sie derzeit Kommunikationswissenschaft studiert. Seit Januar 2000 nimmt sie am 1. Manuskriptum-Kurs teil (Gemeinschaftsprojekt von Uni, Bertelsmann und Literaturhaus München). Nadine Nöhmaier schreibt regelmäßig für verschiedene Tageszeitungen und ist Chefredakteurin eines Münchner Hochschulmagazins.

Birgit Schüler, geboren 1968 in Freiburg/Breisgau, wurde durch eine glanzlose Werberinnen-Karriere zwangsläufig zum Schreiben von Kurzgeschichten geführt: »Sie sind für mich kurze Fluchten aus der verbalen Ödnis der Werbewelt.« Im Werbemilieu spielen auch viele der Geschichten, die sie hauptsächlich in der Mittagspause schreibt. Sie sind meist besser als die 10,50 DM-Mittagsgerichte der umliegenden Kneipen. Auf jeden Fall aber leichter verdaulich.

Markus Seidel, geboren 1969 in Wilhelmshaven, lebt nach Jahren in Wien und Berlin heute in Hamburg. Neben zahlreichen Kurzgeschichten hat er bereits drei Romane veröffentlicht: *Umwege erhöhen die Ortskenntnis* (München: Knaur, 2001), *Freischwimmer* (München: Knaur, 2000) und *Vom Stand der Dinge* (München: Schneekluth, 2001).

Martyna Starosta, geboren 1983 in Polen, aufgewachsen in Deutschland, später ein Jahr in Argentinien. Noch gibt es viele weiße Flecken auf der Landkarte. *Das Leben ist anderswo* lautet einer der Titel Milan Kunderas – Frau Starosta reist, um dorthin zu gelangen. Schreiben ist auch ein Mittel der Fortbewegung.

Britta Stöckle, geboren 1969 in Berlin, Ausbildung zur Werbekauffrau, längere Auslandsaufenthalte in Toronto und Paris. 1999 Beendigung des Regiestudium in der Dokumentarfilmklasse an der Filmakademie Baden-Württemberg, seitdem Pendeln zwischen Stuttgart und Berlin. Seit 1995 Mitglied der Akademie der Künste in Berlin, Abteilung Film und Medien. Britta Stöckle arbeiten als Drehbuchautorin für verschiedene Sender und Produktionsfirmen.

Isabella Straub, geboren 1968 in Wien, studierte Germanistik und Philosophie in Wien und Klagenfurt. Sie arbeitet als freie Journalistin.

Jens Teutsch-Majowski, geboren 1964 in Berlin-West. Schulabschluss: Sehr wahrscheinlich keinen. Von den Eltern prophezeiter Beruf: Steineklopfer. Ausbildung: Tontechniker und Mikroassistent beim Film. Volontariat: zwei Jahre bei *Prinz* München. Journalist: Freier Autor für *Allegra*, *Freundin*, *Fit for fun*, *Tempo*. Freier Fernsehautor seit 1990: unter anderem für Hape Kerkelings *Darüber lacht die Welt*. Ziel: viel gelesener Schriftsteller. Wohnort: neuerdings Berlin.

Christine Thiemt, geboren 1965 in Innsbruck, zog 1998 nach Beendigung ihres Übersetzerstudiums nach Neckarsulm, wo sie heute lebt und arbeitet. Sie begann bereits als Schülerin zu schreiben; prägend für ihre neueren Texte wurde eine beeindruckende Reise nach Rumänien im Sommer 1998. Christine Thiemt ist Preisträgerin diverser Lyrikwettbewerbe. Im letzten Jahr wurde ihre Erzählung *Königswasser* mit dem ersten Preis des *Wiener Werkstattpreis für kurze Prosa und Lyrik* ausgezeichnet. Beim Wettbewerb 2001 von Literatenohr e.V. erhielt sie den ersten Preis für ihre Prosaskizze *Salz*. Beim *1. Mellrichstädter Literaturpreis* wurde sie Dritte mit der Erzählung *Aus der Erde*.

Anja Ulbig, geboren 1964 in Bremen, ist Lehrerin für Deutsch, Deutsch als Fremdsprache und Französisch. Sie hat bereits mehrfach Kurzgeschichten und Lyrik in verschiedenen Anthologien veröffentlicht und wurde 1997 mit dem zweiten Platz beim Krimi-Schreibwettbewerb der Kulturamtes Wardenberg ausgezeichnet. Anja Ulbig ist Mitglied des Bremer Literaturkontors und der *Sisters in Crime* und lebt mit ihrem Mann und ihren beiden Kindern in Bremen.

Christina van Laak, geboren 1971 in Münster, war als Kabarettistin in Krefeld und Düsseldorf aktiv. Sie studierte Germanistik und

DaF in Düsseldorf, heiratete in Leipzig, arbeitet und schreibt heute in Berlin, wo sie mit Mann und zwei Kindern lebt.

Kerstin Vögt, geboren 1973 in Ratingen, studierte in Düsseldorf und Wuppertal. Sie war Mitglied der Autorengruppe *Schreiber der Alten Post* und arbeitete als Regie-Trainee mit Schwerpunkt Drehbuchentwicklung bei Dreharbeiten in Sri Lanka und im Senegal. Derzeit ist sie Redakteurin und Autorin eines innovativen IT-Projekts.

Florian Werner, geboren 1971 in Berlin, studierte englische, amerikanische und deutsche Literatur in Tübingen, Aberdeen und Berlin. Er nahm an zahlreichen Poetry Slams im In- und Ausland teil, unter anderem in München, Stuttgart, Weimar, Durham und Wien. Er promoviert über Apokalyptik in der afro-amerikanischen Dichtung, textet und musiziert in der Gruppe *fön* und arbeitet an einem Buch mit Geschichten, die alle schlecht ausgehen.

Markus Winzer wurde 1969 in Lörrach geboren. Während seiner Jugendzeit auf dem Land schmiedete er Hufeisen, mistete Ställe aus und machte nebenbei das Abitur. Anschließend zog es ihn in die Berge. Er absolvierte den Zivildienst in Berchtesgaden, anschließend ein Studium der Biologie mit Schwerpunkt Ökologie in Innsbruck. Seit 1998 lebt er als freiberuflicher Biologe, Journalist und Autor in Hertingen.

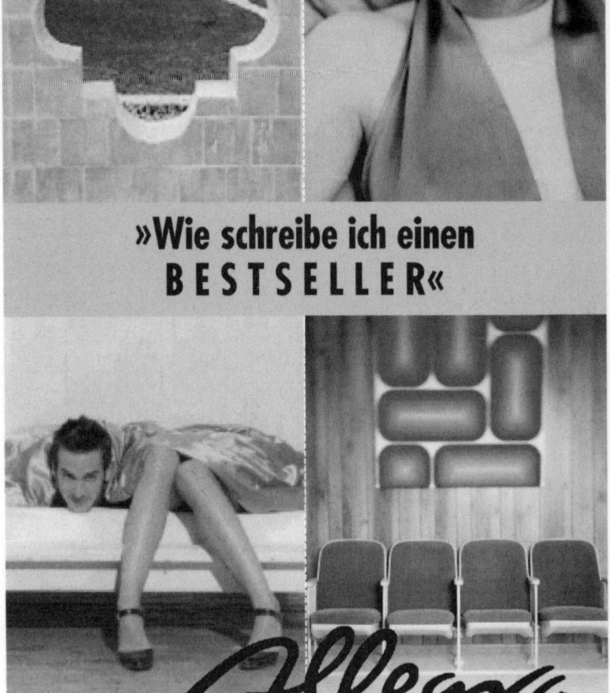
»Wie schreibe ich einen
BESTSELLER«
Allegra

Alchimisten haben Hunderte von Jahren nach einer Methode geforscht, wie man schnödes Metall in glänzendes Gold verwandeln kann. Geschafft haben sie es bekanntlich nicht. Aber darüber wundert sich niemand.

Wesentlich unverständlicher ist es dagegen vielen Autoren, dass ihre Werke nicht veröffentlicht werden. Und um es daher gleich zu sagen: Nein, es gibt kein Erfolgsrezept, um eine gute Geschichte oder ein gutes Buch zu schreiben, und keine sichere Strategie, um sein Projekt garantiert bei einem Verlag platzieren zu können. Dafür aber ein paar Dinge, die man beachten sollte.

Erwarten Sie also von den folgenden Tipps, Tricks und Anregungen keine definitive Antwort auf die Frage: »Wie schreibe ich einen Bestseller!« – dafür aber jede Menge Infos, wie Sie sich dem Thema nähern können!

»Soll ich schreiben oder nicht?«

Schreiben Sie nicht, weil Sie Langeweile haben. Schreiben Sie nicht, weil Sie denken, dies sei eine gute Alternative zu Makramee und Window Colors. Schreiben Sie nicht, weil Sie denken, damit über Nacht reich und berühmt werden zu können.

»Schreiben Sie, wenn eine Geschichte in Ihnen darauf drängt, erzählt zu werden«, sagt Beate Kuckertz, Verlagsleiterin der Verlage Droemer Knaur Schneekluth. »Schreiben Sie, wenn Ihre Fantasie immer wieder die wildesten Kapriolen schlägt und Sie einfach Spaß daran haben, eine Geschichte zu erzählen.«

Kurz gesagt: Schreiben Sie, weil Sie *Lust* dazu haben. Wenn Sie bereit sind, sich die *Zeit* dafür zu nehmen (und Sie werden eine Menge Zeit dafür brauchen!). Oder, wie der Berliner Autor Frank Rothe sagt, der gerade an seinem Roman *Mondbad* arbeitet: »Schreiben ist für mich eine Gefühlssache. Man spürt etwas in sich und würde es gerne anderen mitteilen. Wenn man nicht singen kann, schreibt man eben, so wie ich, und wenn man nicht schreiben kann, malt man ein Bild, und wenn das auch nichts wird, schreit man ein bisschen herum oder betrinkt sich ordentlich. So lange, bis die Gefühle raus sind und wieder Platz für neue da ist.«

»Für wen soll ich schreiben?«

Astrid Lindgren hat ihre wunderbaren Geschichten stets für ihre Kinder geschrieben. Und für die (und, wie wir wissen, auch für Millionen anderer Kinder) hat sie genau die richtigen Inhalte und den richtigen Stil gefunden. Aber das wird ihr selbst auch Spaß gemacht haben. *Merke: Schreiben Sie immer zuallererst für sich selbst und so, wie es Ihnen liegt und Spaß macht.* Das gilt nicht nur für Kinderbuchautoren – ansonsten ist Unzufriedenheit und der Alptraum jedes Schriftstellers, nämlich eine ordentliche Schreibblockade, vorprogrammiert.

»Woher weiß ich, ob ich schreiben kann?«

»Der Satz«, erklärt Charlotte Schablin in ihrem Lehrbuch *Kurze deutsche Grammatik*, »ist der sprachliche Ausdruck für das, was beobachtet, gedacht, gefühlt, gewollt, bewertet wird.« Es folgen ellenlange Definitionen, wie so ein Satz auszusehen hat, wie man ihn korrekt aufbaut, wie man ihn einsetzt. Und wenn man all diese Regeln beachtet, dann kann man sich korrekt ausdrücken. Dann kann man schreiben. Könnte man zumindest denken.

Zugegeben: Befolgt man alle Regeln der Rechtschreibung und der Grammatik, kann man *fehlerfrei* schreiben. Das ist aber auch schon das Einzige, was rein objektiv über einen Text gesagt werden kann. Alles andere kann nur subjektiv beurteilt werden: Wortwahl, Stil, die Art, etwas zu beschreiben.

Lassen Sie sich daher nicht von gewissen Stimmen verunsichern, die beispielsweise behaupten, deutsche Autorinnen von heiteren Frauenromanen könnten nicht schreiben, exilpolnische Lyrikerinnen des frühen 20. Jahrhunderts dagegen per se. Das sind alles Meinungen und Anspruchshaltungen. Nicht mehr, nicht weniger. Stellen Sie sich lieber folgende Fragen:

»Passt die Art, wie ich schreibe, zu der Geschichte, die ich erzählen möchte?« Wenn Sie am liebsten kurze, knappe Sätze verfassen, jegliche Füllwörter tunlichst vermeiden und sprachliche Bilder für Firlefanz halten, ist das vollkommen in Ordnung. Aber Sie sollten eher nicht versuchen, auf diese Art eine epische und gefühlvolle Liebesgeschichte à la *Vom Winde verweht* zu schreiben. Mögen Sie es hingegen lieber blumig, haben Sie Spaß daran, mit Sprache zu experimentieren und verlieren Sie sich liebend gern in spielerischen Detailbeschreibungen, kann dies wiederum für einen spannenden Krimi denkbar unpassend sein. *Merke: Ihr ganz persönlicher Stil muss zu der Geschichte passen, die Sie erzählen möchten.*

»Soll ich die Geschichte, die mir vorschwebt, überhaupt schreiben?« Natürlich gibt es jede Menge erfolgreiche Romane der Machart: *Hässliches Entlein findet keinen Freund, gerät ein paarmal an den falschen Mann, wird schließlich zum* *schönen Schwan und erkennt dann, das ihr unscheinbarer Freund, der bereits seit dem ersten Kapitel neben ihr hertrottelt, eigentlich der Traummann ist.* Wenn Sie so eine Geschichte erzählen wollen – okay, warum nicht. Aber: Je weniger »simpel« Sie die Handlung aufbauen, umso interessanter wird sie auch – einerseits für Sie beim Schreiben und Weiterentwickeln, andererseits auch für den späteren Leser.

»Ist Fantasie alles?« Natürlich können Sie versuchen, einen Krimi zu schreiben, ohne sich jemals mit einem Polizisten unterhalten oder anderweitig über Ermittlungsmethoden informiert zu haben. Vielleicht klappt das. Aber: Je besser Sie über ein Thema Bescheid wissen, über das Sie schreiben wollen, umso glaubwürdiger, lebensnaher und vielschichtiger wird auch ihr Text werden. *Merke: Nicht einfach drauflos schreiben. Denken Sie erst mal nach und recherchieren Sie gründlich!*

»Schreibe ich über interessante Figuren – oder über Abziehbilder?« Letztlich gilt natürlich: Entscheiden Sie, wie Sie schreiben wollen. Aber: *Klein Erna ist blond. Sie geht über die Straße. Dann passiert ihr etwas. Sie geht weiter,* wird nach kurzer Zeit langweilig. Helga Resch, Lektorin bei Kiepenheuer & Witsch, sagt dazu: »Wirklich gute Romanfiguren sind alles andere als eindimensionale Abziehbilder, die so unreflektiert durchs Leben gehen wie die Protagonisten der gängigen Fernseh-Soaps. Geben Sie Ihren Helden daher Ecken und Kanten und nachvollziehbare Gefühle. Es ist beispielsweise unglaubwürdig und somit ärgerlich, wenn eine Romanfigur von ihrem langjährigen Freund verlassen wird – und diesen Schicksalsschlag in nur einer Nacht komplett verarbeitet. Lassen Sie Ihre Figuren aber auch nicht in eine existenzialistische Krise nach der anderen taumeln!« *Merke: Wir sind alle keine Superweiber. Und wir leben auch nicht ununterbrochen im Tal der Tränen!*

Überlegen Sie gerade bei Dialogen genau, ob die Person, über die Sie schreiben, so auch im wahren Leben sprechen würde – und ob Sie das adäquat umsetzen können. Lola Lindberg, Journalistin und Autorin, kennt das Problem: »Manchmal hat man die Figur, über die man schreibt, genau ausgearbeitet – und lässt sie trotzdem mit dem gleichen Stil und Wortschatz sprechen wie alle anderen. Aber eine schnodderige Studentin redet eben anders als eine Zahnarztgattin oder eine Fleischereifachverkäuferin.« Sie rät: »Legen Sie Ihre Figuren aber auch nicht zu klischeehaft an: Nicht jeder Müllmann spricht gebrochenes Deutsch, nicht jede Polizistin hört das Schweigen der Lämmer, nicht jeder Friseur verwendet pro Satz zweimal die Worte ›Huch!‹ und ›Schätzchen!‹. Gehen Sie mit offenen Ohren durch's Leben und hören Sie genau hin, wenn sich Leute unterhalten – im Supermarkt, im Bus, im Büro. Das wird Ihnen nicht nur helfen, Ihre Figuren lebendiger sprechen zu lassen, sondern Sie auch zu vielen Szenen und Geschichten inspirieren.« *Merke: Wer gut schreiben will, muss zuerst einmal gut zuhören und beobachten können.*

»Habe ich ›sauber‹ gearbeitet?« Finden Sie es auch ärgerlich, wenn in einem Film plötzlich ein Fehler auftaucht? Wenn Julia Roberts an einer halbgerauchten Zigarette zieht, die in der nächsten Szene plötzlich wieder länger ist, oder wenn man in *Gladiator* die Kondensstreifen eines

Flugzeugs am Himmel sieht? Solche Anschlussfehler und inhaltlichen Patzer finden sich nicht nur in Filmen, sondern auch in jedem längeren Manuskript. Und der Autor ist meistens »betriebsblind«, also zu sehr mit seiner Geschichte verwoben, als dass er sie noch sieht. *Merke: Lieber einmal zu viel recherchieren oder inhaltlich nachprüfen, als später einen groben Fehler im Text stehen lassen. Und: Ein guter Testleser sieht oft mehr als man selbst!*

Um es noch einmal zu sagen: Ein Patentrezept zum guten Schreiben gibt es nicht. Aber die oben genannten Denkanstöße führen Sie sicher in die richtige Richtung.

»Muss ich gleich ein ganzes Buch schreiben?«
Gegenfrage: Würden Sie einem Mann, der noch nie in seinem Leben einen Kuchen gebacken hat, sofort vorschlagen, sein Glück als Erstes mit einer Schwarzwälder Kirschtorte zu versuchen?

Es ist tatsächlich wenig ratsam, gleich mit einem 300-Seiten-Roman anzufangen. Besser ist es, mit Kurzgeschichten den eigenen Stil zu finden und auszubauen. Probieren Sie einfach in Ruhe aus, was Ihnen liegt, und schrecken Sie auch nicht davor zurück, Texte mal für ein paar Wochen beiseite zu legen, sie dann vollkommen neu zu betrachten – und danach eventuell wegzuwerfen, um einen ganz neuen Versuch zu starten!

»Kann ich Kurzgeschichten auch veröffentlichen?« Viele Literaturzeitschriften (unter anderen *Schreibheft*, *Manuskripte*, *Akzente*) suchen ständig nach Kurzgeschichten von neuen Talenten. Die Honorare sind in der Regel alles andere als üppig (gewöhnen Sie sich dran – sie bleiben so …), aber dafür werden Ihre Texte gedruckt. Und das ist gut für das eigene Selbstbewusstsein, macht sich hervorragend in der Liste Ihrer Veröffentlichungen, und außerdem lesen auch Lektoren und Verleger diese Zeitschriften und können auf Sie aufmerksam werden.

»Darf's ein bisschen mehr sein?« Sie schreiben also Ihren ersten Roman. Und er wird dicker und dicker und dicker … oder aber Sie kommen über 100 Seiten einfach nicht hinaus. Schauen Sie sich mal im Buchhandel um: Nicht von ungefähr sind heitere Frauenromane eher dünn, historische Romane ziemlich dick.

»Mit wem spreche ich über meine Texte?«

Wenn Sie intensiv an einem Text arbeiten, können Sie ihn oft schon nach kurzer Zeit nicht mehr objektiv beurteilen. Keine Sorge – das ist vollkommen normal. Suchen Sie sich deswegen Testleser. Freunde und Familienangehörige sind dabei meist die erste Wahl – aber nicht immer die beste: Menschen, die Ihnen nah stehen, neigen dazu, Sie entweder viel zu positiv oder viel zu negativ zu beurteilen. Carola Fischer, Lektorin im Wilhelm Heyne Verlag, rät: »Suchen Sie sich passionierte Leser für Ihren Testlauf. Menschen, die das Genre, in dem Sie schreiben (zum Beispiel Krimi oder Liebesroman) gut kennen und Ihnen so eine wirklich unvoreingenommene Lesermeinung geben können. Überlegen Sie sich, wie Ihr idealer Leser aussieht und suchen Sie nach diesen Menschen zusammen mit Ihren Freunden und Bekannten. Weitere Testleser für Ihre Texte finden Sie auch in Literaturzirkeln, in Schreibwerkstätten oder bei Veranstaltungen im Rahmen von Literaturfestivals. Auf keinen Fall sollten Sie sich von negativen Äußerungen entmutigen lassen, sondern sie als Ansporn zur Verbesserung Ihres Textes annehmen.«

Natürlich gibt es professionelle Hilfe. Viele Universitäten haben inzwischen eigene Studiengänge für literarisches Schreiben eingerichtet, viele Volkshochschulen und Fernlehrinstitute bieten Kurse aller Art rund um das Thema »Wie lerne ich schreiben« an. Das alles kann sehr hilfreich sein – muss es aber nicht. Informieren Sie sich genau über den Lehrplan und die Vorgehensweise in diesen Kursen. Sie müssen vor allen Dingen entscheiden, was Ihnen mehr weiterhilft – die Vermittlung von theoretischem Wissen über den klassischen Aufbau einer Geschichte, den bewährten dramaturgischen Aufbau und so weiter – oder die gezielte Förderung Ihres persönlichen Talents.

Wenn Sie andere Autorinnen und Autoren suchen, um sich mit Ihnen auszutauschen, werden Sie vielleicht im Internet fündig. Hier einige Anlaufstellen:

www.autorinnen.de
Home-Page für alle, die schreiben und veröffentlichen, Informationen über Publishing-on-Demand und Literatur rund ums Buch.

www.f1.parsimony.net/forum1279/index.htm
Forum für Erstautoren für sämtliche Fragen rund um die Veröffentlichung von Büchern, um Verträge und Honorare.

www.neuesirene.de
Essays, Prosa und Lyrik deutscher und internationaler Autoren.

www.carpe.com/lit/wandler.htm
Texte junger Autoren.

www.autorenboerse.net
Textproben unveröffentlichter Autoren – vielleicht surft ja der eine oder andere Lektor vorbei.

www.wer-weiss-was.de
Ein kostenloses Netzwerk zum Austausch von Wissen. Hier können Sie Fachleute aller Bereiche finden und um Rat fragen.

»Wie finde ich einen Verlag?«

Die Deutschen sind das Volk der Dichter und Denker. Oder zumindest denken viele Deutsche, sie wären Dichter. Diesen Rückschluss lässt zumindest die Papierlawine zu, die Tag für Tag (und Woche für Woche, Monat für Monat und so weiter) über die Lektorate der Verlage hereinbricht. »Pro Tag sind das zwischen 10 und 20 unverlangte Manuskripte«, weiß Annette Klein, Assistentin des Knaur Taschenbuch Verlags, zu berichten. »Das macht jährlich über 2000 Einsendungen.«

Heinrich Böll soll einmal gesagt haben: »Erfolg ist eine Portofrage.« Nun, nichts gegen Herrn Böll: Aber es gibt bessere Wege, als sein Werk flächendeckend über die deutschen Verlage zu verteilen.

»Wie finde ich den richtigen Verlag für mein Buch?« Nehmen wir an, dass Sie einen Liebesroman geschrieben habe. Natürlich ist klar, dass Sie dieses Werk wohl kaum an einen Verlag schicken sollten, der ausschließlich Sachbücher veröffentlicht. Aber es deckt auch nicht jeder Verlag, der Belletristik verlegt, sämtliche Genre ab. Jim Baker, Verleger des Berliner Querverlags: »In unserem Programm erscheinen ausschließlich Bücher mit einem schwulen oder lesbischen Hintergrund. Trotzdem kommt es immer wieder vor, dass uns von hoffnungsvollen Autoren rein heterosexuelle Geschichten angeboten werden. Das kostet uns viel Zeit – und die Enttäuschung für den Autor ist sowieso vorprogrammiert.«

Damit es Ihnen nicht genau so geht, informieren Sie sich im Vorfeld, welcher Verlag für Sie in Frage kommt. Dies können Sie beispielsweise machen, in dem Sie sich die Verlagsprogramme (beispielsweise im Internet) ansehen und nach vergleichbaren Titeln suchen. Oder Sie befragen den Buchhändler Ihres Vertrauens – die haben oft eine Marktkenntnis, die jede Datenbank vor Neid erblassen lässt. Clemens Rupp vom Buchhaus *Gonski* in Köln: »Natürlich helfen wir gerne weiter. Wenn der Laden aber rappelvoll ist, hat selbst der gutmütigste Buchhändler keine Zeit und Ruhe für Sie und Ihre Fragen!«

»Wie sollte mein Manuskript aussehen?« Natürlich kommt es immer auf den Inhalt an – aber kein Lektor wird sich davon lossprechen können, dass er bei den Massen an Projektangeboten, die täglich auf seinem Tisch landen, instinktiv zuerst nach dem Manuskript greift, das ordentlich und klar strukturiert aussieht. Nutzen Sie diesen kleinen Trick für Ihr Werk!

Verwenden Sie also ein schlichtes, weißes Papier und keine ungewöhnlichen Schriften. So genannte serifenlose Schriften – wie zum Beispiel die Arial – sollen den Leser angeblich schneller ermüden – verwenden Sie daher immer eine Serifenschrift wie die Times oder die Courier. Außerdem arbeiten die meisten Verlage mit Standardmanuskriptseiten – diese haben 30 Zeilen mit jeweils 60 Zeichen (also 1.800 Zeichen insgesamt). Der Zeilenabstand sollte 1,5-fach sein. Dies bedeutet bei den meisten Schriften eine Schriftgröße von 12 Punkt. Und vergessen Sie nicht, die Seiten durchzunummerieren.

»Und dann ab in die Post mit meinem Manuskript?« Klare Antwort: *Nein!* Betrachten Sie eine Manuskripteinsendung wie die Bewerbung um einen Job – je persönlicher, umso besser. Also: Zuerst einmal beim Verlag anrufen (oder gegebenenfalls e-mailen) und den persönlichen Ansprechpartner herausfinden. Mit ein bisschen Glück werden Sie direkt zum zuständigen Lektor durchgestellt: Dann können Sie ihm Ihr Projekt persönlich vorstellen und herausfinden, ob er es überhaupt interessant findet und ansehen möchte. Sie können dann auch direkt erfragen, was Sie schicken sollen – den ganzen Text oder ein Exposé (mit oder ohne Leseprobe).

Manche Verlage geben die Namen von Lektoren generell nicht bekannt – erkundigen Sie sich dann zum Beispiel nach der Sekretärin des Lektorats. Ist auch dieser Name nicht in Erfahrung zu bringen, schrecken Sie nicht davor zurück, dies in Ihrem Anschreiben zu vermerken: »Leider konnte mir Ihre Telefonzentrale keinen konkreten Ansprechpartner in Ihrem Verlag nennen!« Der Lektor, bei dem Ihr Projekt dann irgendwann landet, weiß dann immerhin, dass Sie die Unterlagen nicht »einfach so« geschickt haben.

»Schicke ich direkt das ganze Manuskript?« Noch ein klares *Nein* (es sei denn, Sie haben mit einem Lektor gesprochen, und der wollte es so). Schicken Sie zuerst zusammen mit einem kurzen Anschreiben (und eventuell Ihrem Lebenslauf) ein Exposé von zwei bis drei Seiten, in dem Sie den Inhalt Ihres Buchs zusammenfassen. Andrea Bußemeier, Lektorin im Knaur Taschenbuch Verlag erklärt, warum: »Ein Exposé kann man als Lektor wesentlich schneller lesen, zwischen zwei Terminen beispielsweise. Das ist bei einem kompletten Manuskript einfach nicht drin. Ich kann auch schneller entscheiden, ob das Projekt für mich in Frage kommt oder für einen meiner Kollegen, als es bei einem ganzen Manuskript möglich ist – und dann fordern wir das ganze Manuskript persönlich an.« Ihr Vorteil: Sie haben einen persönlichen Kontakt und werden nicht im Meer der unverlangt eingesandten Manuskripte untergehen.

»Was gehört in das Anschreiben?« Natürlich gibt es keine allgemein gültigen Standards. Wenn Sie das Anschreiben aber, wie bereits erwähnt, mit demselben Ernst wie eine Job-Bewerbung betrachten, ist das mit Sicherheit von Vorteil. Susanne Frank, Lektorin im Heinrich Hugendubel Verlag, rät: »Versuchen Sie eher nicht, originell und witzig zu sein; mit Anreden wie ›Hallo, Du da im Lektorat!‹ oder Einstiegssätzen wie: ›Wahrscheinlich haben Sie sowieso keine Lust, mein Manuskript zu lesen, aber machen Sie es bitte doch, denn es lohnt sich!‹ haben Sie die Lacher garantiert nicht auf Ihrer Seite. Auch der in jedem zweiten Anschreiben auftauchende Hinweis: ›Alle meine Freunde haben das Buch schon gelesen und finden es ganz toll!‹ wird in der Regel keinen Lektor dazu bewegen, sich auf das Projekt zu stürzen. Beschreiben Sie stattdessen kurz, worum es sich bei Ihrem Projekt handelt, warum Sie gerade in diesem Verlag unterkommen möchten, ob Sie bisher schon etwas verlegt haben. Schreiben Sie außerdem in ein, zwei Sätzen, wie alt Sie sind und was Sie beruflich machen (oder legen Sie einen kurzen Lebenslauf bei). Dann kann sich der Lektor sofort ein erstes Bild von Ihnen machen.«

»Und wie lange dauert das dann?« Selbst wenn Sie direkt auf dem Tisch eines interessierten Lektors landen, kann es länger dauern, bis Sie eine Antwort erhalten. Das ist nicht schön – aber bei dem Arbeitsvolumen, das die meisten Lektoren zu bewältigen haben, nicht anders möglich. Sollten Sie nach zweieinhalb bis drei Monaten nichts gehört haben, fragen Sie kurz nach.

»Die wollen mich! Und was kann ich nun verlangen?« Wenn sich der Verlag für Ihr Manuskript entschieden hat und es verlegen will, wird man Ihnen ein Angebot machen (siehe hierzu auch den Punkt: *Kann ich mit Bücherschreiben Geld verdienen?*) und Sie erhalten einen schriftlichen Vertrag. Dieser sollte auf jeden Fall folgende Punkte enthalten:

- Laufzeit des Vertrages. In der Regel sichern sich Verlage die Rechte an deutschen Autoren für die Dauer des gesetzlichen Urheberrechts – also bis 70 Jahre nach Ihrem Tod. Allerdings muss er das Buch dann auch dauerhaft lieferbar halten. Daher schränken Verlage die Laufzeit wie folgt ein: Will er das Buch irgendwann aus dem Programm nehmen, so muss er dies dem Autor mitteilen. Dieser kann dann, nachdem das Buch eine gewisse Zeit nicht lieferbar war, die Rechte zurückfordern.

- Geplanter Erscheinungstermin des Buchs.
- Genaue Aufschlüsselung, welche Honorarsummen wann gezahlt werden; wie die prozentuale Beteiligung am Verkaufserlös ist; wann die Erlöse aus dieser prozentualen Beteiligung gezahlt werden.
- In der Regel erwirbt der Verlag sämtliche Nebenrechte (Vertonung, Verfilmung, Übersetzung in fremde Sprachen, Vorabdruck, Lizenzausgaben an andere Verlage und so weiter) an einem Buch. Sollten Sie nicht gerade mit einem Filmproduzenten liiert sein oder einen ausländischen Verleger zu Ihren besten Freunden zählen, können Sie die Vergabe dieser Rechte dem Verlag anvertrauen. Allerdings müssen Sie an den Erlösen aus solchen Geschäften beteiligt werden, vorzugsweise im Verhältnis 60:40 (60 Prozent für Sie, 40 Prozent für den Verlag).

Wenn Ihnen Punkte des Vertrags unklar sind, lassen Sie ihn sich in jeder nötigen Einzelheit vom Verlag erklären.

Tipp: Ein Lektor kann Ihr bester Freund werden – oder Ihr schlimmster Albtraum. Er ist derjenige, mit dem Sie inhaltliche und stilistische Korrekturen besprechen, er ist für Sie das Sprachrohr des Verlags und auch derjenige, der Ihre Interessen im Verlag vertreten soll. Um unangenehme Überraschungen möglichst zu vermeiden, telefonieren Sie ausführlich mit Ihrem zukünftigen Lektor. Noch besser: Treffen Sie sich mit ihm. Sie müssen ihn sicher nicht lieben – aber auf jeden Fall das Gefühl haben, sich ihm anvertrauen zu können.

»Ich habe eine Absage bekommen. Und jetzt?«

Von 100 Manuskripten werden höchstens zwei vom Verlag angenommen. Eine Absage zu bekommen ist natürlich nie schön – besonders dann nicht, wenn es sich eventuell nicht um einen persönlichen Brief, sondern ein Standardschreiben handelt. Trösten Sie sich damit, dass nahezu alle bekannten deutschen Autoren am Anfang Ihrer Karriere von vielen Verlagen Absagen erhalten haben – und die Lektoren, die dafür verantwortlich waren, später halb wahnsinnig geworden sind, als sie erkennen mussten, was da an ihnen vorbeigezogen ist. Geben Sie also nicht so schnell auf – und vergessen Sie auch nicht: Eine Absage muss keine inhaltlich negative Beurteilung Ihrer Arbeit bedeuten, sondern kann auch aus anderen Gründen (passt nicht ins Verlagsprogramm; das Genre wird eingestellt; der Verlag hat bereits zu viele vertragliche Verpflichtungen oder genau diesen Programmplatz bereits besetzt) erfolgen.

»Wenn keiner mein Talent erkennen will – soll ich mein Glück dann selbst in die Hand nehmen?« *Wir drucken jedes Buch* ist der Lockruf von Verlagen, die ein ganz einfaches Prinzip verfolgen: *Wir drucken, solange Sie zahlen.* Dabei gibt es verschiedene Vorgehensweisen: Manche dieser ›Verlage‹ bieten nur die Herstellung, andere auch eine vorhergehende redaktionelle Bearbeitung des Texts und die Aufnahme des Buchs in die verlagseigenen Werbemittel wie Kataloge, Internetseiten und so weiter. Am Ende steht aber immer eins: Die Rechnung für den Autor. Der zahlt – und kann nicht sicher sein, ob sein Buch jemals verkauft wird. *Tipp:* Fragen Sie einfach beim Buchhändler Ihres Vertrauens nach, ob er schon einmal bei diesem Verlag bestellt hat. Wenn nicht, sollten Sie genau überlegen, ob es Ihnen das oft hohe finanzielle Risiko wert ist, ein eigenes gedrucktes Buch in der Hand zu haben. *Noch ein Tipp:* Wenn Sie kein Problem damit haben, für Ihr eigenes Buch zu zahlen, sprechen Sie doch mal eine ganz normale Druckerei an, wie es sie in jeder größeren Stadt gibt. Dann ersparen Sie sich eventuell noch eine Menge Kosten.

»Kann mir ein Literaturagent helfen?« Was im Ausland, besonders in Amerika und England, schon lange üblich ist, setzt sich auch in Deutschland immer mehr durch: Autoren plagen sich nicht mehr selbst mit der Suche nach dem richtigen Verlag für Ihr Buch, sondern überlassen diese Aufgabe einem Literaturagenten. Dieser arbeitet wie ein Makler und wird vom Autor bezahlt (in der Regel 15% von dem, was der Verlag für das Projekt zahlt). Vorteil: Agenten kennen nicht nur die Verlagsprogramme, sondern auch jede Menge Lektoren und deren literarischen Vorlieben und können Projekte daher wesentlich zielsicherer anbieten. Wiebke Lorenz, Roman- und Drehbuchautorin aus Hamburg, sagt dazu: »Im Idealfall lässt sich das Verhältnis zwischen Agentur und Autor mit dem Begriff ›Arbeitsteilung‹ beschreiben: Ich bin die Kreative, die schreibt, und meine Agentur hält mir den Rücken – und die Gedanken! – frei, indem sie sämtliche Verhandlungen für mich führt. Und das auch, wenn's mal Ärger gibt: Dann kann ich mich mit einem ›Klären Sie das mit meiner Agentin!‹ schnell aus der Affäre ziehen. Das spart mir eine Menge Zeit und Nerven, und dafür zahle ich gerne eine Provision. Das ist der ›Luxus‹, den ich mir leiste. Mal ganz davon abgesehen, dass ein erfahrener Agent einfach viel mehr Ahnung von der Branche hat als ich und mich beraten kann, wenn es zum Beispiel um die richtige Marschroute für meine Zukunft als Autorin geht. Karrierecoaching sozusagen, und zudem Beratung in dramaturgischen Fragen. Für mich auch noch wichtig: Autor sein ist ein sehr einsamer Beruf, und mit meiner Agentur *Scripts for Sale* an meiner Seite fühle ich mich nicht allzu sehr als Einzelkämpfer.«

Vorsicht bei Agenten, die von Ihnen Vorauskasse für Porto und Bearbeitungsgebühren verlangen – der Mensch soll nicht an Ihnen verdienen, sondern daran, dass er einen Abschluss für Sie erzielt! Aber: Kein Literaturagent kann Ihnen wirklich garantieren, dass Ihr Buch auch von einem Verlag angenommen wird.

Eine Auswahl von Literaturagenten in Deutschland

Eggers & Landwehr KG,
Leonhardtstraße 10, 14057 Berlin
Telefon: 0 30–3 10 10 30, Fax: 0 30–31 91 93 10
e-mail: info@eggers-landwehr.de
(Belletristik, Sachbuch)

Dorothee Grisebach Internationale Autoren Agentur
Telefon: 0 89–12 70 06 51
e-mail: dorothee.grisebach@t-online.de
(Belletristik, allgemeines Sachbuch. Keine Lyrik, kein Kinderbuch, keine Science-Fiction. Manuskript-Einsendung nur nach vorheriger Anmeldung.)

Buchplanung Dirk R. Meynecke,
Ginsterhaus, 29459 Clenze
Telefon: 0 58 44–15 11, Telefax: 0 58 44–18 98
(Belletristik, Sachbuch, Ratgeber, keine Lyrik, kein Kinderbuch, keine Sciencefiction und Fantasy)

Literatur- und Medienagentur Ulrich Pöppl,
Schellingstraße 133, 80798 München
Telefon: 0 89–52 38 94 33, Telefax: 0 89–52 38 94 34
Internet: www.ulrich-poeppl.com,
e-mail: Ulrich.Poeppl@t-online.de
(Belletristik, Kriminalroman, TV-Film-Stoffe, Ratgeber, Sachbuch-Schwerpunkte: Politik, Zeitgeschichte, Kulturgeschichte, Kunst / Musik / Kultur. Keine Science-Fiction, Horror, Fantasy, Kurzgeschichten, Gedichte und Kinderbücher.)

Ingeborg Rose. Literarische Agentur,
Loogestieg 7, 20249 Hamburg
Telefon: 0 40–46 09 15 25, Fax: 0 40–46 09 15 26
e-mail: irose.agentur@t-online.de
(Belletristik und Sachbuch, keine Kinderbücher, Science-Fiction, Fachbuch)

Literarische Agentur Thomas Schlück GmbH,
Hinter der Worth 12, 30827 Garbsen
Telefon 0 51 31–49 75 60, Fax 0 51 31–49 75 89
Internet: www.schlueckagent.de,

e-mail: mail@schlueckagent.de
(Belletristik und allgemeines Sachbuch, Kinder- und Jugendbuch, keine Bilderbücher)

Scripts for sale,
Mainzer Landstraße 107, 60329 Frankfurt
Telefon: 0 69–24 27 78 60, Fax: 0 69–24 27 78 40
Internet: www.scriptsforsale.de,
e-mail: Petra.Hermanns@ScriptsForSale.de
(Nur Belletristik: keine Kurzprosa, keine Lyrik, keine Sciencefiction und Fantasy, kein Sachbuch.)

Literarische Agentur Silke Weniger,
Schmidstraße 2, 80331 München
Telefon: 0 89–26 01 89 26, Telefax: 0 89–26 01 89 30
Internet: www.litag.de, e-mail: Weniger@litagent.de
(Romane und miteinander verbundene Erzählungen von Jugendlichen, jungen Erwachsenen und Frauen über Jugendliche, junge Erwachsene und Frauen.)

»Kann ich mit Bücherschreiben Geld verdienen?«

Geld verdienen kann man schon – aber meist nicht genug, um davon leben zu können. Selbst bekannte Autoren haben oft noch ein zweites Standbein, um sich den Lebensunterhalt verdienen zu können.

Verlage zahlen in der Regel ein Garantiehonorar und räumen eine Beteiligung am Verkaufserlös jedes Buchs ein. Das Garantiehonorar, auch Vorschuss genannt, wird meistens zur Hälfte bei Vertragsabschluss und zur Hälfte bei Erscheinen des Buchs bezahlt und muss vom

Autor, auch wenn das Buch ein Flop werden sollte, nicht zurückgezahlt werden. Darüber hinaus ist der Autor am Verkauf jedes Buchs beteiligt: Im Taschenbuch hat sich in den letzten Jahren eine prozentuale Beteiligung von 5% bis 25.000 verkaufte Exemplare, 6% von 25.001 bis 50.000 verkaufte Exemplare und 7% ab 50.001 verkaufte Exemplare durchgesetzt (bei Hardcovern wird wesentlich individueller verhandelt). Allerdings muss zuerst der bereits gezahlte Vorschuss eingespielt werden. Ein kleines Rechenbeispiel von Sabine Manson, Projektleiterin des Droemer Knaur Verlags in München: »Der Verlag zahlt dem Autor ein Garantiehonorar von € 4.000,– – was für einen deutschen Erstling durchaus normal ist – und räumt die oben genannte Taschenbuch-Prozentstaffel ein. Das Buch kostet im Laden € 7,90. Der Nettoladenverkaufspreis nach Abzug der Mehrwertsteuer beträgt € 7,38. Verkauft sich das Buch nun 10.000 mal – was für einen unbekannten deutschen Autor schon eine ausgesprochen hohe Auflage ist! –, spielt das Buch 10.000 mal 5% von € 7,38 ein, also € 3.700,–. Der Verlag bleibt auf € 300,– sitzen, die er nicht eingespielt hat. Verkauft sich das Buch 15.000 mal, spielt das Buch € 5.550,– ein, und der Autor bekommt die € 1.550,–, die sein Garantiehonorar von € 4.000,– übersteigen, überwiesen.«

»Gibt es andere Möglichkeiten, um als Schriftsteller zu überleben?«
Es gibt in Deutschland jede Menge Literaturpreise, die einen hoch, die anderen weniger hoch dotiert, sowie diverse Stipendien. Oft zieht ein Preis den anderen nach sich. Außerdem hat fast jede kleine Stadt einen Stadtschreiber und ein Literaturtelefon. Daher lohnt es sich, in

den örtlichen Kulturämtern nachzufragen, ob es Fördermöglichkeiten gibt.

Außerdem schreiben viele Autoren auch Hörspiele und Features für den Rundfunk oder arbeiten als Journalisten für Printmedien, die oft besser zahlen als Buchverlage.

Eine Auswahl von Stipendien und Literaturpreisen, bei denen Sie sich bewerben können. Die Dotierungen / Preise sind anhand des bisherigen DM-Betrags in Euro umgerechnet worden. Bitte informieren Sie sich auf jeden Fall über die genauen Teilnahmebedingungen, bevor Sie Unterlagen schicken!

STIPENDIEN

LITERARISCHES COLLOQUIUM BERLIN

Kurzinfo: Eine Autorenwerkstatt für Prosa. Fünf Monate in Berlin. € 510,– im Monat.

Wo kann ich weitere Informationen bekommen?

Autorenwerkstatt, Am Sandwerder 5, 14109 Berlin
Telefon 0 30–816 99 60,
Fax: 0 30–81 69 96 19,
Internet: www.lcb.de

INSELSCHREIBER

Kurzinfo: Achtwöchiges Aufenthaltsstipendium auf der Insel Sylt, das nach Möglichkeit gesplittet werden sollte.

Einmalige Zulage von € 5.110,–. AutorIn sollte bereits in Buchform publiziert haben. Bewerbungsschluss für 2003 ist im Dezember 2002.
Wo kann ich weitere Informationen bekommen?
Weihstein – Internationale Kunstprojekte, Stichwort: Inselschreiber, Hafenstraße 1, 25980 Rantum/Sylt
Telefon 0 46 51–9 20 33,
Fax 0 46 51–9 20 34,
e-mail: weihstein@sylt-quelle.de

BURGSCHREIBER ZU BEESKOW
Kurzinfo: Sechs Monate Aufenthalt auf der Burg. € 770,– im Monat. Bewerbung bis 15. März 2002.
Wo kann ich weitere Informationen bekommen?
Landkreis Oder-Spree, Kultur- und Sportamt, Breitscheidstraße 7, 15841 Beeskow
Telefon 0 33 66–3514-70 bis -72,
Fax: 0 33 66–210 21,
e-mail: hannelore.franke@landkreis-oder-spree.de

DEUTSCHER LITERATURFONDS E.V.
Kurzinfo: Werkstipendium für ein literarisches Projekt. Bis €1.530,– im Monat. Das Stipendium kann bis zu einem Jahr dauern. Nur für AutorInnen, die schon ein Buch veröffentlicht haben (kein Eigenverlag). Bewerbung zweimal jährlich, jeweils bis zum 30. April und 31. Oktober.
Wo kann ich weitere Informationen bekommen?
Deutscher Literaturfonds e.V., Alexandraweg 23, 64287 Darmstadt
Telefon 0 61 51–4 09 30,
Fax: 0 61 51–40 93 33,
e-mail: Deutscher.Literaturfonds@t-online.de

ESSLINGER BAHNWÄRTER

Kurzinfo: Drei Monate Wohnung in der Galerie Bahnwärterhaus. € 1.020,– im Monat. Höchstalter 45 Jahre. Bewerbung bis 1. Juli 2002.

Wo kann ich weitere Informationen bekommen?
Kulturreferat der Stadt Esslingen am Neckar, Jessica Epp, Marktplatz 16, 73728 Esslingen am Neckar
Telefon 07 11– 35 12 26 44,
Fax 07 11–35 12 29 12,
e-mail: epp@esslingen.de

KLOSTER CISMAR

Kurzinfo: Aufenthaltsstipendium. € 760,– im Monat. Bewerbung ganzjährig.

Wo kann ich weitere Informationen bekommen?
Ministerium für Bildung, Wissenschaft, Forschung und Kultur des Landes Schleswig-Holstein, III 332, Brunswiker Straße 16–22, 24105 Kiel
Telefon 04 31–9 88 58 83,
Fax: 04 31–988 58 57,
e-mail andrea.kuehnast-kruse@kumi.landsh.de

AKADEMIE SCHLOSS SOLITUDE

Kurzinfo: Sechs oder zwölf Monate im Schloss. € 870,– im Monat plus Reisekosten und Mietzuschuss. Höchstalter 35 Jahre oder ein Studienabschluss, der nicht länger als fünf Jahre zurückliegt. Bewerbung zwischen Juli und Ende Oktober 2002.

Wo kann ich weitere Informationen bekommen?
Akademie Schloss Solitude, Solitude Haus 3, 70197 Stuttgart
Telefon 07 11–99 61 90,
Fax: 07 11–996 19 50,
Internet: www.akademie-solitude.de

KÜNSTLERDORF SCHÖPPINGEN

Kurzinfo: Bis zu 6 Monaten im Künstlerdorf. € 1.020,– im Monat (fürs Wohnen werden € 100,– bis € 200,– abgezogen). Bewerbungsschluss ist der 31. Dezember des laufenden Jahres.

Wo kann ich weitere Informationen bekommen?

Stiftung Künstlerdorf Schöppingen, Feuerstiege 6, Postfach 1140, 48620 Schöppingen
Telefon 0 25 55–9 38 10,
Fax: 0 25 55–93 81 20,
Internet: www.kuenstlerdorf.tzs.de,
e-mail: kuenstlerdorf@tzs.de

Wettbewerbe

JÄHRLICH STATTFINDENDER WETTBEWERBDER AKADEMIE GRAZ.

Kurzinfo: Thema 2002: Satire. Preis(e): Insgesamt 100 000 Schilling für unveröffentlichte Texte. Anonyme Bewerbung (Titel des Textes und Personalien des Autors/der Autorin in verschlossenem Kuvert beifügen) bis 14. Juni 2002. Höchstalter: 35 Jahre.

Wo kann ich weitere Informationen bekommen?

Akademie Graz, Kennwort »Satire 2002«, Albrechtgasse 7/II, A-8010 Graz
Telefon 00 43–316-83 79 85 16,
Fax: 0043 – 316-83 79 85 17,
e-mail: maria.langer@gmx.at

NDL-PREIS

Kurzinfo: Alle zwei Jahre wird der ndl-Preis von der gleichnamigen Literaturzeitschrift und dem Aufbauverlag vergeben. Preis(e): € 10.230,– und ein Verlagsvertrag für mindestens 100 Seiten eines unveröffentlichten Romans oder einer Novelle. Keine Genretexte. Bewerbung bis 31. März 2002.

Wo kann ich weitere Informationen bekommen?

Aufbauverlag, Stichwort: ndl-Preis, Neue Promenade 6, 10178 Berlin
Telefon 0 30–28 39 42 83,
Fax: 0 30–28 39 41 00,
e-mail: info@aufbau-verlag.de

DILLINGER LITERATURWETTBEWERB 2003

Kurzinfo: Alle zwei Jahre für unveröffentlichte Kurzgeschichten und Sketche verliehen. Preis(e): € 5.620,–. Bewerbung bis Ende Mai 2003.

Wo kann ich weitere Informationen bekommen?

Kultur und Wir, Große Allee 24, 89407 Dillingen
Telefon: 0 90 71–5 11 45,
Fax: 0 90 71–72 90 72 25,
Internet: www.bndlg.de/kuw,
e-mail: kuw@bndlg.de

OPEN MIKE

Kurzinfo: Für unveröffentlichte Lyrik, kurze Prosa. Endausscheidung durch öffentliche Lesung. Preis(e): € 4.600,–. Höchstalter 35 Jahre. Bewerbung bis Ende Juli.

Wo kann ich weitere Informationen bekommen?

literaturWERKstatt Berlin Majakowskiring 46–48, 13156 Berlin
Telefon: 0 30–4 85 24 50,
Fax: 0 30–48 52 45 30.Ausschreibungsunterlagen unter www.literaturwerkstatt.org/

ALFRED-DÖBLIN-PREIS 2003

Kurzinfo: Alle zwei Jahre wird der Alfred-Döblin-Preis vom Literarischen Colloquium Berlin verliehen. Preis(e): Bis zu € 12.780,– für ein mindestens 50-seitiges unveröf-

fentlichtes Prosamanuskript. Bewerbung bis Januar 2003.
Wo kann ich weitere Informationen bekommen?
Alfred-Döblin-Preis, LCB, Am Sandwerder 5,
14109 Berlin
Telefon: 0 30–8 16 99 60,
Fax: 0 30–81 69 96 19,
Internet: www.lcb.de

BÜCHERGILDE ESSAYPREIS 2002

Kurzinfo: Höchstalter 30 Jahre. Preis(e): € 2.560,– und Buchveröffentlichung für bisher unveröffentlichte Texte (40 Seiten à 1.800 Anschläge). Bewerbung bis 30. April 2002.
Wo kann ich weitere Informationen bekommen?
Büchergilde Gutenberg, Postfach 160 165, 60064 Frankfurt/Main
Telefon: 0 69–27 39 08 41,
Fax: 0 69–27 39 08 27,
Internet: www.buechergilde.de,
e-mail: guderjahn@buechergilde.de.

KLEIST FÖRDERPREIS FÜR JUNGE DRAMATIKER

Kurzinfo: Unveröffentlichte Theaterstücke. Preis(e): € 7.670,–. Höchstalter 35 Jahre. Bewerbung bis 31. März 2002.
Wo kann ich weitere Informationen bekommen?
Kleist Forum Frankfurt, Platz der Einheit 1, 15230 Frankfurt (Oder)
Telefon: 03 35–4 01 02 00,
Fax: 03 35–4 01 01 45,
e-mail: a.bischinger@kleistforum.de

Zusammengestellt von Sophie Loewen
unter Verwendung von Texten und Recherchen
von Wolf Eismann, Mascha Kurtz, Martina Hinz, Carolin
Psyk.

Tania Kindersley

Auf immer, nicht ewig

Bunt, exzentrisch, unwiderstehlich!

Nachdem die brave Ash ihre beste Freundin zu Beginn des Studiums kennen gelernt hat, taucht sie immer tiefer in Virges bunte Welt und ihren wilden Freundeskreis ein, der nur so wimmelt von Künstlern und Chaoten, die das Leben wie ein Abendessen mit Oscar Wilde feiern: perfekt inszeniert, voller Spaß und großer Gedanken – und doch zum Scheitern verurteilt, wenn das wahre Leben sie wieder einholt…

»Dieser Roman ist so traurig, dass man ihn sich einfach zu Herzen nehmen muss, und steckt voller Weisheit.
Er ist einfach *sehr* gut.«
The Times

Knaur
Lemon

Gernot Gricksch

Die denkwürdige Geschichte der Kirschkernspuckerbande

Roman

Sofort nach der Geburt ihres Sohnes sprang Piets Mutter auf, um den Vater zu suchen, der sich in einer Abstellkammer eingesperrt hatte. Und Piet? Der blieb im Kreißsaal liegen und dachte erstaunt: »War's das schon?« Die gleiche Frage stellt er sich vierzig Jahre später am Grab eines seiner besten Freunde; er erinnert sich an Brauner Bär und Schlaghosen, Miami Vice und Startbahn West, den ersten Kuss und die letzte Gehaltsabrechnung. Und Piet denkt an vier Jahrzehnte mit seinen besten Freunden – kurz: an die denkwürdige Geschichte der Kirschkernspuckerbande …

Knaur

Harald Braun

Jordy

Ansichten eines Schwachbegabten

Jordy ist zynisch, vergeht sich verbal an Minderheiten, verkündet unverblümt die Wahrheit über Sex mit Schwedinnen, verdirbt es sich mit den Freunden des deutschen Schlagers und hält sich zweifellos in jeder Hinsicht für den Größten – aber warum ist er letztlich doch immer wieder der Verlierer?

Harald Brauns erfolgreiche *ALLEGRA*-Kolumne
ist böse, witzig und jenseits aller *political correctness!*

Knaur